ıme fatale im Drama

Mainzer Forschungen zu Drama und Theater

herausgegeben von
Erika Fischer-Lichte, Wilfried Floeck, Winfried Herget und Dieter Kafitz

im Auftrag des
»Interdisziplinären Arbeitskreises für Drama und Theater«
der Johannes Gutenberg-Universität Mainz

Band 21

Jürgen Blänsdorf (Hrsg.)

Die *femme fatale* im Drama

Heroinen – Verführerinnen – Todesengel

francke verlag

Die Deutsche Bibliothek – CIP-Einheitsaufnahme

Die femme fatale im Drama : Heroinen – Verführerinnen – Todesengel /
hrsg. von Jürgen Blänsdorf. – Tübingen ; Basel : Francke 1999
(Mainzer Forschungen zu Drama und Theater ; Bd. 21)
ISBN 3-7720-1849-1

Publiziert mit Unterstützung des Interdisziplinären Arbeitskreises für Drama und Theater.

Dischingerweg 5 · D-72070 Tübingen

Gedruckt auf säurefreiem und alterungsbeständigem Papier.

Druck: Müller + Bass, Tübingen

Printed in Germany

ISSN 0940-4767
ISBN 3-7720-1849-1

INHALT

Begriff und Umfang des Themas *femme fatale*

Jürgen Blänsdorf (Mainz)

In diesem Bande der "Mainzer Forschungen zu Drama und Theater" sind die Vorträge der vom "Interdisziplinären Ausschuß für Drama und Theater" und dem Studium Generale der Johannes Gutenberg-Universität Mainz veranstalteten Ringvorlesung "Femme fatale" des Sommersemesters 1997 gesammelt. Die Veröffentlichung wurde dankenswerterweise mit einem Druckkostenzuschuß aus dem Universitätsetat des Interdisziplinären Ausschusses ermöglicht.

Wenn es die Aufgabe einer Ringvorlesung ist, ein Thema aus der Sicht mehrerer Disziplinen zu beleuchten, so ist damit zweifellos beabsichtigt, aus Betrachtung und Analyse verschiedener Zeiten, Räume, Kulturwelten, philosophischer und literarischer Konzepte, Gattungen, Medien und Persönlichkeiten die Grundkonstanten und Variationen eines menschlichen Phänomens erfahrbar zu machen und anzuregen, es in vielleicht bisher nicht beachteten Gestalten und Zusammenhängen aufzuspüren. Das Thema der *femme fatale* läßt sich in wenigstens drei Dimensionen verfolgen: innerhalb der literarischen Gattung – hier des Dramas –, wo die Spannweite von der Vielfalt exemplarischer Darstellungen bis zur Parodie und der schließlichen Ablösung durch ein anderes Frauenbild reicht, in der zeitlichen Dimension, die von der Antike bis zur Gegenwart reichen kann, und in der gattungsüberschreitenden Dimension der Realisierung in anderen literarischen und künstlerischen Medien.

Literaturwissenschaftliche Ringvorlesungen sollten, wenn schon nicht im Ansatz und bei der Behandlung der einzelnen dramatischen Werke, so doch wenigstens im Ergebnis komparatistisch ausgerichtet sein und hierbei sogar über den engeren Rahmen der Literaturwissenschaft und den weiteren der künstlerischen und philosophischen Behandlungen hinaus sich auch psychologischen, anthropologischen, soziologischen und historischen Fragestellungen öffnen. Vorbildlich ist die aus dem Titel erkennbare Konzeption des Sammelbandes von Clauss und Johnston zur Gestalt der Medea in Mythos, Literatur, Philosophie und Kunst.[1]

Die Konzeption dieser Ringvorlesung zielt darauf, den Aspekten des *femme-fatale*-Motivs nicht nur in der Jahrhundertwende-Literatur, sondern in möglichst verschiedenen Epochen und Dramenkonzeptionen und mit dem Ausblick auf wenigstens ein verwandtes Genre, den Film, nachzugehen, selbst wenn dies heute nur noch punktuell möglich ist. Denn schon die

---

[1] J.J. Clauss – S.I. Johnston (Hgg.), Essays on Medea in Myth, Literature, Philosophy, and Art, Princeton 1997.

Fülle der dramatischen Bearbeitungen, aber auch die fortgeschrittene wissenschaftliche Diskussion über die bedeutendsten Werke dieses Themenbereichs erlauben keinen irgendwie gearteten Anspruch auf Vollständigkeit mehr.[2] Selbst wenn hier der Ausgangspunkt das Drama ist, werden andere Realisationen des Themas der *femme fatale* und ihr jeweiliger historischer Kontext nicht vernachlässigt, damit wenigstens ein Versuch unternommen werden kann, die Frage nach den Entstehungs- und Entwicklungsbedingungen eines solchen Frauenbildes zu beantworten. Gerhard Damblemont hat das Verdienst, in seinem Beitrag den Ursprung des literaturwissenschaftlichen Terminus *femme fatale* und seinen geistigen Hintergrund geklärt zu haben. Den chronologischen Anfang der Vorlesungsreihe bildet die attische Tragödie mit Ansätzen zur *femme fatale*, den chronologischen Schluß die Wiederaufnahme des vom französischen Surrealismus überwundenen Schemas der *femme fatale* durch den Film.

II

Ein komparatistischer Ansatz ist besonders geeignet, dem Thema der *femme fatale* einen weiteren Horizont zu verschaffen. Die Aspekte dieser Gestalt hat Carola Hilmes in ihrer geistvollen Untersuchung aphoristisch zusammengefaßt:

> Behelfen wir uns vorab mit einem kurzen 'Steckbrief' dieses Phantoms: Die *Femme fatale* lockt, verspricht und entzieht sich. Zurück bleibt ein toter Mann (*vorher, auf S. XI, hatte sie allerdings zu Recht auch festgestellt:* 'Für die Femme fatale endet die Geschichte meist tödlich') Im Spannungsfeld von Eros und Macht gedeihen Wollust und Grausamkeit, entstehen blutige Bilder der Liebe. Die *Femme fatale* fasziniert durch ihre Schönheit und das in ihr liegende Versprechen auf Glück, einen Wunsch nach leidenschaftlicher Liebe. Gleichzeitig wird sie jedoch auch als bedrohlich empfunden. Die Gefahr geht aus von der in ihr verkörperten Sexualität und der Einbindung in eine Geschichte voller Intrigen, in der ihr meist die wenig rühmliche Rolle einer Rächerin zugeschrieben wird. Die *Femme fatatale* repräsentiert die permanente Verführung, die ebenso sehr gewünscht wie gefürchtet wird. Diese Doppelbödigkeit macht sie so geheimnisvoll wie unheimlich.[3]

Eines der Ziele dieser Ringvorlesung ist die Modifizierung oder Bereicherung dieses "Steckbriefs" der *femme fatale*, wie ihn Carola Hilmes (a.O.) bezeichnet; ein weiteres, warum es das – gemessen an der Alltagsrealität – exzessive Bild der Frau fast zu allen Zeiten und in allen Lite-

2 Eine Auswahl der wichtigsten Veröffentlichungen enthält das Literaturverzeichnis.

3 Hilmes (1990) XIII f.; vgl. 225; der Versuch einer ausführlicheren Definition bei Claudia Bork (1992) 59-61.

raturen gegeben hat. Denn, konzipiert für Frauengestalten der europäischen Literatur und bildenden Kunst des ausgehenden 19. Jahrhunderts, ist der Begriff doch partiell auf ähnliche Frauengestalten auch in weit entfernten literarischen Räumen und Epochen anwendbar, und dies offenbar mit dem Willen der Verfasser selbst. Denn schon die Namen mehrerer berühmter *femmes fatales* sind von den Verfassern mit Absicht von berühmten Vorbildern übernommen. Aus dem antiken Mythos stammen die Gestalten der Helena und Medea, aus der antiken Geschichte Kleopatra[4], aus der neueren Geschichte Maria Stuart[5], aus der Bibel Salomé, Judith, seltener Lilith (Lilith, aus jüdischer Überlieferung, wird bei V. Hugo, *La fin de Satan*, zum Teufel) und Eva, aus der Sage und dem Märchen Undine und Melusine. Selbst also wenn die Merkmale der *femme fatale* vollends erst auf die Konzeption der Gestalten im 19. Jahrhundert zutreffen, müssen einige ihrer wichtigen Wesenszüge schon ihren frühen Vorbildern zu eigen gewesen sein. Daher verteidigt Moreau[6] die Übertragung des Begriffs *femme fatale* auf die Antike durch die Herleitung von lat. *fatum*: die Frau als Werkzeug des Schicksals, als Ursache eines tödlichen Verhängnisses ist der antiken Tragödie wesenseigen. Wie die moderne *femme fatale* erregt sie Angst, Abscheu und Faszination und demütigt den Mann.

Die antiken Vorbilder enthalten zwar wichtige, aber nicht alle Merkmale der *femme fatale* gemeinsam: die schöne Helena ist fatal im Sinne der tödlich-schicksalhaften Ursache des trojanischen Krieges, weil sie ihren Ehemann verläßt, um dem Verführer Paris zu folgen; aber nicht sie und ihre Schönheit sind die erste Ursache des Verhängnisses, sondern daß im Paris-Urteil ein trojanischer Königssohn sich für die Liebesgöttin entschieden hatte und von ihr mit der schönsten Frau der Welt belohnt wurde. Zu Recht formuliert Carola Hilmes einmal, daß die literarische Erscheinung der *femme fatale* ohne den Mann nicht zu denken ist.[7] Der modernen *femme fatale* näher kommt Medea, wie ihre Charakterisierung durch M. McDonald ergibt:

> Medea is a woman of consuming passion; perhaps she even personifies θυμός, which Euripides will externalize in Dionysos in his *Bacchae*. At the same time, however, she can use her reason to plan her vengeance. Neither Jason nor Creon can govern her, nor is she a simple slave of passion. She gains her victory, and her enemies do not laugh at her, but she pays the most terrible price.

---

4 Praz (1970) 182 f.
5 Praz (1970) 197.
6 In: Ghiron-Bistagne – Moreau (1995) 230.
7 Hilmes (1990) XIV: "Nur unter der Herrschaft des männlichen Blicks vermag die Femme fatale ihre Macht zu entfalten."

Andere wichtige Facetten der *femme fatale* – und wieder mit Verstrickung in die Weltpolitik – trägt Kleopatra bei. Das letzte Kapitel eines spätantiken Geschichtsabrisses, des *Liber de viris illustribus*, erzählt von ihr, daß sie, von ihrem Bruder-Gemahl Ptolemaeus vertrieben, im römischen Bürgerkrieg zu Caesar kam und durch Schönheit und Beischlaf von ihm die Ermordung des Bruders und ihr Reich erkaufte. Der unbekannte Verfasser setzt hinzu: "Sie war so liebestoll, daß sie sich oft prostituierte, und so schön, daß viele Männer eine Nacht mit ihr mit dem Tode erkauften." Aber nach einer weiteren Liaison mit Mark Anton und dem Scheitern des Versuchs, auch den siegreichen Octavian zu verführen, tötete sie sich durch Giftschlangen.

Hier ist nicht wenig von der *femme fatale* des 19. Jahrhunderts vorweggenommen: die Liebesgier mit Promiskuität und Prostitution, gepaart mit von skrupellosem Kalkül gesteuerter Machtgier, die für die Männer tödliche Schönheit – und schließlich der eigene Untergang in schauriger Inszenierung. Der Kleopatra-Stoff ist seit Étienne Jodelles *Cléopâtre captive"* (1552) viele Male dramatisch bearbeitet worden. Die berühmteste Fassung bleibt Shakespeares Tragödie *Antonius and Cleopatra*, in der Machtgier, Leidenschaft, hingebungsvolle Liebe bis zum Tode, aber auch Tücke und Launenhaftigkeit hervortreten. Aber erst seit der Mitte des 19. Jahrhunderts wurde Kleopatra zum Sinnbild der für den Mann verderblichen Sinnlichkeit. – Eine ähnliche Gestalt ist Messallina, die lebenslustige Gattin des tumben Kaisers Claudius, die ebenfalls in erzwungenem Selbstmord endete. Wieder sagt Carola Hilmes zu Recht: "Die *femme fatale* hat viele Namen und unzählige Geschichten."[8]

Zu den vielen Brechungen des Themas der Frauen, deren Schönheit, Leidenschaft, Skrupellosigkeit und Machttrieb Verderben über die Männer und über sich selbst brachten, gehört unter den antiken Gestalten vor allem Medea, über deren Taten und Leiden wir zwei antike Tragödien, die des Euripides und die Senecas, besitzen. Trotz vieler Unterschiede der zwei Fassungen ist in beiden Medea die große Liebende, deren Opferbereitschaft vom Geliebten und Ehemann erst angenommen und ausgenutzt und schließlich mit Verbannung bestraft wird. Medea, die um ihrer Liebe zu Jason willen skrupellos ihren Vater betrogen und verraten, ihren Bruder ermordet und den Onkel ihres Mannes durch List ums Leben gebracht hat, ist eine der wenigen *femmes fatales*, die ihre schrecklichste Tat als Mutter begehen. Sie tötet ihre Kinder, um den Mann, der sie verstoßen hat, zu strafen und ihre Ehre zu retten. Aber gerade an Medea läßt sich zeigen – und wir haben es 1995 in unserer lateinischen Inszenierung von Senecas *Medea* getan –, daß die *femme fatale*, selbst die dämonischste und ruchloseste, immer auch und zuerst Opfer ist.

---

[8] Hilmes in: Kreuzer (1994) 100, Anm. 4.

Selbst wenn man nicht so weit gehen wollte, jede Frauengestalt in einem Drama eine *femme fatale* zu nennen, weil ja jede Tragödienperson irgendeinen Anteil am fatalen Ausgang hat: es bleibt eine kaum übersehbare Fülle von Frauengestalten in Drama, Roman, Oper und anderer fiktionaler und nicht-fiktionaler Literatur, die wichtige Wesenszüge der *femme fatale* aufweisen oder – wie auch beim Kleopatra-Stoff – sie erst in neuzeitlichen Bearbeitungen, v. a. denen des 19. Jahrhunderts, erhalten haben, wie die ägyptische Sphinx, die syrophönikische Göttin Salambó, die in Flauberts Roman zu der im Machtkampf untergehenden Tanit-Priesterin wird, oder Salomé, die erst bei Oscar Wilde und Richard Strauss die Züge ihrer wegen getäuschter Liebe rachsüchtigen Mutter Herodias übernimmt, der noch Mallarmés *Hérodiade*-Fragment (1869) gegolten hatte.

Aber trotz all dieser Frauen, die von verhängnisvoller Leidenschaft gepackt waren oder sie auslösten – und dazu muß man auch die 'Wasserfrauen' rechnen, Salmacis, die von Ovid als eitle, etwas alternde Schöne gezeichnete liebestolle Najade, die einen schönen Göttersohn beim Baden überwältigt und mit ihm zum Hermaphrodit verschmilzt[9], Undine, Melusine und Loreley – sie alle vereinigen nie sämtliche Facetten der *femme fatale* des endenden 19. und beginnenden 20. Jahrhunderts, in deren Charakterzügen zusätzlich ungezügelte Sinnlichkeit, freie Selbstbestimmung, Morbidität und Energie, Offenheit und kapriziöse Rätselhaftigkeit, ja Dämonie, entstehend aus Instinkt und Berechnung, hervortreten.

III

Wenn mit dieser Begriffserweiterung die *femme fatale* in der Literatur und speziell im Drama so vieler Literaturepochen ubiquitär ist, erhebt sich die Frage nach dem Grund für die Hartnäckigkeit dieses Themas, auch auch nach dem Anlaß für seine besonderen Blütezeiten wie der Epoche des *fin de siècle*.

M. Praz besteht auf einem intensiven Wirklichkeitsbezug des literarischen Motivs:

> Im Mythos und in der Literatur hat es den Typus der *femme fatale* immer gegeben, denn Mythos und Literatur sind nur die dichterische Widerspiegelung des wirklichen Lebens; im wirklichen Leben aber hat es an mehr oder minder vollkommenen Exemplaren herrschsüchtiger und grausamer Frauen nie gefehlt.[10]

Von einigen Frauen ist ausdrücklich bezeugt, daß sie sich selbst als *femme fatale* verstanden und diese Rolle genossen, wie die polnische Malerin

---

[9] Ovid *met.* 4, 285-388.
[10] Praz (1970) 167.

Tamara de Lempicka.[11] Carola Hilmes hat der Widerspiegelungsthese lebhaft widersprochen:

> Daß die *Femme fatale* keinen Realtypus des Weiblichen bezeichnet, sondern ins Reich der kollektiven Phantasien gehört, wird dabei vorausgesetzt ... Als unter dem männlichen Blick sich konstituierendes Bild kann die *Femme fatale* nicht verschleißen ... Die *Femme fatale* ist eine Fata Morgana, die ihre Suggestionskraft auch dann nicht verliert, wenn man um die Bedingungen der Luftspiegelung weiß. Als Projektionsfigur ist sie nicht zu eliminieren.[12]

Diese scheinbar so gegensätzlichen Positionen basieren beide auf der Annahme anthropologischer Grundkonstanten: das eine Mal ist es die Psyche der Frau, das andere Mal die des Mannes, die für die Erklärung des literarischen Themas bemüht werden.

Für die Grundkonstante der *femme fatale* möchte man zunächst psychologische und somit auf keine Zeit beschränkte Gründe geltend machen: männlichem Denken entsprungen, verkörpert die *femme fatale* in übersteigerter Form alles Begehrens- und Fürchtenswerte der Frau und ist oft Ausdruck kollektiver Misogynie. Ihre künstlerische Darstellung, insbesondere auf der Bühne, könnte als Kompensation und Entlastung männlichen Begehrens und männlicher Angst erklärt werden.

> Die der *Femme fatale* zugeschriebene Dämonie hat ihren Grund nicht in einer bestimmten diabolischen Eigenschaft, einem potentiell allen Frauen gemeinsamen Wesensmerkmal, sondern in dieser zwiespältigen Disposition als Wunsch- und Angstbild.[13]

Ylva Monschein weist die *femme fatale* sogar in der Gestalt der Fuchs-Frau der chinesischen Legenden nach, die die magisch überhöhte Angst vor der Kraft der Frau zum Thema haben.[14] – Nach Mireille Dottin-Orsini vereinigt die *femme fatale* alle Haltungen des Mannes gegenüber der Frau:

> ... fascination et répulsion, adoration bêlante et haine suraiguë (faut-il dire hystérique?), envie de se blottir et terreur mal-maîtrisée. L'archaïsme de l'image est flagrant: La Grande Mère ogresse n'est jamais bien loin. .... Pygmalion fin-de-siècle se fait dévorer par son immense statue; ... Celle qui tue, celles qu'on assassine.[15]

Nicht weit davon entfernt könnte die Erklärung für die Konstanz des sie oft begleitenden Verführermotivs liegen.

---

[11] De Lempicka-Foxhall – Phillips (1987).
[12] Hilmes (1990) XII f.
[13] Hilmes (1990) XIV.
[14] Monschein (1988).
[15] Dottin-Orsini (1993) 24, 25, 248.

Die zweite Grundkonstante könnte gesellschaftlich bedingt sein. Die minderrangige Stellung der Frau in den antiken Gesellschaften, ihre Verspottung im griechischen Jambus und der griechischen und römischen Komödie – von antikem Frauenhaß (Misogynie) zu sprechen ist oft eine Übertreibung – setzt sich im Christentum fort. Die von Tertullian und Origenes ausgehende religiös begründete Geringschätzung der Frau in der christlichen Spätantike[16] und ihre Verteufelung im Mittelalter hatte wohl auch soziale Ursachen – ebenso wie ihre Gegenbewegung in der Minnedichtung. Die Renaissance, deren aufklärerischer Impetus die religiösen Bindungen und Werte in Frage stellte, brachte auch einen Wandel des Frauenbildes. Dem Auftreten selbstbewußter und selbstbestimmter Frauen – um nicht wieder die fatale Gestalt einer Lucrezia Borgia zu bemühen, erwähne ich hier die eindrucksvolle Malerin Sophonisba Anguissola (1527 oder 1531-1623) – entsprach das gesteigerte Interesse der Dichtung und Philosophie an Gefühlswelt, Intellekt und Handlungsweise der Frau, deren Lob in der Literatur des 16. Jahrhunderts auffällt.

IV

Warum das Thema in gewissen Epochen, und besonders um die Jahrhundertwende, sich zu ebenso reizvollen wie grausigen Frauengestalten steigert und überall, im Drama, im Roman, in der bildenden Kunst, in Wissenschaft und Publizistik auftritt, bleibt dennoch eine essentielle Frage, der sich gerade auch Carola Hilmes gestellt hat. Aber für das vermehrte Auftreten und die Steigerung des Typs am Ende des 19. Jahrhunderts müßte man mehr als anthropologische Grundkonstanten bemühen. Ist hier die Rückwirkung eines neuen Frauenbildes zu erkennen? Wir wollen sehen, ob wir dem Vorschlag von Carola Hilmes folgen können, in der *femme fatale* das Prekäre der männlichen Situation zu sehen: "In Zeiten entsprechender Verunsicherung und Orientierungslosigkeit hat dieses Bild Konjunktur".[17]

Die Serie wird eröffnet durch das im 19. Jahrhundert plötzlich erwachte Interesse des 1753 erschienenen Romans *Histoire du chevalier des Grieux et de Manon Lescaut* des Abbé Prévost: P.F.A. Carmouche und F. de Courcy führen ihr Drama *Manon Lescaut* 1830 in Paris auf, Aubers gleichnamige Oper (1856) wird bald gefolgt von der Massenets (1884) und

---

16 Vgl. K.Thraede, Artikel "Frau" in: Reallexikon für Antike und Christentum 8 (1972) 197-269, bes. 242, 254-260. Eva Schulz-Flügel, "Tertullian und das zweite Geschlecht", *Revue des Études Augustiniennes* 42 (1996), 3-19, entwirft für Tertullian ein differenziertes Bild.

17 Hilmes (1990) XIV.

Puccinis (1893). Die Frivolität des Ancien Régime, verkörpert in Choderlos de Laclos (*Liaisons dangereuses* 1782), erscheint als kalkuliert genossene Libertinage wieder. In England ist Gregory Lewis´ Roman *The Monk* (1795) mit der als Novize verkleideten Matilda, einer teuflischen Dämonin, die K.S. Guthke auf Gestalten der deutschen Volkssage zurückführt, Vorbild der *femmes fatales*. Als weitere Quelle solcher Frauengestalten gilt John Keats' *La belle dame sans merci* (1820). Der Höhepunkt der fatalen Frauengestalten beginnt in der erzählenden Literatur um die Mitte des vorigen Jahrhunderts und erfaßt in seiner letzten Steigerung um die Jahrhundertwende das Drama, den Roman, die Oper und sogar die Philosophie:

Literatur:

Alexandre Dumas fils, *La Dame aux Camélias*, 1848, als Drama 1852
Algernon Charles Swinburnes *Maria-Stuart*-Trilogie, 1865-1881
Emile Zola, *Thérèse Raquin*, 1867; *Nana*, 1880
Frank Wedekind, *Der Erdgeist*, 1895, überarbeitet unter dem Titel *Lulu*, 1903
Oscar Wilde, *Salomé*, 1891 (nach Flauberts Hérodias), davon angeregt
Richard Strauss, *Salome* (1905)
Heinrich Mann, *Professor Unrat,* 1905 (verfilmt unter dem Titel *Der Blaue Engel*, 1930)

Bildende Kunst:

Englische Präraffaeliten ab 1850
Franz v. Stuck, *Die Sünde*, 1893
Max Liebermann, *Simson und Dalila*, um 1901

Auch wenn H. Usener in der Erzählung *Die Flucht vor dem Weibe* (1907)[18] ein Motiv der altchristlichen Heiligenlegenden wiederaufnimmt, das kurz danach auch Tolstoi in *Vater Sergius* (1911) abwandelt, wird die Frau als die verderbliche Verführerin gezeichnet, die schließlich selbst scheitert.[19]

Bezeichnend sind auch die Facetten, die das Frauen-Thema in der Wissenschaft annimmt. Hier seien stellvertretend genannt:

J. J. Bachofen, *Mutterrecht*, 1861
R. v. Kraft-Ebing, *Psychopathia sexualis*, 1886ff.

Das 19. Jahrhundert bietet ein widersprüchliches Bild geistiger Strömungen und entsprechend widersprüchliche Erklärungsmuster für die Ausformung des Frauen-Themas zur *femme fatale*.

Mireille Dottin-Orsini[20] weist zu Recht darauf hin, daß die Darstellung von Frauen in Malerei, Plastik und Baudekor, besonders in der staatlichen,

---

[18] H. Usener, Gesammelte Schriften, Leipzig-Berlin 1907, 235-259.
[19] Vgl. Goldt (in diesem Bande 122)
[20] Dottin-Orsini (1993) 13.

privaten und sepulkralen Repräsentationskunst allgegenwärtig war. Die mythische und allegorische Bedeutung diente als Rechtfertigung teilweiser oder völliger Entblößung des weiblichen Körpers, dessen Schönheit trotz aller Idealisierung realistisch detailliert und damit sinnlich dargestellt wurde; erotische Ausstrahlung weiblicher Leiblichkeit war selbst vom Grabe nicht verbannt[21] und kam erstaunlicherweise mit der sprichwörtlichen viktorianischen Prüderie, die selbst das Wort Wade als obszön verbannte, nicht in Konflikt. Fast immer ist es die schöne, auch die erhaben-wuchtige, selten die dämonisch-gefährliche Frau, die dargestellt wurde. Die sinnlich-schönen Frauen der englischen Präraffaeliten (Burne-Jones, Waterhouse, Khnopff) ab 1850 sind eher verführerisch, verworfen und maßlos unglücklich als gefährlich; Gustave Moreau bevorzugte Gestalten wie Salomé (1874-6), Delila (1882), doch in der Darstellung treten wieder nur die sinnliche Schönheit und Rätselhaftigkeit, kaum die dämonische Gefährlichkeit wie in der Sphinx (1886) hervor.[22] Auch in der Bauplastik entdeckt man nur hin und wieder eine fratzenhafte Megäre als balkontragende Konsole. Ein Sonderfall ist das kleine bronzene Selbstporträt der Schauspielerin Sarah Bernhardt, die sich 1880 “en chimère” als Fledermaus mit schönem Frauenkopf darstellte.

Woher aber rührt nun das ganz andere Frauenbild der Literatur?

1. Ein Erklärungsmuster verweist auf das stärkere anthropologische und psychologische Interesse der zweiten Hälfte des 19. Jahrhunderts. In der Gefühlswelt der Frau wurden irrationale Kräfte entdeckt, die sich den Rationalisierungsbemühungen der gerade entstehenden wissenschaftlichen Psychologie entzogen. Roman und Drama begannen daher die Frau entweder zu dämonisieren oder ihr Handeln als eine dem Mann undurchschaubare Raffinesse, gepaart mit Tücke und geboren aus Verachtung des hiergegen wehrlosen Mannes, zu erklären.[23] Als Symbol kann Bram Stokers *Dracula* (New York 1897) gelten, dessen männliche Hauptgestalt nur von weiblichen Vampiren umgeben ist. Es folgte die psychologische Erforschung der Frau, die als das schlechthin ‘Andere’ begriffen wird. Als Fachausdruck ist *sexuality* 1889 erstmals in medizinischer Literatur nachweisbar.

2. Ein anderes Erklärungsmuster setzt bei der um 1875 beginnenden Emanzipation der Frau an. Die Frau, die nicht dem traditionellen Frauenbild entspricht, sondern ‘modern’, d.h. gebildet, aufgeklärt ist und

---

[21] Der Bildband von I. Ohlbaum, *Denn alle Lust will Ewigkeit. Erotische Skulpturen auf europäischen Friedhöfen*, München 1992 [Ndr. 1996], enthält leider keine Datierungen.

[22] Auf Hofstätter (1978) machte mich freundlicherweise Dr. H. Seng (Mainz) aufmerksam.

[23] Meier in: Kreuzer (1994)155-163.

auf ihren Rechten beharrt, ja eine Änderung des männlichen Verhaltens fordert, wird bekämpft, indem man sie entgegen ihrer Absicht dämonisiert, zur rein animalischen Triebnatur degradiert, exemplarisch als Prostituierte darstellt, zu einem katzen- oder sphinxartigen Geschöpf stilisiert – und in ausgleichender poetischer Gerechtigkeit einen larmoyant erlittenen und beweinten Tod erleiden läßt – oder indem man nach dem Vorbilde Prosper Mérimées in seiner Zigeunerin Carmen (1846) gerade wie F. Wedekind (1895/1903) in den weiblichen Außenseitern der Gesellschaft wie Zigeunerinnen und Prostituierten, deren Sinnlichkeit sich von Konventionen ungehemmt entfalten kann, die ursprüngliche, von Kultur und Gesellschaft unverdorbene Weiblichkeit entdeckt. Der Ambivalenz der *féminité* entspricht die Ambivalenz des Wirkungspotentials dieser Literatur als erzieherisch-warnende Unterhaltung oder als hymnische Entdeckung der ursprünglichen und zugleich modernen Frau.

3. Ein drittes Erklärungsmuster leitet die *femme fatale* aus der politischen, sozialen und moralischen Krise des endenden 19. Jahrhunderts ab. Rebecca Stott, historisch kenntnisreiche Vertreterin der feministischen Soziologie, die sich auf den Strukturalismus, auf Michel Foucault und Jacques Derrida beruft, entwirft ein facettenreiches Bild des spätviktorianischen England, dessen Imperialimus und Nationalismus mit dem damit verbundenen Männlichkeitskult zu einer Überanstrengung der Kräfte und wachsender Unsicherheit diesen Zielen gegenüber führte.[24] Die Desintegration einer bislang homogenen Kultur wird an der Angst vor der Degeneration, dem beherrschenden Thema ab 1880, an großen Skandalen und ihnen folgenden Kreuzzügen für moralische Sauberkeit (ab 1885) sichtbar. Ähnlich führt Alain Moreau[25] die Produktion von drei femme-fatale-Filmen in Deutschland zwischen 1929 und 1935 auf eine geistige Krise nach der Demütigung durch die Niederlage, auf die wirtschaftliche Krise, die politischen Unruhen und den aufkommenden Nationalsozialismus zurück.

V

Ist also das Thema der *femme fatale* Ausdruck der Angst vor der Sünde und gleichzeitig der Faszination durch sie, ist es Ausdruck der Konkurrenzangst oder der Todesangst oder gar des archetypischen Kampfes der Geschlechter, oder ist es spezieller Ausdruck einer politisch-gesellschaftlich-moralischen Krise? Auch davon hängt das anfänglich angesprochene Problem der Übertragbarkeit des Motivs auf andere Literaturen und Zeiten ab.

---

[24] Stott (1992).

[25] In: Ghiron-Bistagne – Moreau (1995) 228.

Als letztes stellt sich die Frage, ob dieses Thema durch eine gewandelte Gesellschaft, durch die Emanzipation und ein neues Frauenbild überholt – oder ob es eher noch gesteigert – oder vielmehr (in den Massenmedien) banalisiert wird. Beliebt ist gegenwärtig der Typ der kühlen Managerin mit geplanten Sexualkontakten, die den Mann zum Harlekin macht und – in bester *femme-fatale*-Tradition – dann doch den eigenen Plänen zum Opfer fällt.

Nachwort: Die *femme fatale* hat endlich auch ihr ausdrückliches Gegenbild in einem von einer Frau verfaßten Kriminalroman gefunden: Irène Frain, *L'homme fatal*, Paris 1995. In der Tat kehren die bekannten Schemata von Psyche, Charakter und Handlungsweise der *femme fatale* spiegelbildlich wieder, aber wieder ist die Frau das Opfer.

Literaturverzeichnis

Bork, Claudia: *Femme fatale und Don Juan. Ein Beitrag zur Motivgeschichte der literarischen Verführergestalt*, Hamburg 1992.

Clauss, J.J. – Johnston, Sarah I. (Hgg.): *Medea. Essays on Medea in Myth, Literature, Philosophy, and Art*, Princeton 1997.

Dämmrich, H.S. und Ingrid: *Femme fatale*, in: dies., *Themen und Motive in der Literatur*, Tübingen 1987, 136-139.

Dottin-Orsini, Mireille: *Cette femme qu'ils disent fatale: textes et images de la misogynie fin-de-siècle*, Paris 1993.

Ghiron-Bistagne, Paulette – Moreau, A. (Hg.): *Femmes fatales*. Cahiers du GITA (Groupe interdisciplinaire du théâtre antique) 8, Montpellier 1994/1995.

Guthke, K.S.: "Die Herkunft des weltliterarischen Typus der "Femme fatale" aus der deutschen Volkssage", *GRM* N.F. 6, 1956, 294-296.

Hilmes, Carola: *Die femme fatale*, Stuttgart 1990 (mit reicher Bibliographie).

Hofstätter, H.H.: *Gustave Moreau. Leben und Werk*. DuMont-Kunst-Taschenbücher, Köln 1978.

Kreuzer, H. (Hg.): *Don Juan und Femme fatale*, München 1994, darin u.a.: Hilmes, Carola, "Kleopatra. Das versteinerte Frauenbild und die Geschichten des verteufelten Eros" (99 ff.); Fischer, J.M., "Verführung und Erlösung in der Oper der Jahrhundertwende" (143-154); Meier, U., "Verführerinnen der Jahrhundertwende" (155-163).

De Lempicka-Foxhall, Kizette – Phillips, Ch.: *Passion by design. The art and times of Tamara de Lempicka*, New York, dt. unter dem Titel: *Tamara de Lempicka: Malerin aus Leidenschaft, Femme fatale der 20er Jahre*, München 2. Aufl. 1987.

Monschein, Ylva: *Der Zauber der Fuchsfee. Entstehung und Wandel eines "Femme-fatale"-Motivs in der chinesischen Literatur*, Heidelberger Schriften zur Ostasienkunde 10, Frankfurt 1988.

Praz, M.: *Liebe, Tod und Teufel. Die schwarze Romantik*, München 1970 (orig. *La carne, la morte e il diavolo nella letteratura romantica*, Firenze 1930, 3. Aufl. 1948), Kap. IV "La belle dame sans merci" (167 ff.); im Kap. V 'Byzanz' v.a. über das Motiv der *femme fatale* in der Malerei Gustave Moreaus und seiner Zeitgenossen.

Stott, Rebecca: *The fabrication of the late-Victorian femme fatale: the kiss of death*, London 1992.

Ansätze zur *femme fatale* in der griechischen Tragödie

Aischylos' Klytaimestra und Euripides' Helena*

Walter Nicolai (Mainz)

Wenn 'Die *femme fatale* im Drama' zum Gegenstand einer Ringvorlesung gemacht wird, horcht auch der Gräzist auf und überlegt, was er dazu beitragen kann. Und wenn er sodann in der *Brockhaus Enzyklopädie* folgende Definition dieses Männerschrecks findet: "Inbegriff der erotisch-faszinierenden, dämonisch-destruktiven Frau, die als Siegerin aus dem Kampf der Geschlechter hervorgeht"[1], dann ergibt sich ihm – nach einer Umschau unter den etwa 30 erhaltenen Stücken von Aischylos, Sophokles und Euripides – , daß eigentlich wohl nur zwei griechische Tragödienfiguren, zumindest ansatzweise, dieser Definition entsprechen: nämlich die Klytaimestra in Aischylos' *Agamemnon* und die Helena in den *Troerinnen* des Euripides. Einige weitere Kandidatinnen vermögen der Definition dagegen nicht ganz zu genügen: Phaidra zum Beispiel ist weder 'Siegerin' noch übt sie auf Hippolytos eine 'erotisch-faszinierende' Wirkung aus; und Medea verhält sich gegenüber Jason nur deshalb 'destruktiv', weil sie zuvor von ihm verlassen, also aufs äußerste gekränkt worden war.

Ich will mich in meinem Beitrag daher vor allem mit Klytaimestra (als Prototyp der Gattenmörderin) und mit Helena (als Prototyp der treulosen Ehefrau) beschäftigen und die anderen Dramenfiguren nur beiläufig behandeln. Klytaimestra und Helena sind im übrigen – Zufall oder nicht – ein Schwesternpaar: Töchter der Leda und des Tyndareos (bzw., im Falle Helenas, des Zeus). Gemeinsam[2] ist ihnen außerdem, daß sie nicht erst in

---

* Für nützliche Hinweise und förderliche Kritik danke ich Frau Dr. Sabine Föllinger; auch der Diskussion im Anschluß an den Vortrag verdanke ich manche Anregung.

1 *Brockhaus Enzyklopädie in 24 Bänden*, Bd. 7, Mannheim 1988, s.v. 'Femme fatale'. Hilmes (1990) 10 gibt für die *femme fatale* des *Fin de siècle* folgende 'Minidefinition': "eine meist junge Frau von auffallender Sinnlichkeit, durch die ein zu ihr in Beziehung geratener Mann zu Schaden oder zu Tode kommt. Die Verführungskünste einer Frau, denen ein Mann zum Opfer fällt, stehen in den Geschichten der Femme fatale im Zentrum. Oft agiert die Frau in der Gestalt eines Racheengels und wird in vielen Fällen am Ende der Geschichte für ihre Taten mit dem Tode bestraft". Vgl. dazu auch Stein (1985) 12. – Moreau, *Postface* (1995) rechtfertigt die Verwendung des modernen Begriffs für Figuren des antiken Mythos: "la femme fatale est la femme qui est liée au *fatum* [...]. Et comme le *fatum* est le plus souvent un destin funeste, la femme fatale est productrice de malheur. Productrices de malheur, telles sont bien les héroïnes grecques en rébellion contre l'homme" (230).

2 Vgl. dazu Macleod (1982) 127: "the two daughters of Tyndareus exercise a common 'dominion' (*Ag.* V. 1470) grotesquely parallel to the joint rule of the Atridai."

der Tragödie als Vorläufer der *femme fatale* erscheinen, sondern bereits im homerischen Epos: und zwar Helena in der *Ilias* und Klytaimestra in der *Odyssee*. Schon die *Ilias* nämlich führt die Auslösung des Trojanischen Krieges (und letzten Endes auch den Untergang Trojas) auf die verderbliche erotische Faszination zurück, die die spartanische Helena auf die Männer in ihrer Umgebung ausübt; und bereits in der *Odyssee* beklagt sich der ermordete Agamemnon im Hades, daß seine eigene Frau (das genaue Gegenteil der treuen Penelope) – zusammen mit ihrem Liebhaber Aigisth – es gewesen ist, die ihm die tödliche Falle gestellt hat (11,409-430; 24,199f.). Die Destruktivität der beiden attraktiven Heroinen ist also bereits in der epischen Tradition vorgegeben (vgl. *Od.* 11,436-439).

I

Doch nun zu ihrer Darstellung in der attischen Tragödie! Wir wollen uns zunächst dem älteren Stück zuwenden, dem im Jahr 458 aufgeführten *Agamemnon* des Aischylos. Dieses Drama ist das erste der drei Stücke, die in ihrer Gesamtheit die *Orestie*[3] bilden (die einzige uns erhaltene Inhaltstrilogie der griechischen Tragödie). Das Handlungsgeschehen dieser *Orestie* läßt sich in aller Kürze etwa folgendermaßen zusammenfassen: im 1. Stück (im *Agamemnon*) erschlägt eine Frau (Klytaimestra) ihren Mann (Agamemnon); im zweiten Stück (den *Choephoren*) wird die Frau (Klytaimestra) von ihrem Sohn (Orest) erschlagen, der auf diese Weise den Tod seines Vaters rächt[4]; und im dritten Stück (den *Eumeniden*) wird der nach seinem Muttermord von den Erinyen zum Wahnsinn getriebene Orest zunächst von Apollon (in Delphi) entsühnt und danach außerdem von einem Gericht[5] in Athen – unter Zubilligung mildernder Umstände –

Allerdings: "while Clytemnestra gains the mastery through her male characteristics, Helen gains it by ways traditional to women", Winnington-Ingram (1983) 111f.; vgl. auch Rosenmeyer (1982) 229. 236. Ähnlich Bonnafé (1989) 157: "Clytemnestre est bien le pendant d'Hélène et parachève à Argos son œuvre funeste. Mais Hélène séduit et perd les Troyens par sa féminité et sans sortir du rôle d'enjeu attribué traditionnellement aux femmes dans l'ἔρις; Clytemnestre séduit et perd Agamemnon en s'assimilant à lui et en parlant son langage, pour enfin l'évincer et prendre sa place, victorieuse de l'ἔρις."

[3] Zur Gesamtdeutung der *Orestie* vgl. u.a. Gagarin (1976); Kitto (1964); Macleod (1982); Meier (1980); Nicolai (1988); Rosenmeyer (1982); Winnington-Ingram (1983).

[4] "It is the parallelism between *Agamemnon* and *Choephori* that is important [...]. Orestes' tragedy is that, for all his purity of spirit, he becomes as guilty as his father", Garvie (1986) XXXIV.

[5] Zur Notwendigkeit einer streng verfahrenden staatlichen Gerichtsbarkeit vgl. Flaumenhaft (1989): "if civilized, institutional justice fails to satisfy [durch unerbittliche Verfolgung des Täters], private revenge is likely to supplement it where the public institutions are felt to be inadequate" (104). "Our institutional

freigesprochen, wodurch der fatale Kreislauf der Wiedervergeltungen schließlich an sein Ende kommt.

Unter dem speziellen Gesichtspunkt der *femme fatale* interessiert uns von den drei Teilen der *Orestie* hier nun vor allem das erste Stück mit dem Titel *Agamemnon*, dessen Handlungsablauf ich zunächst kurz in Erinnerung rufen will. Nach der siegreichen Eroberung Trojas ist der griechische Oberbefehlshaber Agamemnon auf der Heimfahrt nach Argos. Klytaimestra, die während der zehnjährigen Abwesenheit ihres Mannes (ohne dessen Wissen) eine Liaison mit Aigisth eingegangen ist, hat vorsorglich eine Signalkette von Feuerbränden organisiert, durch die sie sich über die Rückkehr des Königs rechtzeitig informieren lassen will. Das Stück beginnt nun damit, daß im Prolog ein nächtlicher Wächter das lang erwartete Feuerzeichen endlich erblickt und es sofort seiner Herrin meldet. Im Anschluß daran findet (in der *Parodos*) der Einzug des Chores statt, der aus alten Bürgern der Stadt Argos besteht, die sich vor dem Palast versammeln. In insgesamt vier großen Chorliedern, die durchweg eine zwischen Furcht und Hoffnung schwankende Stimmung widerspiegeln (nämlich in der *Parodos* sowie im ersten, zweiten und dritten *Stasimon*), preist der Chor einerseits die – religiös fundierte – weltpolitische Mission und militärische Leistung seines Königs, andererseits weist er auf die hohen (vielleicht allzu hohen) Blutopfer hin, die Agamemnon – als Vorleistung für seinen Sieg – hatte aufwenden müssen: vor allem die Opferung seiner Tochter Iphigenie und die zahllosen Gefallenen seines Heeres. Wenn danach Klytaimestra (im ersten *Epeisodion*) den Chor souverän über die Bedeutung des Feuerzeichens aufklärt, wird sie vom Dichter durch ihr anormales Verhalten (als Mannweib) und durch verschiedene düstere Andeutungen, die sie macht, von vornherein als gefährliche Antagonistin Agamemnons charakterisiert (und zwar als menschliche Vollstreckerin einer göttlichen Vergeltung). Eine letzte Stufe der Vorbereitung bildet das Erscheinen von Agamemnons Herold (im zweiten *Epeisodion*), der eine ähnliche Ambivalenz wie der Chor aufweist: einerseits posaunt er das Triumphgefühl des siegreichen Heeres und seines auf dem Zenith seiner Laufbahn angelangten Feldherrn heraus, auf der andern Seite muß er – auf Befragen – einräumen, mit wieviel Opfern dieser Erfolg erkauft werden mußte. Im zentralen dritten *Epeisodion* betritt dann die Hauptfigur dieser fragwürdigen 'Heimkehr' die Bühne, und es kommt zu der mit Spannung erwarteten Konfrontation von Agamemnon und Klytaimestra, die freilich zu keiner offenen Auseinandersetzung führt, weil der sieggeschwellte Mann die ihm von seiner Frau drohende Gefahr nicht wahrzunehmen vermag und weil Klytaimestra ihre tödliche Feindschaft

---

arrangements should not become so antiseptic and abstract that we lose sight of our first [...] demands of justice" (107).

raffiniert verbirgt. Der Dichter läßt stattdessen eine symbolische[6] Konfrontation stattfinden, in der es um die Frage geht, ob Agamemnon bereit ist, seinen Einzug in den Palast über prachtvolle Purpurgewänder zu nehmen, die Klytaimestra zu diesem Zweck für ihn hat ausbreiten lassen. Die Frau will ihren Mann hier offensichtlich zu einem Akt der Hybris veranlassen, der Agamemnon zwar eigentlich zutiefst zuwider ist, zu dem er sich letztlich aber dennoch (durch einen raffinierten Appell an seine Großmut) in erstaunlicher Arg- und Hilflosigkeit drängen läßt. Der Ausgang dieses Streits, den die zielbewußte (von großer krimineller Energie getriebene) Frau gegen ihren (vom Erfolg zugleich geblendeten und erschlafften[7]) Mann gewinnt, nimmt bereits die sich kurz darnach im Inneren des Palasts vollziehende Katastrophe vorweg: so, wie Agamemnon zunächst – *auf* der Bühne – durch Klytaimestras Argumentation überlistet und besiegt wird, wird er dann bald auch – *hinter* der Bühne – eigenhändig von ihr erschlagen. Nachdem (in der ersten Hälfte des Stücks) der Chor Agamemnons persönliche Verantwortung für die Durchführung des Troja-Feldzugs sichtbar gemacht hatte, bringt im folgenden vierten *Epeisodion* sein trojanisches Beutemädchen, die Seherin Kassandra, auch noch die (quasi als Erblast auf Agamemnon gekommene) Schuld seines Vaters Atreus ins Spiel, der einst die Söhne seines Bruders Thyest geschlachtet hatte, ein Frevel, den als einziger Klytaimestras Liebhaber Aigisth überlebt hat, der aus eben diesem Grund nun längst schon auf Rache sinnt. Während vorne auf der Bühne noch Kassandra vom Chor ausgefragt wird, setzt hinter der Bühne bereits Klytaimestra die Ermordung ihres Mannes ins Werk. Agamemnons Todesschreie markieren den Übergang zum letzten Akt (zur *Exodos*), in der eine erbitterte Auseinandersetzung stattfindet zwischen dem Chor, der die argivische Bürgerschaft repräsentiert, einerseits und Agamemnons Mörderin andererseits, die sich verzweifelt darum bemüht, ihre Tat zu rechtfertigen.

Dies also, in groben Zügen, das Handlungsgeschehen im *Agamemnon*. Wichtig für unser Thema ist zunächst die moralische und rechtliche Beurteilung von Klytaimestras Gattenmord, die der Dichter durch die Äusserungen steuert, die er den verschiedenen Figuren bzw. dem Chor in den Mund legt. Da haben wir auf der einen Seite die Argumente, die Klytaimestra selbst zu ihrer Rechtfertigung anführt: nämlich erstens einmal Vergeltung für die Verletzung, die Agamemnon ihr – als Mutter – durch die rücksichtslose Opferung der gemeinsamen Tochter Iphigenie zugefügt hat[8] (1414-1420. 1432f. 1523-1529); zweitens Vergeltung für die Krän-

---

[6] Reinhardt (1949) 97.

[7] Dazu vgl. u.a. Fraenkel (1950) zu den Versen 931-944; Gundert (1974) 229f.; Kraus (1978) 64-66.

[8] Dazu siehe Zeitlin (1978) 157f.; Thiel (1993) 363f. 368. 399. Anders Rosenmeyer (1982) 236.

kung, die Agamemnon ihr – als Ehefrau – dadurch angetan hat, daß er nicht nur vor Troja mit der Chryseis seinen Spaß gehabt, sondern sich jetzt auch noch die trojanische Königstochter Kassandra als Nebenfrau mit nach Hause gebracht hat[9] (1438-1447); und drittens schließlich Vergeltung für den Mord des Atreus an den Kindern seines Bruders Thyest[10] (1500-1504), obwohl diese Rache primär nur der Beweggrund ihres Liebhabers Aigisth ist (trotzdem aber versucht sich Klytaimestra durch die Behauptung zu entlasten, sie sei lediglich das Werkzeug jenes Rachedämons[11], der die Sühnung des Atreusmahls einfordert). Diesen Rechtfertigungsversuchen Klytaimestras stehen auf der anderen Seite die Anklagen gegenüber, die (im ersten Stück der Trilogie) Kassandra und der Chor und (in den beiden folgenden Stücken) Orest und sein göttlicher Schutzpatron Apollon gegen sie erheben: daß Klytaimestra ihren Ehemann, den rechtmäßigen König von Argos, heimtückisch im Bad ermordet hat (*Ag.* 1489-1496; *Cho.* 909. 991-1000; *Eum.* 625-637); daß sie ihn zuvor – während seines Feldzugs – mit Aigisth betrogen hat (*Ag.* 1258f.; *Cho.* 132-134. 916-921); und daß sie schließlich, gemeinsam mit ihrem Liebhaber, widerrechtlich die Herrschaft in Argos usurpiert und die eigenen Kinder ihrer legitimen Rechte und Besitztümer beraubt hat[12] (*Cho.* 132-137. 913-917. 973f.).

Diese moralischen und rechtlichen Argumente, die für bzw. gegen Klytaimestras Gattenmord vorgebracht werden, finden ihre Fortsetzung übrigens (in spiegelbildlicher Umkehrung) in den Anklage- bzw. Verteidigungsreden, die in den beiden folgenden Stücken der Trilogie anläßlich von Orests Muttermord gehalten werden. Während Klytaimestra und die Erinyen die Ungerechtigkeit von Orests Vergeltungsakt gegen die Mutter insbesondere mit den Verfehlungen seines Vaters Agamemnon begründen, operiert Orests und Apollons Verteidigung – umgekehrt – vor allem mit Vorwürfen gegen Klytaimestras verbrecherisches Verhalten. Dabei ist es in beiden Fällen (bei der Beurteilung von Klytaimestras Gattenmord ebenso wie bei der Beurteilung von Orests Muttermord) so, daß die Rezeptionssteuerung des Autors den Argumenten der männlichen Akteure (nämlich Agamemnons, Orests, Apollons und auch der mutterlosen Athene) zwar keine absolute, aber doch eine relative Überlegenheit zuteil werden läßt gegenüber den Argumenten der weiblichen Akteure (also Klytaimestras und der Erinyen).

Damit sind wir bei einem für unsere Ringvorlesung wichtigen Punkt angelangt. Die zentralen Konflikte in Aischylos' *Orestie* scheinen nämlich,

---

9 Siehe auch Thiel (1993) 371-373.

10 Dazu ebd. 364f. 393-395.

11 Darin sehen Ghiron-Bistagne (1995) 75f. und Moreau, *Clytemnestre* (1995) 156 einen Beleg für Klytaimestras 'dämonischen' Charakter.

12 "Clytemnestre [...], après avoir assassiné son époux et son roi, a dépouillé ses propres enfants de leur héritage", Ghiron-Bistagne (1995) 77f.

unter anderm, auch den Reflex aktueller innenpolitischer Diskussionen und Konfliktsituationen darzustellen. Einer dieser (in fast allen empirischen Gesellschaften zumindest latent vorhandenen) Konfliktherde ist offensichtlich das Verhältnis zwischen den Geschlechtern.[13] Zwar darf man, auf der einen Seite, die strenge Trennung der Arbeits- und Lebenssphären von Mann und Frau im Alltag, wie sie für die präindustriellen Agrargesellschaften des Mittelmeerraumes charakteristisch ist, nicht von vornherein nur als ein raffiniertes Instrument zur Diskriminierung und Unterdrückung der Frauen sehen.[14] Denn die räumliche Spaltung in eine Männer- und eine Frauenwelt resultiert zunächst einmal aus der Arbeitsteilung in einer bäuerlichen Gesellschaft[15], wo die Frau den ganzen Tag über im Haus nicht nur mit der Haushaltsführung und Kinderversorgung, sondern vor allem auch mit der Textilproduktion und der Beaufsichtigung der Dienerschaft beschäftigt war, während der Mann alle dem Außenbereich zugeordneten Aufgaben zu erledigen hatte, angefangen von der Arbeit auf dem Acker – bzw. in einem Handwerksbetrieb oder Verkaufsladen – über die Beteiligung an der politischen Willensbildung der Gemeinde bis zum Einkauf auf dem Markt; zu berücksichtigen ist ferner, daß diese strenge Scheidung der Lebensbereiche der Frau unter gewissen Umständen die Möglichkeit bot, im privaten Bereich des Hauses eine erhebliche informelle Macht über ihren Ehemann auszuüben.[16] Auf der anderen Seite ist jedoch nicht zu verkennen, daß das System der Geschlechtertrennung (so nützlich das Prinzip der Arbeitsteilung für alle Beteiligten im übrigen auch sein mochte), daß diese gegenseitige Abschottung der Lebenssphären (mit der Eingrenzung des weiblichen Handlungsspielraumes auf den häuslich-familiären Bereich[17]) letzten Endes auch von den Interessen der Männer diktiert und von diesen rigide kontrolliert wurde, so daß faktisch doch eine "starke Asymmetrie zuungunsten der Frau"[18] vorlag.

---

13 "Through his Clytemnestra, Aeschylus has raised a great social question, which is that of the right relationship between the sexes in society", Winnington-Ingram (1983) 76. Freilich: "For the interest which Aeschylus shows in the social relationship of the sexes it may not be easy to account, since [...] we have no reason to suppose that it was a burning issue in Athenian politics", ebd. 130; ähnlich Meier (1980) 176. – Ähnliches gilt natürlich auch für Euripides: "The debates about the viciousness or virtue of women in Euripides indicate the probable depth of this ideological conflict in Athenian society", Cohen (1991) 145; ähnlich Cantarella (1987) 68.

14 Dazu siehe jetzt sehr ausführlich und weitgehend überzeugend Schnurr-Redford (1996) 57ff. 241ff.

15 Schnurr-Redford (1996) ebd.

16 Vgl. ebd. 248f. 272.

17 Von einer 'orientalischen' Eingeschlossenheit der Frau im klassischen Athen kann jedoch, wie Schnurr-Redford (1996) 119ff. 202ff. anhand zahlreicher Belege aufzeigt, nicht die Rede sein.

18 Schnurr-Redford (1996) 274.

Auch wenn heutigentags die Gleichberechtigung der Frau noch immer nicht in allen Lebensbereichen voll verwirklicht sein mag, so können wir uns doch die vielfachen Einschränkungen, denen die Frauen in der patriarchalischen Gesellschaftsordnung[19] des alten Griechenland und speziell Athens[20] unterworfen waren[21], kaum mehr vorstellen. Nicht nur war die Ehefrau, zumindest der oberen und mittleren Schichten, in ihrer Bewegungsfreiheit weitgehend auf den Bereich des Hauses beschränkt[22] (das sie in der Regel nur bei bestimmten Anlässen verließ: etwa zur Teilnahme an religiösen Feiern oder zu einem Besuch bei der Nachbarin oder bei Verwandten); nicht nur war ihr, von wenigen Ausnahmen – wie dem Priesteramt – abgesehen, die Wahrnehmung öffentlicher Funktionen unmöglich; auch innerhalb des Hauses unterstand sie letzten Endes der *patria potestas* ihres Ehemanns, der außerhalb des Hauses zudem volle sexuelle Freizügigkeit genoß. Die Repressivität dieser patriarchalischen Ordnung verstärkte sich vermutlich noch mit der zunehmenden Demokratisierung Athens.[23] Und so mag es dann in der Mitte des 5. Jahrhunderts in Athen –

---

[19] Nach der Deutung von Walcot (1984) 46 "Greek attitudes towards women were conditioned by man's fear of woman's sexuality". Die strenge soziale Überwachung der Frau im Athen des 5. und 4. Jahrhunderts vor Chr. erklärt Walcot folgendermaßen: "The crucial clues to understanding are offered by (1) the obsession of the Athenian male with his personal honour, (2) the need of the man of honour to defend against injury or insult any woman under his protection, (3) and the belief that prevention is much superior to cure" (37). Vgl. auch Schnurr-Redford (1996) 242.

[20] In Sparta besaßen die Frauen allerdings eine wesentlich stärkere Position; vgl. dazu Dettenhofer (1993).

[21] Dazu vgl. vor allem Pomeroy (1985) 85ff. 119ff. und Cantarella (1987) 46-51. "In this field of social life the Athenians had, on the whole, failed to achieve a harmonious balance and, in degrading the status of women, had committed an injustice which damaged their society", Winnington-Ingram (1983) 130. "It was impossible in Clytemnestra's own society, and equally impossible in democratic Athens, for a woman of dominating will and intelligence to exploit her gifts, to her own satisfaction and for the advantage of the community. The underlying social problem is one which has only been solved partially and intermittently in human history" (ebd. 129). Besonders krassen Ausdruck findet der männliche Überlegenheitsanspruch in Apollons Behauptung, daß der Vater der alleinige Erzeuger seines Kindes sei, der Mutter dagegen nur die Funktion zukomme, das Kind in ihrem Leib zu ernähren (*Eum.* V. 658-666). Dies ist freilich nur eine der verschiedenen Zeugungstheorien des 6. – 4. Jahrhunderts v. Chr.; vgl. dazu Föllinger (1996) 20ff. 34ff. 138ff.

[22] Siehe etwa Paoli (1955) 6-9; Pomeroy (1985) 119f. Freilich: "Separation of spheres of activity does not imply physical sequestration, and consequently utter subjection, as does seclusion. While it is undeniable that women did not operate in the public and political spheres in the way that men did, it does not necessarily follow that they did not have public, social, and economic spheres of their own, nor that these categories were not fluid and manipulable", Cohen (1991) 149; vgl. auch Schnurr-Redford (1996) 119ff. 202ff. – Für Hetären gelten all die genannten Einschränkungen natürlich nicht; aber sie besaßen dafür auch kein Bürgerrecht.

wenn auch wohl nicht in der Öffentlichkeit, so doch in manchen Familien[24] – durchaus zu weiblichem Aufbegehren gegen die gesellschaftliche Benachteilung der Frau und gegen das männliche Privileg der sexuellen Freizügigkeit gekommen sein, einem Aufbegehren, das – auf der anderen Seite – bei den Männern offensichtlich die Angst vor einem möglichen Verlust ihrer Autorität und ihrer traditionellen Vorrechte entstehen ließ. Auch wenn die Frauengestalten der griechischen Tragödie einerseits freie Schöpfungen dichterischer Phantasie sein mögen, so bleibt doch diese Phantasie andrerseits nicht unbeeinflußt[25] von realen Erfahrungen des Alltags. Figuren wie Klytaimestra, Helena oder Medea verraten demnach – als Produkte männlicher Phantasie[26] – unter anderem auch etwas über die Ängste und Befürchtungen der zeitgenössischen Männerwelt.[27] Wenn etwa

---

23 Auch Meier (1980) 176[91] spricht davon, "daß die Rolle der Frauen seit Heraufkommen der Demokratie relativ viel beschränkter wurde als die – gleichzeitig sich eben stark vergrößernde – der Männer". Vgl. auch Zoeppfel (1989), vor allem 472f.

24 Daß es insbesondere ihre familiären Erfahrungen gewesen sind, die das 'Frauenbild' der griechischen Männer (und somit auch der literarischen Autoren) mitgeprägt haben, ist eine ansprechende Vermutung von Pomeroy (1985) 141, die sich allerdings – wohl mit Recht – kritisch gegenüber der These des Soziologen P. Slater äußert, daß speziell die Mutter-Sohn-Beziehung in Athen von zwiespältigen und widersprüchlichen Gefühlen bestimmt gewesen sei (142-144).

25 Dies scheint Hilmes (1990) allerdings bestreiten zu wollen. Sie betont, daß "die Femme fatale keinen Realtypus des Weiblichen" bezeichne, "sondern ins Reich der kollektiven Phantasien" gehöre (XII; vgl. 4), und kritisiert (14) an Mario Praz, daß dieser die Allgegenwart des Typus der *femme fatale* in Mythos und Literatur auf eine "dichterische Widerspiegelung des wirklichen Lebens" – Praz (1981) 167– zurückführe.

26 "Et que se passerait-il si un jour les femmes refusaient ce contrat dont la justification n'est jamais donnée, comme si elle allait de soi, mais dont les clauses léonines sont répétées à satiété? Si elles refusaient d'être considérées comme d'éternelles mineures? Si elles voulaient prendre la place de l'homme? L'homme grec peut exorciser cette crainte par le rire comme le fait Aristophane dans l'*Assemblée des Femmes, Lysistrata* ou les *Thesmophories*. Mais il peut aussi fantasmer sur les créatures fascinantes et effrayantes qui risquent de faire basculer l'ordre masculin dans le Chaos. C'est en effet l'autre réponse apportée par les Grecs: ils créent de redoutables figures mythiques qui sont la projection de leurs craintes et constituent aussi une forme de *catharsis*. A cet égard le personnage imaginé par Euripide apparaît comme exemplaire", Moreau, *Médée* (1995) 183.

27 "Die Misogynie ist die Frucht der Angst vor der Frau, und sie schuf ihrerseits die Vorstellung von der Überlegenheit des Mannes [...]. In ihren Alpträumen verfolgte die Sieger die eine Furcht: daß eines Tages die Unterworfenen sich erheben [...] könnten", Pomeroy (1985) 145. "Der Emanzipationsanspruch, den Frauen erstmals im 19. Jahrhundert nachhaltig anmelden, spielt als Folie für die Herausbildung der Femme fatale eine wichtige Rolle, denn dieser Anspruch wurde als eine unerhörte Bedrohung empfunden", Stein (1985) 12; ähnlich Hilmes (1990) 5. "L'image de la femme fatale, complaisante, et gratifiante sur le plan de l'art, cristallise de façon spectaculaire l'ambivalence de l'attitude masculine face au féminin [...]: fascination et répulsion, adoration bêlante et haine suraiguë [...], envie de se blottir et terreur mal maîtrisée", Dottin-Orsini (1993) 24. "Athenian drama depicts male fantasies of murderous brides and wives, like Clytaemnestra, Medea [etc.]", Cohen (1991) 145.

der Chor im 2. Stück der *Orestie* – im Hinblick auf Klytaimestras Gattenmord – ein Lied mit folgender Priamel beginnt:

> Vieles nährt die Erde an Schrecken
> und leidvollen Schreckensgestalten.
> Die Klüfte der Meere
> wimmeln von menschenfeindlichem Getier.
> Zwischen Himmel und Erde ziehen
> schadenbringende Feuererscheinungen umher,
> und alles, was fliegt und kriecht,
> weiß vom sausenden Wüten des Sturmwinds.
> Doch wer vermag
> den verwegenen Übermut
> des Mannes zu fassen?
> Wer ermißt den frechen Sinn der Frauen
> und ihre alleswagende,
> hemmungslose Brunst und Leidenschaft?
> Sie ist eine ewige Quelle
> des Unheils für die Menschen.
> Alle Paarung, alle Gemeinsamkeit
> besiegt und verkehrt
> die schamlose Brunst und Leidenschaft,
> die alles Weibliche
> überkommt und beherrscht,
> beim Tier wie beim Menschen
> (*Cho.* 585-601, übers. v. P. Stein).

Und wenn der Chor anschließend, als mythische Beispiele für die fatalen Folgen pervertierter weiblicher Liebesleidenschaft, Althaia (die Mörderin ihres Sohnes), Skylla (die Mörderin ihres Vaters) und die Frauen von Lemnos (Mörderinnen ihrer Ehemänner) anführt, dann dürfte mancher im Publikum hier – wenn auch gewiß in extremer Übersteigerung – seine realen Erfahrungen oder zumindest seine Angstphantasien angesprochen gefühlt haben. Was *wir* täglich in der Bildzeitung oder unter den vermischten Nachrichten aus aller Welt lesen können, das wird – jedenfalls vom Hörensagen – auch den *alten Athenern* nicht unbekannt gewesen sein (die Exzesse männlicher Eifersucht und Aggression – das wollen wir fairerweise hinzufügen – natürlich ebensowenig).

Die Figur der aischyleischen Klytaimestra "vient tout d'abord de cette admiration-répulsion que, dans une société dominée par l'homme, ressentent les hommes pour celles qui osent se rebeller contre leur asservissement. L'imagination masculine crée alors des femmes qui sont à la fois des êtres supérieurs et des monstres", Moreau, *Clytemnestre* (1995) 170; vgl. derselbe, *Postface* (1995) 230.

Im übrigen bejaht[28] Aischylos in seiner *Orestie*, da kann – im ganzen – kein Zweifel sein, die herkömmliche patriarchalische Ordnung grundsätzlich durchaus und verteidigt sie, auch wenn das engagierte Bemühen der göttlichen Schiedsrichterin Athene um Fairness und um Versöhnung der grollenden Erinyen (im Schlußstück) die Vermutung nahelegt, daß der Dichter selbst ebenfalls eher einer vermittelnden Lösung zuneigt[29]: etwa in der Weise, daß der männliche Führungsanspruch sich nicht auf dem Weg der Gewalt, sondern auf dem Weg der Überzeugung verwirklichen und dabei auch die legitimen Interessen der Frau respektieren sollte.[30]

Um wieder auf Klytaimestra zurückzukommen, so vergeht sich diese (vom Verbrechen des Gattenmordes ganz abgesehen) gegen sämtliche Gebote, die die athenische Gesellschaft ihren Frauen auferlegt hat, und zwar nicht nur durch ihren Ehebruch mit Aigisth und durch den Verrat an den eigenen Kindern (an Orest und Elektra), sondern vor allem auch dadurch, daß sie die Macht und Unabhängigkeit, die ihr während Agamemnons zehnjähriger Abwesenheit – quasi als seiner Stellvertreterin – zugewachsen waren, auch nach der Rückkehr des Hausherrn weiter genießen will; daß sie die traditionelle Unterordnung unter den Willen des Mannes also nicht länger hinzunehmen bereit ist. Der englische Gelehrte Winnington-Ingram hat (vor beinahe 50 Jahren, in einer Untersuchung, die in beeindruckender Weise auf Fairness bedacht ist) Klytaimestras Verhalten als bis zu einem gewissen Grad nachvollziehbare Rebellion gegen männliche Unterdrückung zu denken und zu rechtfertigen versucht (beinahe so, als würde es sich bei ihr um eine Sophokleische[31] Heldin von der Art Antigones oder Elektras handeln): Klytaimestras Gattenmord wird ihm zum "Befreiungsschlag"[32] und sie selbst "zum Symbol für alle Frauen und

---

28 Vgl. Zeitlin (1978) 172 ("female will be subordinate to male within the family in patriarchal marriage"); Winnington-Ingram (1983) 129; Conacher (1987) 212 ("male dominance is restored in the final harmony"); Nicolai (1988) 48; Sommerstein (1989) 207f.; Goldhill (1992) 45 ("What ever the sense of triumph and reconciliation at the end of the *Oresteia*, there remains a powerful sense of potential transgression within the system of gender relations").

29 "The clear implication of *Eumenides* is that Aeschylus favored a constructive compromise of both sides", Gagarin (1976) 116. – Nicht zu überzeugen vermag dagegen die These von Glau (1996), in den *Eumeniden* siege "die positive Rechtsordnung [...] allein unter Zuhilfenahme rhetorischer Mittel" (233) und werde ein aitiologischer "Zusammenhang zwischen der Destabilisierung archaischer Wertmaßstäbe und dem zunehmenden Einfluß eines wertneutralen Rationalismus" aufgewiesen (236).

30 Vgl. Nicolai (1988) 48f.

31 "[...] a personal tragedy which is almost Sophoclean", Winnington-Ingram (1983) 129.

32 Winnington-Ingram (1983; zuerst 1949) 105: "a blow struck for her personal liberty"; ähnlich schon Snell (1928) 122: "eine Befreiungstat".

Mütter, die unter ihrem niedrigen Status als Ehefrau leiden".[33] Bei gründlicher Überprüfung des Texts wird man, unbeschadet der Sympathie für diesen kühnen Deutungsversuch, allerdings einräumen müssen, daß Aischylos seiner Klytaimestra zwar eine gewisse Großartigkeit zugebilligt, insgesamt jedoch weniger das Tragische als vielmehr das Verbrecherische ihres Handelns in den Vordergrund gestellt hat.[34]

Betrachten wir zum Schluß noch die verschiedenen Wesenszüge, mit denen Aischylos den Charakter seiner Klytaimestra ausgestattet hat. Um gleich mit dem Wichtigsten zu beginnen: Klytaimestras Hauptmerkmal dürfte ihre eigentümliche Verbindung von weiblichen und männlichen Eigenschaften sein[35]; sie ist ein 'Mannweib' und wird schon im Prolog als Frau mit einem Willen von männlicher Entschlußkraft charakterisiert ("γυναικὸς ἀνδρόβουλον ... κέαρ", v. 11). Klytaimestra verfügt zunächst einmal über hervorragende weibliche Qualitäten, zu denen zweifellos auch körperliche Attraktivität zählt. Die für eine *femme fatale* konstitutive Verführungskraft hat der Dichter in diesem Fall jedoch nicht an der äußeren Schönheit seiner Heldin (die in der *Orestie* nicht eigens betont wird) demonstriert, sondern stattdessen an der Unwiderstehlichkeit ihrer Redekunst.[36] Durch die Vorführung von Klytaimestras außerordentlichem Überredungsgeschick konnte Aischylos gleich zweierlei zur Darstellung bringen: einmal den betörenden Einfluß, den sie (sofern sie will) auf ihren Mann auszuüben vermag, und zum andern die meisterhafte Beherrschung von List und Verstellung[37], die die erfolgreiche Durchführung ihres Mordplanes gewährleistet. Bemerkenswert, in diesem Zusammenhang, ist etwa das Lügengewebe, in das sie den heimkehrenden Agamemnon in ihrer Begrüßungsrede (855 ff.) einspinnt und das in einer scheinbar unterwürfigen Schmeichelei kulminiert, die für den Zuschauer zwar als verlogene Lobhudelei erkennbar ist, vom König aber offensichtlich nur als unange-

---

33 Winnington-Ingram (1983) 129. – Aigisths Rolle beschreibt Winnington-Ingram übrigens zutreffend folgendermaßen: "As a person he is effeminate and she can dominate him; but as a male he can command force and so is a necessary tool for her masculine will" (ebd. 109).

34 Ähnlich auch Conacher (1987) 208f.

35 Winnington-Ingram (1983) hat Klytaimestra deshalb (interessanterweise, aber letzten Endes doch nicht ganz überzeugend) mit der Göttin Athene verglichen: "Everything [...] that Clytemnestra's nature demanded and her sex forbade or hampered, Athena is free to do, by virtue of her godhead" (126).

36 "Clytemnestre transpose au niveau de la parole la séduction 'insaisissable' d'Hélène", Bollack (1982) 196; ähnlich Rosenmeyer (1982) 236. Sie ist "a mistress of persuasion", Conacher (1987) 32; "not only does she dominate the stage as the play's main and most impressive speaker, but also deception, persuasion, guile – the manipulation of language – is the route to her domination", Goldhill (1992) 38.

37 "Klytaimestra die Meisterin der Heuchelei", Latacz (1993) 112; vgl. Bonnafé (1989) passim und Moreau, *Clytemnestre* (1995) 160-164.

messene Übertreibung wahrgenommen wird[38], die keinen tieferen Argwohn in ihm weckt:

Preisen will ich diesen Mann
als des Hofes Wachhund,
als für die Sicherheit des Schiffes unentbehrlichen Bugstag,
als tragenden Stützpfeiler des Hauses,
als den einzigen Sohn für einen Vater,
als Quelle für den durstenden Wanderer,
als Land, das Schiffsleuten wider Erwarten doch noch in Sicht kommt,
als herrlichsten Sonnenschein nach schwerem Unwetter (896-901).

Ebenso manifestiert sich Klytaimestras Verführungskunst in ihrer argumentativen Überlegenheit[39] in der Diskussion, wenn sie ihren Mann – entgegen dessen ursprünglicher Absicht – schließlich doch dazu bringt, über die Purpurgewänder zu schreiten (931-943).

Doch diese weiblichen Qualitäten, die bei Klytaimestra – zugegebenermaßen – mehr auf ein rhetorisches als auf ein erotisches Faszinierungsvermögen hinauslaufen, diese weiblichen Qualitäten sind bei ihr mit der Usurpation von als typisch männlich geltenden Eigenschaften verbunden: Klytaimestra verfügt nicht nur über ein großes Maß an rationalen Fähigkeiten[40] wie Kaltblütigkeit, Zielstrebigkeit und vorausplanendem Organisationstalent, sondern zugleich über Entschlossenheit, Tatkraft und Durchsetzungsvermögen[41], ja sogar wohl über einen regelrechten Machtwillen.[42] *Nach* der Tat (als es der Tarnung nicht länger bedarf) verkündet sie stolz, daß sie es gewesen ist, die den Mord selbst geplant und ihn eigenhändig durchgeführt hat:

Ich habe diesen Kampf
seit langer Zeit geplant,
der Sieg ist spät gekommen, doch er kam.
Ich stehe hier, wo ich ihn schlug,
bei meinem Meisterwerk.
Ich habe so gehandelt,
das will ich gar nicht leugnen,

---

[38] Siehe Gundert (1974) 220. Anders allerdings Rosenmeyer (1982) 237: "Nothing is dissembled or hidden; the contempt implied in the flattery is so palpable that it is no longer a truth obscured by a veil of pretending but an outright weapon leveled against Agamemnon."

[39] Dazu ausführlich Thiel (1993) 219-224. 236-246.

[40] "A woman with the mind and counsel of a man", Winnington-Ingram (1983) 101; "more powerful and more intelligent than any of the men in the play", Gagarin (1976) 93.

[41] Dazu ausführlich Bonnafé (1989) passim; die militärischen Metaphern, die Aischylos zu Klytaimestras Charakterisierung verwendet, sind zusammengestellt bei Moreau, *Clytemnestre* (1995) 154f.

[42] Von einem "Moment der politischen Rivalität" spricht Glau (1996) 340.

daß kein Entrinnen,
keine Gegenwehr mehr möglich war.
Ein undurchdringliches,
unendliches Fangnetz, wie zum Fischfang,
warf ich über ihn,
den bösen Reichtum der Gewänder,
den üblen Faltenüberfluß.
Ich traf ihn zweimal,
zweimal schrie er auf,
die Glieder erschlafften, und er fiel.
Da geb ich ihm den dritten Stoß,
als Dankspende
für den Herrn der Unterwelt,
für Hades, der die Toten aufnimmt.
So gab er fallend, röchelnd
seinen Geist auf,
spie einen scharfen Blutstrahl von sich
und traf mich, hier,
mit dunklen Tropfen roten Taus.
Da freute ich mich,
freute mich nicht weniger
als die Saat im Mutterboden,
wenn sie der Segen des Zeus befruchtet
(1377-1392; übers. v. P. Stein).

Wovon andere Frauen – in vergleichbarer Situation – allenfalls zu träumen wagen, Klytaimestra tut es. Sie, die nicht zwischen der modernen Alternative wählen konnte, entweder die patriarchalischen Privilegien des Mannes – sei es schweigend, sei es murrend – zu erdulden oder andernfalls zum Scheidungsanwalt zu gehen[43], hat sich dazu entschlossen, nicht mit der Opferrolle vorliebzunehmen, sondern lieber selbst zur Täterin zu werden. Diese Usurpation einer typisch männlichen Verhaltensweise könnte zwar die Annahme nahelegen, daß es sich bei Aischylos' Klytaimestra lediglich um einen spektakulären Sonderfall handle, dem gesellschaftlich keine besondere Relevanz zukommt. Wenn man jedoch die Häufigkeit der Darstellung von Amazonenkämpfen in der bildenden Kunst des 5. Jahrhunderts bedenkt, dann stellt sich die Frage, ob der Versuch einer gewaltsamen Durchsetzung weiblicher Machtansprüche (der im Fall der Amazonen nur mit größter Anstrengung abgewehrt werden kann) nicht vielleicht doch als eine aktuelle Bedrohung der männlichen Ordnung emp-

[43] "Wünschte [...] die Frau die Scheidung, mußte ihr Vater oder ein anderer männlicher Bürger den Fall vor den Archon bringen. Aus dem klassischen Athen sind indessen nur drei Fälle bekannt, in denen eine Scheidung von der Frau betrieben wurde", Pomeroy (1985) 97; vgl. auch Cantarella (1987) 47. Helenas Methode – Flucht nach Troja – jedenfalls hatte sich als wenig erfolgversprechend erwiesen.

funden wurde, und zwar als eine Bedrohung von mehr als nur marginaler Bedeutung.

Obwohl es keine *femmes fatales* im eigentlichen Sinne sind, will ich in diesem Zusammenhang doch noch zwei weitere Tragödien-Figuren kurz erwähnen, die mit Klytaimestra jedenfalls die Destruktivität gemeinsam haben. Die eine ist die Euripideische Medea[44], die – in einer Verzweiflungstat – ihre beiden Kinder umbringt, um sich dadurch an Jason zu rächen, weil dieser sie verlassen und an ihrer Statt (sozusagen aus Karrieregründen) die Tochter des Königs heiraten will. Hier richtet sich die weibliche Aggression nicht gegen den Ehemann direkt (der übrigens eindeutig als der moralisch Schuldige gekennzeichnet wird), sondern Jason soll indirekt durch den Verlust seiner Kinder getroffen werden, die ihm auch durch die neue Braut nicht mehr ersetzt werden können, weil diese ebenfalls von Medea ermordet wird. Von einer typischen *femme fatale* unterscheidet sich Medea freilich insofern, als ihre Gewalttat erst durch das schändliche Verhalten Jasons provoziert wird. – Das gleiche gilt für die zweite hier zu nennende Tragödien-Figur, nämlich für Deianeira in den *Trachinierinnen*[45] des Sophokles. Deianeira ist die Ehefrau des Herakles, die länger als ein Jahr um die heile Rückkehr ihres Mannes bangt und dann erfahren muß, daß dieser die Tochter eines von ihm besiegten Königs als Nebenfrau nach Hause mitzubringen gedenkt. In ihrer Panik greift Deianeira zu einem vermeintlichen Liebeszauber (dessen genaue Wirkungsweise ihr freilich unbekannt ist), bestreicht damit ein für Herakles bestimmtes Prachtgewand und übersendet es als Willkommensgeschenk ihrem Mann, der es stolz anlegt und qualvoll an dem Gift zugrundegeht. Anders als Medea hatte Deianeira in bester Absicht gehandelt; sie ahnte nicht im mindesten, daß der Zauber, statt ihr Herakles' Liebe zurückzugewinnen, diesen töten würde. Ohne eigene Schuld ein Opfer patriarchalischer Willkür geworden (ihr Herakles war ein notorischer Macho), wirkt Deianeiras Handeln sich – letzten Endes – dennoch ebenfalls destruktiv aus.

Allen drei Figuren (Klytaimestra, Medea und Deianeira) ist zweifellos gemeinsam, daß sie – in gewisser Weise – Projektionen männlicher Angst vor weiblichen Kurzschlußhandlungen (oder sogar vorsätzlichen Mordplänen[46]) innerhalb der eigenen Familie darstellen; denn solche Gewaltsamkeiten bzw. Verzweiflungstaten waren (wie die Erfahrung gezeigt

---

[44] Dazu vgl. u. a. Harder (1993) 356-396. 412-414; Moreau, *Médée* (1995). – Einschlägig ist auch der von H.J. Tschiedel am 19.11.1996 an der Universität Mainz gehaltene Vortrag über das Thema "Die verzauberte Zauberin. Medeas Weg auf die Bühne der Neuzeit."

[45] Dazu Nicolai (1992) 29ff.

[46] Abschreckende mythische Beispiele für Gattenmord: die Danaiden (dargestellt in Aischylos' *Danaiden*-Trilogie) und die Frauen von Lemnos.

haben muß) offensichtlich die Ventile, durch die sich die aufgestaute Wut der Frauen[47] entladen konnte.[48]

II

Nachdem wir bisher die Repräsentantinnen des Typus 'weibliche Destruktivität' betrachtet haben, wenden wir uns jetzt dem Typus 'weibliche Treulosigkeit' zu, für den im griechischen Mythos Helena das Urbild abgibt.

Bereits in den Chorliedern des Aischyleischen *Agamemnon* wird mehrfach Helenas Flucht mit Paris für alle Leiden des Trojanischen Krieges verantwortlich gemacht: nicht nur unzählige griechische Krieger fanden um ihretwillen den Tod (V. 403ff. 1455-58), auch ganz Troja muß ihretwegen am Ende mit dem Untergang büßen (V. 681-749). Als eigenständige Tragödienfigur tritt Helena allerdings (in den erhaltenen Stücken) nur bei Euripides[49] auf, und zwar in den drei Dramen *Troerinnen, Helena* und *Orestes*. Im *Orestes* handelt es sich um die (nach der Zerstörung Trojas) nach Argos zurückgekehrte und mit ihrem Ehemann Menelaos wieder versöhnte Helena, die in unserem Zusammenhang weniger interessant ist. Auch das (dank göttlichen Eingreifens in ein *happy end* mündende[50]) Drama *Helena* möchte ich beiseite lassen, in dem Euripides sich die (von dem Chorlyriker Stesichoros erfundene) Version der sogenannten 'ägyptischen' Helena zu eigen gemacht hat.[51] Nach dieser 'gereinigten' Version des Mythos ist Helena in Wirklichkeit überhaupt nicht in Troja gewesen, sondern war stattdessen – in dem Moment, als Paris sie entführen wollte – von den Göttern nach Ägypten entrückt worden, wo sie so lange wohlbehalten in der Obhut des Königs Proteus verblieb, bis der von Troja heimkehrende Menelaos sie – auf seiner Irrfahrt – dort wiederfand; Paris dagegen hatte nur ein εἴδωλον (ein Trugbild) der Helena nach Troja mitgebracht, und der ganze Krieg war demnach nur um dieses Scheinbild – also um nichts und wieder nichts – geführt worden.

---

47 Zur Situation der verheirateten Frau allgemein vgl. Medeas Klage V. 230-251.

48 Vgl. *Med.* V. 263-266 (nach der Übersetzung von J.J. Donner):

> In anderm ist das Weib voll zager Furcht,
> Zum Kampfe mutlos, und zu feig, ein Schwert zu schaun;
> Doch ward der Ehe heilig Recht in ihr gekränkt,
> Verlangt wohl keine Seele mehr nach Blut und Mord.

Vgl. auch ebenda V. 37-45.

49 Zur Figur der Helena in Euripides' Tragödien vgl. Harder (1995).

50 Zu Euripides' Wirkungsabsicht in seinen Dramen mit rettendem *Deus ex machina* vgl. Nicolai (1990).

51 Dazu siehe Kannicht (1969).

In der im Jahr 415 aufgeführten Tragödie *Troerinnen*[52] jedoch hat Euripides die Helena in ihrer traditionellen Gestalt auftreten lassen; und diese Szene wollen wir etwas näher betrachten. Freilich ist (um dies vorweg zu sagen) Helena in diesem Stück keineswegs die Hauptperson; und auch das Thema der untreuen Ehefrau steht hier durchaus nicht im Vordergrund des Interesses. Vielmehr verfolgt der Autor am Vorabend der verhängnisvollen Sizilienexpedition Athens offensichtlich vor allem die Absicht, vor den unendlichen Leiden und auch vor den unabsehbaren Risiken, die mit jedem Krieg verbunden sind, eindringlich zu warnen.[53] Zu diesem Zweck führt er seinem athenischen Publikum nicht nur das erbarmungswürdige Schicksal der gefangenen Troerinnen vor Augen, deren Stadt zerstört ist, deren Männer und Söhne getötet wurden und die nun selbst einem ungewissen Sklavendasein entgegensehen, sondern er läßt zugleich auch – im Prolog – die Götter einen vernichtenden Vergeltungsschlag gegen die siegreichen Griechen planen, zur Strafe für die bei der Eroberung der Stadt an der Zivilbevölkerung und an den Heiligtümern der Götter begangenen Verbrechen (vgl. V. 69. 85f. 95-97). Euripides hat sein Drama *Troerinnen* (und möglicherweise die gesamte Trilogie[54], deren Schlußstück es bildet) demnach als ein Menetekel für seine athenischen Mitbürger geschrieben, das für jeden möglichen Ausgang des damals gerade anlaufenden Sizilien-Abenteuers Gültigkeit besaß: für die verheerenden Folgen einer Niederlage (wie sie dann wirklich eingetreten ist) ebenso wie für die nicht weniger gefährlichen Folgeschäden eines Sieges, der mit barbarischen Greueltaten verbunden ist (vgl. die Flüche der Kriegsopfer V. 1100ff.). Die Wirkungsmächtigkeit dieses Euripideischen Antikriegs-Stückes bezeugen unter anderen Werfel, der 1914 (an der Schwelle des Ersten Weltkriegs) eine Übersetzung veröffentlichte[55], und Sartre, der im Jahr 1965 – unter dem Eindruck des Algerienkriegs – eine damals vielgespielte Bearbeitung mit dem Titel *Les Troyennes* herausgebracht hat.[56]

Um aber wieder auf unsere Helena zurückzukommen, so spielt diese zwar (wie gesagt) keineswegs die Hauptrolle in den *Troerinnen*; aber es ist eben doch sie, der dort in erster Linie die Schuld an der Entstehung des Trojanischen Krieges zugewiesen wird, der für beide Seiten mit so unendlich viel Leid verbunden war. Ein ähnlich großer Schuldanteil ist

---

52 Dazu Ritoók (1993); zur Helena-Szene: Ebener (1953/54) 709-716; Melchinger (1980) 222-225.

53 Vgl. dazu Steiger (1900); Latacz (1993) 332-337; Ritoók (1993) 110-112.

54 Dazu siehe Conacher (1967) 129-134; Scodel (1980); Ritoók (1993).

55 Das Vorwort beginnt mit dem Satz: "Die Übersetzung der vorliegenden Tragödie ist durch das Gefühl veranlaßt worden, daß die menschliche Geschichte in ihrem Kreislauf wiederum den Zustand passiert, aus dem heraus dieses Werk entstanden sein mag", Werfel (1915) 5.

56 Vgl. die Einleitung des Autors in Sartre (1965).

zweifellos – auf troischer Seite – dem Verführer Paris anzulasten; doch dieses Thema wurde vermutlich bereits im Anfangsstück der Trilogie (mit dem Titel *Alexandros*) behandelt. In den *Troerinnen* wird demgegenüber nun insbesondere Helena als Hauptkriegsschuldige an den Pranger gestellt. Sie ist die *femme fatale*, deren Flucht mit dem Liebhaber nicht nur den eigenen Mann ins Unglück stürzt, sondern einen ganzen Weltkrieg mit unabsehbaren Folgen entbrennen läßt (vgl. V. 368-373. 766-773). Natürlich wäre die Annahme absurd, daß auch für die aktuelle politische Situation (nämlich für die riskante Entscheidung der Athener, ein Expeditionsheer nach Sizilien zu schicken) ein so banales persönliches Motiv wie eheliche Untreue die auslösende Ursache bilden könnte. Es muß daher einen anderen Grund haben, wenn Euripides in diesem Drama, das sonst durchweg – wenn auch in mythisch-allgemeingültiger Form – die katastrophalen Folgen des Krieges vorführt, ein ganzes *Epeisodion* der ersten Wiederbegegnung zwischen Menelaos und Helena widmet (V. 860-1059). Offenbar ist die Konfrontation von verlassenem Ehemann und zurückeroberter Ehefrau ein Thema, das den Autor und sein Publikum in einem solchen Ausmaß reizt, daß er es sich auch dann nicht entgehen läßt, wenn es für seine zentrale Wirkungsabsicht (die Warnung vor dem Krieg) unergiebig ist. Eheliche Untreue seitens der Frau muß in Athen ein heißes Thema gewesen sein.

Schauen wir uns die Szene (das dritte *Epeisodion*) noch etwas näher an. Es beginnt damit, daß der Sieger Menelaos seine Genugtuung äußert, die ihm so schandhaft entlaufene Helena endlich wieder in seine Gewalt bekommen zu haben; er sei fest entschlossen, sie zwar nicht hier in Troja, wohl aber – nach der Rückkehr – in Argos mit dem Tod für ihr schändliches Verhalten zu bestrafen. Hekabe (die Witwe des trojanischen Königs Priamos) lobt diese Absicht, warnt Menelaos aber zugleich davor, sich dem Anblick Helenas länger hinzugeben, damit er nicht erneut schwach werde; denn Helena

> fesselt die Augen der Männer, stürzt die Städte in Staub,
> entflammt die Häuser: solcher Zauber wohnt in ihr (892f.).

In der Verteidigungsrede, die Menelaos ihr anschließend zugesteht, zieht Helena sogleich alle Register weiblicher Verführungskunst und dreister Lüge[57]: ihr allein sei zu verdanken, daß der trojanische Prinz Paris nicht (wie die Göttinnen Hera und Athene ihm einst auf dem Ida versprochen hätten) die Herrschaft über Griechenland und ganz Europa gewann, sondern daß er sich stattdessen mit dem Angebot Aphrodites (nämlich der schönen Helena) begnügte: sie – Helena – sei im Grunde also das bedauernswerte Opfer, das, indem es sich von Paris rauben ließ, sozusagen die

[57] Zum Raffinement von Helenas Verteidigungsrede siehe auch Harder (1993) 243-246.

Freiheit Griechenlands gerettet habe (V. 925-937). Damit nicht genug: Menelaos selber trage schwere Schuld, da er – während der Gast Paris noch in seinem Hause weilte – eine Reise nach Kreta angetreten habe (V. 943f.). Und zum Schluß tischt Helena noch das Lügenmärchen auf, daß sie – nach dem Tod ihres zweiten Mannes Paris – in dunkler Nacht wieder und wieder den Versuch unternommen habe, sich von der trojanischen Stadtmauer abzuseilen und ins griechische Lager zu fliehen (V. 951-958). Anstelle von Menelaos antwortet daraufhin Hekabe; sie erweist Helenas Behauptungen, eine nach der andern, als Lügen und raffinierte Ausflüchte und fordert Menelaos auf, seinem Tötungsvorsatz unbedingt treu zu bleiben (V. 969-1032). Menelaos erneuert zwar sein Versprechen und beteuert, Helena nach der Landung in Argos wirklich mit dem Tode zu bestrafen; aber jeder Zuschauer weiß aus dem Mythos, daß das nichts als leere Worte sind: Menelaos ist dem betörenden Zauber Helenas noch immer so verfallen, daß er gar nicht anders kann, als sich alsbald mit ihr zu versöhnen. Helena ist also das Nonplusultra einer *femme fatale*: die treulose Ehefrau, die ihren Mann und die ganze Welt mit ihren Eskapaden ins Unglück stürzt und der es anschließend gelingt, ihren Mann erneut kirre zu machen!

Euripides hat das Thema der treulosen Ehefrau noch in weiteren Tragödien behandelt, von denen eine uns gleichfalls erhalten ist: nämlich der *Hippolytos*.[58] Dort ist es Phaidra, die Frau des attischen Königs Theseus, die sich unheilbar in ihren Stiefsohn, den keuschen Hippolytos, verliebt hat. Das Skandalon dieser Geschichte hat Euripides (in der auf uns gekommenen zweiten Fassung des Dramas) zwar dadurch gemildert, daß die Königin – durchaus auf Ehre und Anstand bedacht – zunächst zum Freitod entschlossen ist und sich erst nach langem Zögern damit einverstanden erklärt, daß die Amme dem Jüngling die Leidenschaft ihrer Herrin offenbart. Dennoch kann kaum ein Zweifel sein, daß Euripides auch in diesem Fall mit dem Thema der ungetreuen Ehefrau ein in der athenischen Gesellschaft hochsensibles Thema angesprochen hat. Die Schmährede gegen die Frauen, die der Autor dem entrüsteten Hippolytos in den Mund legt, scheint jedenfalls darauf angelegt, unter den männlichen Zuschauern manches zustimmende und beifällige Kopfnicken zu ernten:

> Warum hast du der Weiber falsch Geschlecht,
> O Zeus, in dieses Sonnenlicht gepflanzt?
> War es dein Plan, daß Menschenart sich mehrt,
> Ganz ohne Frauen sollte dies geschehn.

---

[58] Das Potiphar-Motiv hat Euripides übrigens auch in der verlorenen *Stheneboia* behandelt, wo die Frau des Proitos die Liebe des sittenstrengen Bellerophontes begehrt. Erhalten sind daraus die Verse: "Vielen Männern, stolz auf ihren Reichtum und ihre Abkunft, hat daheim ihre leichtfertige Frau Schande gemacht" (*Trag. Graec. Fragm.* 662 Nauck).

In deinen Tempeln müßte man um Geld,
Mit Gold, mit Eisen oder Erzgewicht,
Der Kinder Samen kaufen, jeder, wie
Er eingeschätzt, die Menschen sollten frei
In freien Häusern leben, ohne Frau.
An diesem Übel leidet jeder Mann,
Der Mädchen zeugt, sie teuer aufzieht und
Mit Opfern losschlägt, ihrer sich befreit.
Und wer das Unkraut in sein Haus verpflanzt,
Putzt selber noch das üble Bild heraus,
Hängt Schmuck ihm, hängt ihm schöne Kleider um,
Dem Ärmsten schmilzt sein Wohlstand schnell dahin.
Am besten fährt, wer eine Nichtige,
Ein Einfaltsweib ins Haus genommen hat.
Nur keine kluge, allzu schlaue Frau!
Den schlechten Sinn pflanzt Kypris ohne Müh
Ins kluge Herz, das ungeschickte Weib
Bleibt durch die Einfalt von dem Laster fern.
Und keine Magd umgebe je die Frau,
Nur Tiergezücht, das keine Sprache kennt.
Jetzt spinnen üble Frauen ihr Gespinst
Im Haus, und Mägde tragen es hinaus
(V. 616-650, in der Übersetzung von E. Buschor).

Daß die Untreue der Ehefrau, die ihrem Mann Hörner aufsetzt, im antiken Athen ein so brisantes Sujet war, kann kaum verwundern. Denn wie zahlreiche moderne Feldforschungen gezeigt haben, spielt in allen Ländern des Mittelmeerraumes[59] die sexuelle Makellosigkeit der Ehefrau traditionell eine überragende Bedeutung für Ansehen und sozialen Rang einer Familie.[60] Da sexuelle Eroberungen – in diesem Kulturkreis – als überzeugender Beweis für Männlichkeit gelten, geht der gesellschaftliche Prestigegewinn, den der Ehebrecher bzw. Verführer verbuchen kann, notwendigerweise auf Kosten anderer, die dafür mit Schande büßen müssen.[61] Bei diesem 'Nullsummenspiel' besteht also ein enger Zusammenhang zwischen Sozialprestige und Sexualität: die Ehre eines Mannes beruht weitgehend auf der sittlichen Ehrbarkeit der weiblichen Familienmitglieder, für deren Schutz und Bewachung er als verantwortlich gilt.[62] Erst unter diesem Aspekt wird

---

[59] Siehe dazu auch Walcot (1984) 44: "The 'macho' Mediterranean male, really terrified of women and seeing sex a trap, 'sublimates' in the sense that he finds in a female beyond this earthly world, whether that female be Athene in antiquity or the Virgin Mary today, a woman who can satisfy his emotional need without his being exposed in any way to the temptation and danger offered by sex".

[60] Vgl. dazu Cohen (1991) 150.

[61] Ebd. 185.

[62] Siehe ebd. 140.

die ganze Verachtung nachvollziehbar, der sich in der griechischen Gesellschaft ein Mann wie Menelaos aussetzt, wenn er seine Frau, die ihn zuvor schon einmal zum Gespött gemacht hat, nicht zum Teufel jagt (vgl. *Tro.* 1033-1035), sondern sich erneut von ihr beschwatzen läßt.

III

Ich fasse kurz zusammen. Die beiden Tragödienfiguren Klytaimestra und Helena dürfen wir – meine ich – als zwei unterschiedliche antike Vorläufer-Modelle der *femme fatale* betrachten, denen freilich gemeinsam ist, daß sich ihre 'Fatalität' (anders wohl als zum Teil im 19. Jahrhundert) jeweils zunächst in der Familie auswirkt und erst sekundär dann eventuell auch auf die Gesellschaft. Klytaimestra verkörpert dabei (ebenso wie bis zu einem gewissen Grad Medea und Deianeira) die mögliche Destruktivität der Frau und spricht besonders die Angst des Mannes vor der Rache bzw. einer Kurzschlußreaktion der gekränkten Ehefrau an. Helena demgegenüber steht für die unkontrollierbare erotische Verführbarkeit der Frau und ebenso für deren eigene unwiderstehliche Verführungskraft und ist insofern wohl vor allem ein Reflex der männlichen Angst vor der ehelichen Untreue der Frau (und der damit verbundenen gesellschaftlichen Schande).

Beim Typus 'Klytaimestra' dominiert also im Ganzen mehr die Destruktivität, beim Typ 'Helena' mehr die Attraktivität. Aber auch für ein paritätisches Verhältnis von Destruktivität und Attraktivität gibt es im griechischen Mythos ein Paradigma, das ich Ihnen zum Abschluß noch kurz in Erinnerung rufen will, nämlich Hesiods Pandora. Von den Göttern geschaffen, um den Feuerdiebstahl des Prometheus an den Menschen zu bestrafen, symbolisiert diese Pandora (vergleichbar der biblischen Eva) die Ambivalenz der Ehefrau: auf der einen Seite ihre berückende Schönheit, die den Mann dazu verführt, sie zu heiraten (und damit – wie Hesiod sagt – "sein eigenes Unheil liebevoll zu umarmen", *Erga* V. 58); auf der andern Seite ihre Schädlichkeit, insofern sie – wie die Drohne im Bienenstock – dem Mann die Früchte seiner Arbeit wegfrißt (oder – nach der anderen Version – : indem sie in ihrer Neugier den Deckel jenes Fasses öffnet, aus dem sich dann alle Plagen der Menschheit ergießen).[63] In der griechischen Tragödie tritt diese Pandora zwar nicht auf; aber als eine *femme fatale* konzipiert ist ganz gewiß auch sie.

---

[63] Die erste Version in Hesiods *Theogonie* V. 592-599, die zweite in seinen *Erga* V. 90-105.

Literaturverzeichnis

A. Ausgaben, Kommentare, Übersetzungen

Aeschylus, *Septem quae supersunt tragoedias*, ed. D. Page, Clarendon, Oxford 1972.

–, *Tragoediae, cum incerti poetae Prometheo*, ed. M.L. West, Teubner, Stuttgart 1990.

–, *Agamemnon*, ed. with a Commentary E. Fraenkel, vol. 1-3, Clarendon, Oxford 1950.

–, *Choephori*, ed. A.F. Garvie, Clarendon, Oxford 1986.

–, *Eumenides*, ed. A.H. Sommerstein, University Press, Cambridge 1989.

–, *Die Orestie des Aischylos,* in Prosa-Übersetzung nacherzählt von P. Stein (Antikenprojekt II), Schaubühne am Lehninerplatz [Berlin 1980; nicht im Handel].

Euripides, *Fabulae*, ed. J. Diggle, vol. 1-3, Clarendon, Oxford 1981-1994.

–, *Tragödien*, übertragen und erläutert von E. Buschor, Teil 1-5, C.H. Beck, München 1952-1963.

–, *Tragödien*, griechisch und deutsch von D. Ebener, Teil 1-6, Akademie-Verlag, Berlin 1971-1980.

–, *Helena*, hg. und erklärt von R. Kannicht, 2 Bde, C. Winter, Heidelberg 1969.

B. Forschungsliteratur

Bollack, J., et P. Judet de la Combe: *L'Agamemnon d'Eschyle. Le texte et ses interprétations,* 2ième partie, Presses Universitaires de Lille, Lille 1982.

Bonnafé, A.: "Clytemnestre et ses batailles: *éris* et *peitho*" in: R. Etienne u.a. (Hgg.), *Architecture et poésie dans le monde grec. Hommages à G. Roux*, Lyon 1989, 149-157.

Cantarella, E.: *Pandora's Daughters. The Role and Status of Women in Greek and Roman Antiquity*, Baltimore 1987 (Originalausgabe: *L'ambiguo malanno*, Roma1981).

Cohen, D.: *Law, Sexuality and Society*, Cambridge 1991.

Conacher, D.J.: *Euripidean Drama. Myth, Theme and Structure*, Toronto 1967.

Conacher, D.J.: *Aeschylus' Oresteia. A Literary Commentary*, Toronto 1987.

Dettenhofer, M.H.: "Die Frauen von Sparta. Gesellschaftliche Position und politische Relevanz", in *Klio* 75 (1993) 61-75.

Dottin-Orsini, M.: *Cette femme qu'ils disent fatale. Textes et images de la misogynie fin-de-siècle*, Paris 1993.

Ebener, D.: "Die Helenaszene der Troerinnen", in: *Wiss. Zeitschr. d. M. Luther-Univ. Halle-Wittenberg, Gesellsch. u. Sprachw. R.*, 3 (1953/54) 691-722.

Flaumenhaft, M.J.: "Seeing Justice Done: Aeschylus' Oresteia", in: *Interpretation* 17 (1989) 69-109.

Föllinger, S.: *Differenz und Gleichheit. Das Geschlechterverhältnis in der Sicht griechischer Philosophen des 4. bis 1. Jahrhunderts v. Chr.*, Stuttgart 1996.

Gagarin, M.: *Aeschylean Drama,* Berkeley 1976.

Ghiron-Bistagne, P.: "Clytemnestre, l'épouse infidèle", in: P. Ghiron-Bistagne & A. Moreau (Hgg.), *Femmes fatales. Textes réunis,* Cahiers du GITA, 8, Montpellier 1995, 53-81.

Glau, K.: *Christa Wolfs 'Kassandra' und Aischylos' 'Orestie'*, Heidelberg 1996.

Goldhill, S.: *Aeschylus. The Oresteia*, Cambridge 1992.

Gundert, H.: "Die Stichomythie zwischen Agamemnon und Klytaimestra", in: H. Hommel (Hg.), *Wege zu Aischylos*, Bd. 2, Darmstadt 1974, 219-231.

Harder, R.: *Die Frauenrollen bei Euripides*, Stuttgart 1993.

Harder, R.: "Die Figur der Helena in den Tragödien des Euripides", in: B. Zimmermann (Hg.), *Griechisch-römische Tragödie und Komödie*, Stuttgart 1995, 135-155.

Hilmes, C.: *Die Femme fatale. Ein Weiblichkeitstypus in der nachromantischen Literatur*, Stuttgart 1990.

Kitto, H.D.F.: *Form and Meaning in Drama,* London ^{2}1964, 1-86.

Kraus, W.: "Die Begegnung der Gatten in Aischylos' Agamemnon", in: *Wiener Studien, N.F.*, 91 (1978) 43-66.

Latacz, J.: *Einführung in die griechische Tragödie*, Göttingen 1993.

Macleod, C.W.: "Politics and the Oresteia", in : *Journ. of Hell. Stud.* 102 (1982) 124-144.

Meier, Chr.: *Die Entstehung des Politischen bei den Griechen,* Frankfurt a.M. 1980, 144-246.

Melchinger, S.: *Die Welt als Tragödie*, Bd. 2, München 1980.

Moreau, A.: "La Clytemnestre d'Eschyle", in: P. Ghiron-Bistagne & A. Moreau (Hgg.), *Femmes fatales. Textes réunis,* Cahiers du GITA, 8, Montpellier 1995, 153-171.

Moreau, A.: "Médée ou la ruine des structures familiales", ebd. 173-194.

Moreau, A.: "Postface", ebd. 229-231.

Nicolai, W.: *Zum doppelten Wirkungsziel der aischyleischen Orestie,* Heidelberg 1988.

Nicolai, W.: *Euripides' Dramen mit rettendem Deus ex machina*, Heidelberg 1990.

Nicolai, W.: *Zu Sophokles' Wirkungsabsichten*, Heidelberg 1992.

Paoli, U.E.: *Die Frau im alten Hellas*, Bern 1955 (Originalausgabe: *La donna greca nell'antichità*, Firenze 1953).

Pomeroy, S.B.: *Frauenleben im klassischen Altertum*, Stuttgart 1985 (Originalausgabe: *Goddesses, Whores, Wives, and Slaves. Women in Classical Antiquity*, New York 1975. ²1984).

Praz, M.: *Liebe, Tod und Teufel. Die schwarze Romantik*, München ²1981 (zuerst 1930).

Reinhardt, K.: *Aischylos als Regisseur und Theologe*, Bern 1949.

Ritoók, Z.: "Zur Trojanischen Trilogie des Euripides", in: *Gymnasium* 100 (1993) 109-125.

Rosenmeyer, Th.G.: *The Art of Aeschylus*, Berkeley 1982.

Sartre, J.-P.: *Les Troyennes*, Paris 1965.

Schnurr-Redford, Chr.: *Frauen im klassischen Athen. Sozialer Raum und reale Bewegungsfreiheit*, Berlin 1996.

Scodel, R.: *The Trojan Trilogy of Euripides*, Göttingen 1980.

Snell, B.: *Aischylos und das Handeln im Drama*, Leipzig 1928.

Steiger, H.: "Warum schrieb Euripides seine Troerinnen?", in: *Philologus* 59 (1900) 362-399.

Stein, G. (Hg.): *Femme fatale. Vamp. Blaustrumpf. Sexualität und Herrschaft*, Frankfurt a. M. 1985.

Thiel, R.: *Chor und tragische Handlung im 'Agamemnon' des Aischylos*, Stuttgart 1993.

Walcot, P.: "Greek Attitudes towards Women: The Mythological Evidence", in: *Greece & Rome* 31 (1984) 37-47.

Werfel, F.: *Die Troerinnen des Euripides, in deutscher Bearbeitung*, Leipzig 1915.

Winnington-Ingram, R.P.: *Studies in Aeschylus*, Cambridge 1983.

Zeitlin, F.: "The Dynamics of Misogyny: Myth and Mythmaking in the 'Oresteia'", in: *Arethusa* 11 (1978) 149-184.

Zoeppfel, R.: "Aufgaben, Rollen und Räume von Mann und Frau im archaischen und klassischen Griechenland", in: J. Martin & R. Zoeppfel (Hgg.), *Aufgaben, Rollen und Räume von Mann und Frau*, Teilband 2, Freiburg 1989, 443-500.

Vittoria Corombona: Verführerin – Heldin – Opfer

John Webster, *The White Devil* (1612)

Dietrich Rolle (Mainz)

Im Sommer 1573 wurde in Rom eine scheinbar recht alltägliche Ehe geschlossen, die jedoch zum Vorspiel einer *cause célèbre* werden sollte. Die wegen ihrer Schönheit umschwärmte Vittoria Accoramboni aus einem geachteten, aber politisch unbedeutenden Adelsgeschlecht der Toscana heiratete den Grafen Francesco Peretti.[1] Von dieser Verbindung mit einem Neffen des mächtigen Kardinals Montalto erhoffte sich die Familie gesellschaftliche Vorteile. Einigen Mitgliedern war die Protektion des Kirchenfürsten in der Tat von Nutzen. Vittorias sozialer Aufstieg aber vollzog sich auf andere, unerwartete Weise. 1580 lernte sie den Herzog von Bracciano, Paolo Giordano Orsini, kennen. Die Orsini, im Kirchenstaat beheimatet, waren neben den Medici das einflußreichste Herrschergeschlecht Italiens. Paolo Giordano verliebte sich in Vittoria und ließ ihren Ehemann im April 1581 unter Mitwirkung ihres Bruders Marcello aus dem Wege räumen.

Der Herzog war kein Neuling im Mordgeschäft; fünf Jahre zuvor hatte er, wahrscheinlich mit eigener Hand, seine Frau Isabella de' Medici umgebracht. Die begabte und in jeder Hinsicht attraktive Isabella hatte ein allzu bedenkenloses Liebesleben geführt und verdankte möglicherweise zwei ihrer Kinder außerehelichen Affären; schließlich soll sogar ihr Bruder Francesco, der Herzog von Florenz, um der Familienehre willen ihrer Tötung zugestimmt haben. Auch ihr letzter Liebhaber, der offenbar das Maß vollgemacht hatte, fiel bald der Rache des beleidigten Ehemannes zum Opfer.

Kaum war Vittoria durch die Ermordung ihres Mannes frei geworden, als Paolo Giordano sie in einer privaten Zeremonie zur Frau nahm. Diese Form der Eheschließung ([*sponsalia per*] *verba de praesenti*) wurde zwar von der Kirche mißbilligt und bedurfte der nachträglichen Sanktionierung *in facie ecclesiae*, galt aber als rechtskräftig.[2] Gleichwohl entsagte der Herzog seiner Frau unter dem Druck des Papstes, der Vittoria zeitweise festsetzen ließ; später heiratete er sie dennoch kirchlich in seiner Residenz

---

1 Über den historischen Hintergrund von Websters Tragödien informieren die Einleitungen der maßgebenden Editionen von Lucas (14-29) und Brown (xxvi f.). Meine Darstellung folgt der Monographie von Boklund (1957), die auch die verwikkelte Überlieferungsgeschichte der Quellen analysiert.

2 Underhill (1916), I,407 f. – Eine solche Ehe geht Websters andere Tragödienheldin, die Herzogin von Amalfi, ein (*The Duchess of Malfi*, Hg. Brown, 1.1.475-481).

Bracciano (1583) und schließlich nach dem Tode Gregors XIII., als er sich aller Gehorsamspflichten ledig glaubte, auch noch öffentlich in Rom (1585). Zu seinem Unglück ging gerade der Kardinal Montalto, dessen Neffen er hatte ermorden lassen, als Papst Sixtus V. aus dem Konklave hervor. So hielt der Herzog es für geraten, Rom zu verlassen. Auf dem Weg nach Venedig erlag er einer Krankheit, die ihn schon mehrmals dem Tode nahe gebracht hatte. Sein Testament, in dem Vittoria großzügig bedacht war, wurde von seiner Familie, den Orsini, angefochten; als die Witwe es von den venezianischen Behörden in Padua bestätigt bekam, ließ ein entferntes Familienmitglied, Lodovico Orsini, sie und ihren Bruder Flaminio in ihrem Hause ermorden. Dafür wurde er wenige Tage später hingerichtet.

Schon die mehrfache Eheschließung entgegen dem erklärten Willen des Papstes hatte in Italien als Sensation gewirkt. Noch stärkeres Aufsehen erregten Vittorias gewaltsamer Tod in einem Erbschaftsstreit und die rasche Ahndung des Mordes, zu deren aufregenden Umständen auch der Einsatz von Artillerie gegen das Haus Lodovicos gehörte. Die zahllosen handschriftlichen und gedruckten Berichte, die bald in Italien die Runde machten und zum Teil auch nach Deutschland und England gelangten, konnten sich nicht genug tun an Variationen und Ausschmückungen der Vorgänge, bis hin zu wilden Erfindungen. John Webster (ca. 1579 – ca. 1634), der bisher nur in Gemeinschaft mit anderen Autoren gearbeitet hatte, griff den Stoff für seine erste Tragödie *The White Devil* auf. Wie er bedienten sich alle englischen Dramatiker mit Vorliebe aus dem unerschöpflichen italienischen Vorrat an Geschichten von Leidenschaft und Verbrechen. Die Quellen, die Webster benutzt haben kann, weisen – neben vielen anderen Umformungen – zwei entscheidende Abweichungen von den historischen Fakten auf: die fünf Jahre auseinanderliegenden Morde an der Herzogin Isabella und dem Grafen Peretti wurden in einen zeitlichen und kausalen Zusammenhang gebracht; unerwähnt blieb das ehewidrige Verhalten Isabellas, die den Titel einer *femme fatale* mit weit größerem Recht hätte beanspruchen können als Vittoria. Beide Veränderungen kamen einer dramatischen Pointierung sehr entgegen.

I

In Websters Tragödie stellen sich die Vorgänge folgendermaßen dar:

(1. Akt) Die schöne und temperamentvolle Vittoria lebt in Rom als Frau des Grafen Camillo, zu dessen Gunsten nur spricht, daß er mit dem mächtigen Kardinal Monticelso verwandt ist. Sie wird umworben von dem Herzog von Bracciano, der darüber seine Frau Isabella vernachlässigt. Ihr Bruder Flamineo, der Sekretär des Herzogs, fördert die Beziehung als das einzige denkbare Mittel zum sozialen Aufstieg. Beim ersten nächtlichen

Stelldichein erzählt Vittoria dem Herzog einen fingierten Traum, durch den sie ihm nahelegt, Isabella und Camillo zu beseitigen.

(2. Akt) Kardinal Monticelso und Isabellas Bruder Francisco, der Herzog von Florenz, stellen Bracciano wegen seines ehewidrigen Verhaltens zur Rede. Um eine kriegerische Auseinandersetzung zwischen den Herzögen abzuwenden, nimmt Isabella die Schuld für das Zerwürfnis auf sich, indem sie die besinnungslos Eifersüchtige spielt. Sie liebt Bracciano noch immer und pflegt jeden Abend sein Bildnis zu küssen; er läßt es vergiften und bringt sie auf diese Weise um. Dem Grafen Camillo bricht Flamineo bei einem geselligen Geräteturnen durch einen vorgetäuschten Unfall das Genick.

(3. Akt) Camillos verdächtiger Tod und Vittorias Umgang mit Bracciano werden von einem kirchlichen Gericht unter dem Vorsitz Monticelsos untersucht. Gegen den Verdacht, am Tode ihres Mannes mitschuldig zu sein, weiß sie sich überzeugend zu verteidigen; obwohl sie die Anwürfe gegen ihren Lebenswandel ebenso glänzend pariert, weist Monticelso sie in eine Besserungsanstalt ein.

(4. Akt) Erst nach der Verhandlung wird auch Isabellas Tod bekannt. Francisco plant subtile Rache für seine Schwester. Der erste Schritt ist ein fingierter Liebesbrief an Vittoria, in dem er sich erbietet, sie zu befreien und im Triumph nach Florenz zu führen. Bracciano, gerade im Begriff, sich Zutritt zu Vittoria zu verschaffen, fängt den Brief wie erwartet ab und rast vor Eifersucht. Vittoria antwortet mit nicht minder heftigen Gegenvorwürfen und sagt sich von ihm los. Der zerknirschte Liebhaber bittet um Versöhnung und verspricht nun seinerseits, Vittoria zur Herzogin zu machen; wieder dient Flamineo als Vermittler. Da in Rom das Konklave alle Aufmerksamkeit auf sich zieht, gelingt die Entführung unbemerkt. Der zum Papst gewählte Monticelso beginnt jedoch sein Pontifikat damit, daß er das schuldige Paar exkommuniziert. Francisco hat sein erstes Ziel erreicht: er sieht Braccianos Reputation durch die Heirat mit Vittoria zerstört.

(5. Akt) In die Hochzeitsfeierlichkeiten in Padua schleicht sich Francisco, als Mohr Mulinassar verkleidet, mit seinen Helfern Lodovico und Gasparo ein. Vor einem Turnier besprengen sie das Visier des Herzogs mit Gift. Der sterbende Bracciano fällt in ein Delirium, verlangt mehrmals nach Vittoria und wird von den Verschwörern in einer Parodie des kirchlichen Sterberituals erdrosselt. Flamineo fordert von Vittoria einen Anteil am Erbe Braccianos; sie weist ihn schroff ab, weil er kurz zuvor seinen Bruder Marcello erstochen hat, der ihm moralische Vorhaltungen machte. Als er sie mit Pistolen bedroht, entspinnt sich ein mit Heimtücke und äußerster Rücksichtslosigkeit geführter Kampf zwischen den Geschwistern; er wird beendet durch das Eindringen Lodovicos und seiner Komplizen, die Flami-

neo, Vittoria und ihre schwarze Dienerin niedermachen. Gleich darauf werden die Rächer selbst von der Wache überwältigt.

II

Mit diesem Handlungsaufbau variiert Webster das Konstruktionsmodell der Rachetragödie, die seit dem ausgehenden 16. Jahrhundert für mehrere Jahrzehnte die beherrschende Erscheinungsform des Tragischen auf der englischen Bühne war: Wenn die Urheber von Mordtaten nicht öffentlich überführt werden können oder der Justiz entzogen sind, nehmen Verwandte oder Freunde der Opfer die Bestrafung in die eigenen Hände. Damit verstoßen sie ihrerseits gegen göttliche und menschliche Gebote und dürfen den Vollzug der Rache nicht überleben. In *The White Devil* läßt Webster den eigentlichen Rächer, den machiavellistischen Strategen Francisco, nicht unter dieses sonst unumstößliche Gesetz von Schuld und Sühne fallen; damit liefert er einen bitter pessimistischen Kommentar zum Lauf der Welt.

Doch steht in diesem Drama nicht die ethische Problematik des Rächers im Mittelpunkt, sondern die faszinierende Gestalt Vittorias. Schon der Titel "Der weiße Teufel" mit seiner paradoxen Farbsymbolik faßt das Wesen der Hauptfigur prägnant zusammen: den bestürzenden Gegensatz zwischen äußerer Schönheit und moralischer Verderbtheit (im Englischen deckt das Adjektiv *white* einen breiteren Bereich positiver Konnotationen ab als nur den der Unschuld). In allgemeinerer Form zeigt sich dieses Phänomen ferner als der (ontologisch-erkenntnistheoretische) Gegensatz von Schein und Sein und als das (ethische) Fehlverhalten der Verstellung. (So tritt es auch in den meisten anderen Dramen der Epoche auf.) Seine besondere Gefährlichkeit bezieht das Böse gerade daraus, daß es in der einnehmenden, kritische Hintergedanken verbannenden Gestalt des Schönen erscheint, das ja stets noch weitergehende Vollkommenheit zu verbürgen scheint als die nur ästhetische. Der *locus classicus* in der christlichen Tradition ist die Warnung des 2. Korintherbriefes (11.14): "Denn er selbst, der Satan, verstellt sich zum Engel des Lichtes." [3] (Auch Hamlet erinnert sich dieser Aussage, als er berechtigte Skrupel hat, der Geistererscheinung seines Vaters blindlings zu trauen.[4]) Dem biblischen Text sehr

---

[3] Luther versteht wie die Vulgata ("transfigurat se") die Form μετασχηματίζεται richtig als Medium, während die *King James Version* sie mißverständlich als Passiv wiedergibt ("is transformed").

[4] "... The spirit that I have seen
May be a devil, and the devil hath power
T'assume a pleasing shape..."(2.2.594-596)

nahe kommt Monticelsos Ausruf beim Verhör: "Wenn der Teufel / Je eine schöne Gestalt annahm, dann seht hier sein Abbild." (3.2.216 f.)

Ist das grundsätzliche moralische Urteil über Vittoria somit von vornherein klar, so bleibt doch schwierig auszumachen, wie es hinter der glänzenden Oberfläche im einzelnen wirklich um die Heldin bestellt ist. Für eine Protagonistin steht sie recht wenig auf der Bühne, nämlich nur in vier Szenen[5]; von den insgesamt fast 3000 Zeilen des Textes spricht sie knapp 260. Noch stärker als dieses quantitative Verhältnis fällt die Tatsache ins Gewicht, daß Webster ihr keine Monologe zugeteilt hat, in denen sie den Zuschauern ihr Inneres eröffnen könnte; erst recht verweigert er ihr die zeitgenössische Konvention der direkten Hinwendung *ad spectatores*, die es selbst Schurken wie Richard III oder Iago erlaubt, eine Art komplizenhafte Beziehung zum Publikum aufzubauen. Vittoria hat auch keine Vertraute wie Websters andere Tragödienheldin, die Herzogin von Malfi, ja eigentlich keinen Menschen, dem sie sich offenbart. Fast scheint es, als habe sich der Autor durch den Verzicht auf die primären Mittel der Sympathie-Erzeugung eine Art sportliches Handicap auferlegt, das ihm zum Ausgleich aufwendigere Kunstgriffe abverlangt. Das Interesse des Zuschauers an der Figur wird jedenfalls vertieft, wenn er sich ihr weitgehend nur durch die Reaktionen und Kommentare anderer Gestalten nähern kann. Von zentraler Bedeutung ist hier Vittorias äußerst eloquenter Bruder und Mitschuldiger Flamineo (Webster hat gegenüber der historischen Vorlage den skrupellosen und den unschuldigen Bruder die Rollen tauschen lassen). Flamineo traut den Menschen und insbesondere den Frauen – seine Schwester eingeschlossen – alles Schlechte zu. Weil mephistophelische Charaktere immer eine gewisse Anziehungskraft ausüben, könnten seine ständigen sarkastischen Kommentare die Zuschauer einseitig zu Ungunsten Vittorias beeinflussen. Sein satirischer Pessimismus ist aber so überdeutlich – manchmal auch offenkundige Pose –, daß man bald lernt, nicht alles für bare Münze zu nehmen, und den Reibungswiderstand bemerkt, den der dramatische Vorgang – als Abbild des Lebens – seiner scheinbaren Bewältigung durch eine Sentenz entgegensetzt.

Von den vier Szenen, in denen Vittoria auftritt, statuiert die erste (1.2) unmißverständlich ihre Schuld; die folgenden drei zeigen die Heldin in Situationen immer stärker werdender existenzieller Bedrohung. In der Gerichtsszene (3.2) muß sie um ihren Ruf und ihre Freiheit kämpfen, im vierten Akt (4.2) um ihre Beziehung zu Bracciano, schließlich (5.6) um ihr Leben.

---

[5] In einer weiteren (Braccianos Sterbeszene 5.3) tut sie nur wenige abgerissene Äußerungen, die insgesamt nicht mehr als viereinhalb Zeilen ausmachen.

III

Die Szene der nächtlichen Liebesbegegnung enthält nicht nur den entscheidenden Handlungsanstoß, sondern führt im Dialog so viele Motive ein, die vorausweisen oder den Beginn weiterreichender sprachlicher Strukturen bilden, daß damit eigentlich schon die gesamte Entwicklung skizziert ist. Webster ist, nächst Shakespeare, derjenige Dramatiker der Epoche, der am ausgiebigsten und subtilsten mit solchen sprachlichen Leitmotiven und Querverbindungen arbeitet. Dadurch schafft er ein Gefüge, das den Zuschauern – über den sichtbaren pragmatischen Nexus und über die Erkenntnisse der handelnden Personen hinaus – ein tieferes Verständnis vermittelt und insbesondere rechtzeitig und deutlich die Erwartung der tragischen Katastrophe aufbaut. So seien an Hand der Szene 1.2 auch einige Beispiele dieser charakteristischen Gestaltungsweise erörtert.

Braccianos erste Worte im Drama (nach einem konventionellen Gutenachtgruß an seine Gastgeber) sind: "Quite lost Flamineo." (1.2.3) Daß diese Selbstbeschreibung eines Verliebten (die er später im Gespräch mit Vittoria wiederholt) am Ende einen schrecklichen wörtlichen Sinn annehmen, sich also als dramatische Ironie erweisen wird, ist hier noch nicht erkennbar; durch ihre Position ist sie jedenfalls so hervorgehoben, daß der Zuschauer sich an sie erinnern wird, vor allem, wenn Braccianos Gegenspieler Francisco ihm Tod und Verdammnis ankündigt[6] und wenn Vittoria ihrerseits sich "verloren" gibt (an Braccianos Sterbebett, 5.3.35, und beim Eindringen der Rächer, 5.6.174).

Unmittelbar vor der Zusammenkunft des Liebespaares macht der zynische Flamineo für Vittoria eine Voraussage, die zwar die Alternative zwischen zwei ethischen Extremen noch offenläßt, aber durch die spätere Verknüpfung mit einem ähnlichen Urteil über Bracciano[7] und durch andere Motive[8] bald im negativen Sinne festgelegt wird:

> ...Frauen sind wie bissige Hunde;
> aus Rücksicht sind sie den ganzen Tag über angekettet,
> aber um Mitternacht werden sie losgelassen,
> und dann bringen sie äußerst Gutes oder äußerst Böses zustande ...
> (1.2.198-201)

Dem Gespräch mit Bracciano verleiht Vittoria gleich zu Beginn einen makabren Unterton, der mit dem störungsfreien, rasch zu einer Umarmung

---

[6] 2.1.68 f. und 396-398; 4.1.136-139; 4.3.54-59; 5.2.80, 82f.

[7] "Große Männer schaffen großes Glück oder großes Unheil." (Schwarzkünstler als Helfer Braccianos, 2.2.57)

[8] Vittoria sei "nicht weniger unheilverkündend als Kometen / Für Fürsten" (Monticelso, 3.2.262 f.); "Das Weib ist für den Mann / Entweder ein Gott oder ein Wolf." (Bracciano, 4.2.91 f.)

fortschreitenden Dialog deutlich kontrastiert. Bracciano rühmt ihre entgegenkommende Haltung in dem konventionellen Bild, das Liebe und Krankheit gleichsetzt: "Ihr seid ein süßer Arzt." (1.2.209) Vittoria erwidert:

> Gewiß, Herr, übermäßige Grausamkeit bei Damen
> Ist das, was für Ärzte viele Leichenzüge sind:
> Sie schadet ihrem Ruf. (1.2.210-212)

Damit schlägt sie das Thema von Tod und Grab an, das sich in ihrer fingierten Traumerzählung am anschaulichsten und ausführlichsten entfaltet. Der Schauplatz ist ein Friedhof. Die Erzählerin wird zu mitternächtlicher Stunde unter einer Eibe von Isabella und Camillo mit dem Tode bedroht. Da bricht durch einen plötzlichen Sturmwind ein schwerer Ast von der Eibe ab und erschlägt die beiden (1.2.228-255). Manche Beziehungen innerhalb des Traumes sind nicht stimmig; die Schlußpointe aber und damit auch die Intention ist klar, zumal Vittoria sich mehrmals die Homophonie zwischen *yew* "Eibe" und dem nur auf Bracciano beziehbaren Personalpronomen *you* zunutze macht. Flamineo kommentiert beifällig: "Excellent devil." (1.2.256) Damit wendet er zum ersten Mal auf seine Schwester die Bezeichnung "Teufel" an; sie wird Vittoria durch die Handlung begleiten.

Als Bracciano ihr alles verspricht, was ein Herrscher seiner Mätresse nur versprechen kann, sprengt Vittorias Mutter Cornelia das vertrauliche Beisammensein, das sie belauscht hat. Dabei greift sie das Motiv von Tod und Grab auf und führt es in mehrfacher Steigerung weiter. Die ehebrecherische Beziehung erscheint als "das Grab für die Ehre" Braccianos und ihrer Tochter (1.2.277 f.); in den folgenden Verwünschungen nimmt die Mutter bereits das Ende dieses Verhältnisses vorweg:

> Wenn du so das Bett deines Mannes entehrst,
> Dann sei dein Leben so kurz wie die Tränen beim Begräbnis
> Großer Männer ... (1.2.295-297)

(Das Eintreffen dieser Prophezeiungen markieren dann die Kommentare über zu kurze Trauer, die Flamineo nach dem Tode Braccianos abgibt: "Freilich, einige wenige Stunden lang wird das Salzwasser in jedem Hofamt sehr reichlich fließen. Aber glaubt mir: die meisten weinen nur über den Gräbern ihrer Stiefmütter." [5.3.49-51] "Das sind nur wechselhafte Schatten von Schmerz oder Furcht; / Nichts ist schneller trocken als Weibertränen." [5.3.185 f., über Vittoria]). Nach dem dramatischen Auftakt reißt die Kette der Grabesbilder nicht mehr ab: von Monticelsos Beschreibung der Huren[9] über den Streit Braccianos mit Vittoria[10] bis hin

---

9 "Sie sind die schmeichlerischen Glocken, die immer das gleiche Geläut haben, / Bei Hochzeiten und bei Beerdigungen..." (3.2.92 f.); "...Schlimmer als die Leichen, die vom Galgen erbettelt / Und von den Anatomen seziert werden..." (3.2.96 f.)

zu dem diabolischen Ritual der Mörder für den sterbenden Bracciano ("Du sollst ... / Vor deiner Leichenpredigt vergessen sein." 5.3.166 f.) und Flamineos Rückblick: "Mein Leben war ein schwarzes Leichenhaus." (5.6.270)

Cornelias Wehklage über ihre sittenlose Tochter führt das entscheidend wichtige Motiv "Gift" ein:

> O wäre dieser schöne Garten
> Doch lieber von Anfang an mit allen Giftkräutern Thessaliens
> Bepflanzt worden... (1.2.274-276)

Sein besonderes Gewicht erhält das Wort "poison" dadurch, daß es gerade einer der beiden positiven Gestalten in den Mund gelegt ist. Das ist auch beim zweiten Auftreten der Fall; Isabella hofft, ihren untreuen Ehemann zurückgewinnen zu können:

> Wie man das kostbare Horn des Einhorns [auf seine Echtheit] prüft,
> Indem man aus dem Pulver einen schützenden Kreis zieht
> Und eine Spinne hineinsetzt, so sollen diese Arme
> Sein Gift unschädlich machen.... (2.1.14-17)

Diese Bilder bereiten das Erscheinen des Giftes in der Handlung vor. Indem Bracciano seine Frau durch das vergiftete Bild, das sie küßt, umbringen läßt (2.2), verwirklicht er ferner in abgewandelter Form einen Fluch, den Cornelia gegen Vittoria geschleudert hat: "Deine Tat sei wie die des Judas – Verrat durch einen Kuß..." (1.2.298) Auf diese mörderische Perversion einer Liebesgeste führen außerdem (in der Szene 2.1) Äußerungen Isabellas gegenüber Bracciano hin, die sich dann in schrecklicher dramatischer Ironie konkretisieren: "Habe ich nicht nach der Abwesenheit von zwei Monaten / Wenigstens einen Kuß verdient?" (156 f.) "Laßt mich von Euch nur noch einen Kuß entlehnen" (mit dem sie sich zeremoniell und zum Schein von ihm lossagt, 253). Über die Fähigkeiten des Doktors Julio (den Bracciano sogleich nach dem Zusammenstoß mit Vittorias Mutter hat rufen lassen) weiß Flamineo unter anderem zu berichten: "...er kann einen Kuß vergiften..." (2.1.300 f.); dadurch verbindet der Sprecher vorwegnehmend das Motiv des Kusses mit dem des Giftes, ehe sie sich in der Handlung vereinigen.

Als rigorose Vertreterin des moralischen Gesetzes ist Cornelia ebenso deutlich eine Kontrastfigur zu Vittoria wie die sanfte und selbstlose Isabella (die allerdings der Heldin nie auf der Bühne gegenübertritt). Den Anklagen ihrer Mutter hat Vittoria nichts entgegenzusetzen als den Hin-

---

10 "... Wie? Weinst du?
Wenn du nur zehn aus deinem heuchlerischen Gewerbe zusammenbringst,
Könntest du alle irischen Begräbnisse
Mit heulenden Klageweibern versorgen, wilder noch als die Iren." (4.2.94-97)

weis auf Braccianos beharrliches Werben; sie flieht mit dem verzweifelten Ausruf: "O ich Verfluchte." (1.2.301) Doch zeigt Webster in dieser Szene neben der ehelichen Untreue zugleich zwei Sachverhalte, die sie nicht entschuldigen, aber in etwas milderem Licht erscheinen lassen. Die Zuschauer lernen Vittorias Ehepartner als dümmlichen, selbstgefälligen Mann kennen, den der intellektuell überlegene Flamineo gnadenlos verspottet und ohne Mühe düpiert. Daß die von einem Herzog stürmisch begehrte Vittoria einem solchen Mann nicht viel abgewinnen kann, leuchtet ein. Der zweite Umstand ist die unbefriedigende soziale Lage der Familie Corombona. Flamineo begegnet den Vorwürfen der Mutter an Vittoria mit einer hämischen Beschreibung ihrer ehrbaren Armut und einem Bekenntnis zum Aufstieg um jeden Preis. Cornelias epigrammatisch treffende Erwiderung: "Sollen wir denn lasterhaft sein, / Nur weil wir arm sind?" (1.2.314 f.) wird in rüdester Weise beiseitegefegt. (So verliert das soziale Argument gerade durch die Weise, in der Flamineo es vorträgt, einiges an Überzeugungskraft.) Die Debatte darüber, ob das Streben nach *preferment* (sozialem Aufstieg durch Fürstengunst) jedes Vergehen rechtfertige, geht im Lauf des Dramas zwischen Flamineo und seinem jüngeren Bruder Marcello weiter, bis der Ältere den Jüngeren nach einem Streit – wiederum über ethische Verstöße – unversehens ersticht (5.2). Der Sterbende deutet seinen Tod als Strafe an der ganzen Familie und zieht die Bilanz: "Das bedeutet es, mit allen unmoralischen Mitteln emporzustreben." (5.2.21 f.) Schon als die gerichtliche Untersuchung gegen Vittoria zum ersten Mal die Tragweite verbotenen Tuns offenbar machte, klagte der ehrliebende Marcello (und stellte Vittoria damit eher als ein Opfer in der Situation von Lessings *Emilia Galotti* dar):

> O meine unglückliche Schwester!
> Ich wünschte, mein Dolch hätte ihr Herz durchbohrt,
> Als sie zum ersten Mal Bracciano sah.... (3.1.32-34)

IV

Die Gerichtsszene (3.2), obwohl nur die erste Etappe in Vittorias Bewährungsproben, ist dennoch die glänzendste und facettenreichste Darstellung ihrer Persönlichkeit. Die Protagonistin verläßt den Verhandlungssaal zwar als Gefangene, aber geht aus dem Duell mit Monticelso trotz ihrer objektiven Schuld als moralische Siegerin hervor. Das liegt vor allem daran, daß die Anschuldigungen des Kardinals offensichtlich maßlos und unfundiert sind. Statt im Sinne der Anklage stringent nachzuweisen, daß Vittoria das Leben einer Hure geführt habe, schleudert er ihr nur immer wieder das ominöse Wort entgegen und malt in farbigen Metaphern und

Vergleichen aus, wie verderblich die Kurtisanen als gesellschaftliches Phänomen seien. Vittoria kann mit einigem Recht darauf entgegnen: "Mit dieser Beschreibung habe ich nichts zu schaffen." (3.2.101) Auch konkreteres Belastungsmaterial, wie einen Liebesbrief Braccianos mit eindeutigen Angeboten, weiß sie elegant zu entkräften:

> Verurteilt Ihr mich deshalb, weil der Herzog mich liebte?
> Dann könnt Ihr es auch einem schönen klaren Fluß zum Vorwurf machen,
> Daß ein trübsinniger, verwirrter Mensch
> Sich in ihm ertränkt hat. (3.2.203-206)

Ihr allbekanntes glänzendes soziales Leben, das ihren Ehemann in Schulden gestürzt hat und dann augenscheinlich von Bracciano finanziert wurde, bleibt im Bereich des bloßen Indizienbeweises. Völlig im Recht ist die Beschuldigte, wenn sie Inkorrektheiten im Verfahren beanstandet: der Richter gebärdet sich als Ankläger (3.2.225-228); die anfänglich verwendete lateinische Sprache hindert die Mehrzahl der Zuhörer daran, der Verhandlung zu folgen (3.2.13-20). Vittorias Geschick in solchen prozessualen Fragen wie auch bei der Tatsachenfeststellung bringt Monticelso noch mehr gegen sie auf und wird ihr als Dreistigkeit ausgelegt. So ist sie genötigt, darauf hinzuweisen, daß sie in dieser gefährlichen Situation männliche Qualitäten zeigen müsse ("masculine virtue", 3.2.136). Wirklich ist sie ganz auf sich gestellt; die Vernehmung allein straft Braccianos Versprechen aus der Liebesszene Lügen, er werde sie "über das Gesetz und über die üble Nachrede erheben" (1.2.263). Nun wohnt er der Untersuchung zwar bei, muß aber einige für ihn kompromittierende Einzelheiten zugeben und verläßt darauf vorzeitig den Saal unter heftigen Drohungen gegen Monticelso (3.2.164-179).

Daß Vittoria in diesem Verfahren so offensichtlich benachteiligt ist, verschafft ihr ein gewisses Mitgefühl der Zuschauer; daß sie sich trotzdem so bravourös schlägt, bringt ihr unwillkürliche Bewunderung ein. Diese Reaktion – sozusagen wider besseres Wissen – findet ihr Vorbild und zugleich ihre Rechtfertigung im Verhalten der beim Heiligen Stuhl akkreditierten Gesandten. Auf der Ebene der Dramenhandlung hat der Kardinal diese unparteiischen Außenstehenden als Beobachter hinzugebeten, um der Öffentlichkeit ein korrektes Verfahren zu demonstrieren. Im Bereich der Interaktion zwischen Bühne und Zuschauerraum sollen sie gleichfalls jene sachlichen Maßstäbe liefern, die von tief ins Geschehen verstrickten Kommentatoren wie Flamineo nicht zu erwarten sind. Diese Funktion erfüllt mit unüberbietbarer Prägnanz ein ganz kurzer Austausch zwischen dem französischen und dem englischen Gesandten. Der Franzose bemerkt nach Monticelsos Hurenkatalog: "Sie hat ein schlimmes Leben geführt." Der Engländer entgegnet: "Richtig – aber der Kardinal behandelt sie zu schroff." (3.2.106-107) Hier darf man wohl Züge des sprichwörtlichen englischen Nationalcharakters entdecken: das Bestehen auf *fair play*, die Solidarität mit dem *underdog*. Der Engländer ist es auch, der Vittorias Selbstbehauptung – wie sie in dem Ausdruck "masculine virtue" zusammengefaßt ist – lobend kommentiert: "Sie hat einen tapferen Geist." (3.2.140) "Masculine virtue" wird ihr in ihrer Todesstunde auch ihr Bruder Flamineo zuerkennen (5.6.245), für den sie kurz zuvor noch ein "verschlagener Teufel" war (5.6.148).

Nur nach dem Urteilsspruch des Kardinals, der sie in ein "Haus / Für reuige Huren" (3.2.266 f.) einweist, verliert Vittoria für kurze Zeit die Kontenance und beschimpft ihn in ohnmächtiger Wut. Doch dann gönnt sie ihrem Widersacher nicht die Genugtuung, sie weinen zu sehen, und verläßt den Saal mit der stolzen Sentenz: "Durch die Dunkelheit strahlen Diamanten am hellsten." (3.2.294) Mit dem Bild des Diamanten hat sie schon zuvor eine abfällige Metapher Monticelsos ("falsche Edelsteine", 2.3.141) aufgenommen und in ein Symbol für ihre strahlende und allen Schlägen widerstehende Unschuld verwandelt (3.2.143-145). Angesichts eines so triumphalen Abganges kann man leicht vergessen, daß diese Frau die Anstifterin zweier Morde ist. Monticelso hat – bei all seiner Voreingenommenheit und noch in Unkenntnis ihrer wirklichen Schuld – eine treffende Charakterisierung Vittorias geliefert, als er in der Urteilsbegründung sagte, sie sei "nicht weniger unheilverkündend als Kometen / Für Fürsten..." (3.2.262 f.)[11] Das Wort "fate", in diesem Zusammenhang gebraucht, ist immerhin im Wortstamm ein unüberhörbarer Vorläufer der viel später aufgekommenen Wendung *femme fatale*.

V

Bei dem heftigen Streit des Liebespaares im 4. Akt verwendet der sinnlos eifersüchtige Bracciano dann genau die Vokabel "fatal" – in einer Anklagerede, die sich wie die zeitlose Beschreibung einer dämonischen Verführerin anhört:

> Deine Schönheit! O, zehntausend Flüche über sie!
> Wie lange habe ich den Teufel im Kristall gesehen![3]
> Du hast mich, wie ein heidnisches Opfertier,
> Mit Musik und mit *unheilvollen* Blumengewinden
> Zu meinem ewigen Verderben geführt. (4.2.87-91)

Vittoria ist hier – obwohl Flamineo ihr beisteht – in einer gefährlicheren Lage als gegenüber Monticelso: es geht um ihr Persönlichstes; von Brac-

[11] "No less in ominous fate than blazing stars / To princes..."

[3] Eine Anspielung auf den Titel des Stückes und auf die magische Vorstellung, Geister in einen Kristall gebannt sichtbar machen zu können.

ciano hängt ihr Wohl und Wehe ab, und gerade dieser Mann kommt ihr mit bestürzendem Haß entgegen. Dadurch hat sie aber zugleich die moralisch komfortable Position der zu Unrecht Beschuldigten. Überdies kann sie ihm zu Recht vorwerfen, er habe sie in Schande gestürzt und sie statt in seinen Palast in die Besserungsanstalt gebracht (4.2.107-118). Diese Karte spielt sie mit Meisterschaft aus und wendet dann das sicherste Mittel an, Bracciano kirre zu machen: sie schwört, zugleich mit ihren bisherigen Sünden auch ihrem unwürdigen Liebhaber für ewig abzusagen. Darauf beharrt sie noch lange, nachdem der beschämte Bracciano schon zu Kreuze gekrochen ist und sie in vielen Varianten – nun unterstützt von Flamineo – umwirbt. Schließlich setzt sie noch die wohl verheerendste Waffe ein, die einer Frau in einem Streit zu Gebote steht: Schweigen. ("Ich spreche kein einziges Wort mehr." 4.2.191) Nichts macht ja einen Mann ratloser als das. Vittoria hält es bis zum Ende der Szene konsequent ein. Sie stellt keine Bedingungen für den Friedensschluß und hört nur an, wie Bracciano von sich aus die Versprechungen, die Francisco in seinem fingierten Liebesbrief gemacht hat, in Pläne für ihre gemeinsame Zukunft umsetzt, mit Vittorias Erhebung zur Herzogin als krönendem Abschluß. Auch kein Wort des Triumphs oder des Dankes kommt über ihre Lippen.

VI

Die ersten Worte, die Vittoria dann als Herzogin spricht, sind "O mein geliebter Herr – vergiftet?" (5.3.7) Hier, in der Sterbeszene Braccianos, gestattet Webster der Heldin nur solche kurzen Aufschreie der Verzweiflung; das Augenmerk gilt den Todesqualen des Herzogs (und seiner echten Liebe zu Vittoria), danach der prekären Lage Flamineos. Die erhoffte Belohnung von Bracciano ist ausgeblieben (5.3.187), der junge, streng rechtlich denkende Nachfolger Giovanni – der Sohn Isabellas – verbannt ihn vom Hofe (5.4.11-49); Flamineo ist zum Mörder seines Bruders geworden und hat die Mutter darüber wahnsinnig werden sehen (5.4.51-112); schließlich kündigt ihm Braccianos Geist symbolisch seinen baldigen Tod an (5.4.123-141). Damit hat die Handlung für Flamineo schon das ernüchternde Fazit ergeben, das die Engländer in der simplen Maxime auszudrücken pflegen: "Crime doesn't pay." Für all dies will er sich an Vittoria als Braccianos Erbin schadlos halten und ist notfalls bereit, sie zu töten (5.4.149-151).

Auf diese Weise gerät Vittoria in eine lebensgefährliche Situation, noch bevor Franciscos Rache auch sie erreicht. Als sie den Brudermörder schroff abweist, nötigt er ihr einen ausgeklügelten gemeinsamen Freitod auf[12], den er Bracciano versprochen haben will (5.6.33-35). Alle Beteiligten verüben Betrug: Vittoria und Zanche feuern die Pistolen nur auf Flamineo ab – nicht auch gegeneinander – und trampeln in diabolischer Freude auf ihm herum; er spielt ihnen einen eindrucksvollen Todeskampf vor und enthüllt dann, daß die Waffen nicht geladen waren. Als er zu zwei weiteren Pistolen greift, um endgültig mit den heimtückischen Gegnerinnen abzurechnen, dringen Lodovico und seine Helfer ein und stoßen die drei nieder.

Der Kampf zwischen den Geschwistern ist nicht nur die sensationelle Einlage, als die er zunächst erscheinen mag, sondern hat mehrere bedeutungsvolle Funktionen. Flamineos fingierter Todeskampf ist, sicher mit Recht, als groteske Vorwegnahme der eigentlichen Sterbeszene interpretiert worden. Daß Vittorias Bruder und Mitschuldiger sich in mörderischer Absicht gegen sie wendet, ist eine Bedrohung, die mehr noch als die bisherigen ans Mark geht und Mitgefühl erweckt. Die Geistesgegenwart und Härte, mit der die Heldin zurückschlägt, müssen ihr abermals widerwillige Bewunderung eintragen; zugleich lassen sie erschrecken vor dem zerstörerischen Potential dieser Frau. So hat sie auch keine Bedenken, in ihrem vermeintlichen Triumph über Flamineo das Bild vom Unheilsstern, das Monticelso gegen sie gebraucht hat, selbst zu verwenden:

> Dein Tod
> Soll mich einem verhängnisvollen Kometen [*blazing ominous star*] gleich machen.
> Schau auf und zittre! (5.6.131-133)

(Das Motiv wird von Lodovico, dem emotionalsten unter den Rächern, aufgenommen, als er sich anschickt, Vittoria hinzurichten: "O, du warst ein ungeheuerlicher [*most prodigious*] Komet..." [5.6.214]) Vor allem aber führt die wilde Episode paradoxerweise ein Stückchen Theodizee in die heillose Welt dieses Dramas ein. Die interessantesten unter den Rachetragödien machen nämlich völlig ernst mit der moraltheologischen Basis dieser Dramengattung, dem biblischen "Die Rache ist mein, ich will vergelten, spricht der Herr" (*Römer* 12.19 nach *5 Mose* 32.35), und verringern das Gewicht der Rächerfigur in bisweilen drastischer Weise. Sie demonstrieren durch den Verlauf der Handlung, daß dem Bösen die Tendenz innewohnt, sich selbst zu zerstören, so daß im Extremfall gar kein menschlicher Rächer mehr vonnöten ist.[13] So könnten auch Vittoria und

---

12 Er selbst ist schon mit Blutschuld befleckt und will sie nicht vergrößern; damit niemand die noch schwerere Sünde des Selbstmords zu begehen braucht, sollen Vittoria und Zanche je zwei Pistolen ergreifen und mit ihnen aufeinander und auf Flamineo schießen.

13 In dieser Weise gehen Tourneurs *Atheist's Tragedy* (1609) und Middletons große Tragödien *Women Beware Women* (1621) und *The Changeling* (1622) aus; in *The*

Flamineo einander abschlachten, wenn nicht in letzter Minute Franciscos Handlanger die Rache vollstreckten.

VII

Ungeachtet des Titels ist Vittoria keineswegs der einzige "Teufel" in diesem Drama. Die Häufigkeit, mit der die Bezeichnung anderen Personen beigelegt wird, hält der Anwendung auf die Heldin ziemlich genau die Waage. Fernerhin meint das Wort "devil", das im Text weit über dreißigmal auftritt, in gut der Hälfte der Fälle nicht einen Menschen, sondern das böse Prinzip im theologischen Sinne. Die Welt dieses Stückes ist in der Tat wie vom Teufel beherrscht und durchwirkt; wenn die Dramenfiguren ihn nennen, ist dies nur noch eine zusätzliche Interpretation, die sich den Zuschauern schon von den Vorgängen her aufgedrängt hat. Ein übriges tut die Bildersprache; sie wimmelt von tückischen und widerwärtigen Tieren, von Krankheits- und Todesbildern, von Anspielungen auf Gift und Hexerei. Ein besonders beklemmender Aspekt dieser Welt ist es, daß auch die Guten zur Verstellung greifen müssen. Isabella heuchelt Eifersucht und Abneigung gegen Bracciano, um einen Konflikt zu verhindern, der dann doch mit größerer Grausamkeit ausgetragen wird; Cornelia belügt Bracciano über den wirklichen Verlauf des Bruderzwistes, um nach Marcello nicht auch noch Flamineo zu verlieren (5.2.60-69). Offenbar kann sich niemand der Macht des Bösen entziehen. So ist Vittoria aus dieser Umgebung in moralischer Hinsicht weder negativ noch positiv herausgehoben, sondern durch ihre weibliche Anziehungskraft und durch ihre schiere Vitalität.

Am Ende des Dramas bewährt Vittoria noch einmal ihre "masculine virtue" und auch den Stolz einer Herzogin: sie wünscht sich, von Franciscos Hand zu sterben (5.6.187), und besteht darauf, daß ihre Dienerin Zanche ihr auch im Tode nicht vorangehe (5.6.216-218). Die Einsicht, die vielen tragischen Helden in ihren letzten Momenten geschenkt wird, lautet bei ihr: "O, meine größte Sünde lag in meinem Blut. / Nun zahlt mein Blut dafür." (5.6.240 f.) In dem ersten Glied des Wortspiels steht *blood* zweifellos für die Leidenschaft, die nicht vom Verstand überwacht und gezügelt wird. Doch ist es höchst fraglich, ob damit Liebe zu Bracciano gemeint ist. Zwar hat Vittoria in einer Apostrophe an den Toten erklärt, sie habe zu Lebzeiten aus ihrem Herzen einen "flammenden Opferaltar" für ihn gemacht (5.6.83-85); doch war dies eine taktische Äußerung, um Flamineo glauben zu machen, sie gehe auf den erzwunge-

---

Revenger's Tragedy (mutmaßlich auch von Tourneur, 1606) liefern die psychisch und moralisch abgeirrten Rächer sich durch ihre Hybris selbst ans Messer.

nen Selbstmordpakt ein. Ihre kurzen, verzweifelten Ausrufe an Braccianos Sterbebett bezeugen eher die Angst, daß sie – gerade am Ziel ihrer Wünsche angekommen – nun schutzlos sein wird.[14] Das entscheidende Indiz ist, daß Vittoria in ihrer Sterbestunde nicht an Bracciano denkt (während er in der gleichen Situation vielfache Beweise seiner Liebe gegeben hat), sondern an ihre Selbstbehauptung. "Ich will im Tode nicht eine unedle Träne vergießen, / Und wenn ich erblasse, dann nicht aus Furcht, sondern weil mir das Blut ausgeht." (5.6.225 f.) Das ist gewiß kein unwürdiges Motiv – ebensowenig wie der Ehrgeiz, der Wille zum Aufstieg, den man wohl als die bestimmende Triebkraft in ihrem "Blut" anzunehmen hat. Doch gerade diesem Ehrgeiz muß sie in ihren letzten Worten absagen: "O glücklich die, die niemals einen Fürstenhof sahen / Und große Männer nur vom Hörensagen kannten." (5.6.261 f.) Die Liebe kann, wie bei Antonius und Cleopatra, über den Tod hinaus eine trostreiche Gewißheit sein; mit ihrem Ehrgeiz und an ihrem Ehrgeiz ist Vittoria tragisch gescheitert.

[14] Flamineo beschreibt diese Situation – obschon gleichfalls zu einem taktischen Zweck – sehr einleuchtend: "...Wenn er, ein großer Herzog, an seinem eigenen Hof / Nicht sicher war – welche Hoffnung bleibt dann uns?" (5.6.40 f.)

Literaturverzeichnis

A. Ausgaben (Stellenangaben nach Akt – Szene – Zeile in arabischen Ziffern)

Shakespeare, William: *Hamlet* (1601), Hg. Harold Jenkins. The Arden Shakespeare, Methuen & Co., London, 1982.

Webster, John: *The White Devil* (1612), Hg. John Russell Brown. The Revels Plays, Methuen & Co., London, ^{2}1966.

Webster, John: *The Duchess of Malfi* (1614), Hg. John Russell Brown. The Revels Plays, Methuen & Co. London, 1964.

B. Monographien

Bliss, Lee: *The World's Perspective. John Webster and the Jacobean Drama.* Harvester Press, Brighton, 1983.

Boklund, Gunnar: *The Sources of "The White Devil".* Essays and Studies on English Language and Literature 17. Lundequistska Bokhandeln, Uppsala, 1957.

Bradbrook, M[uriel] C.: *John Webster. Citizen and Dramatist.* Weidenfeld & Nicolson, London ,1980.

Brodwin, Leonora Leet: *Elizabethan Love Tragedy 1587–1625.* University of London Press, London, 1972. [New York University Press, New York, 1971.]

Brooke, Nicholas: *Horrid Laughter in Jacobean Tragedy.* Harper & Row (Barnes & Noble). New York, 1979.

Dallby, Anders: *The Anatomy of Evil. A Study of John Webster's "The White Devil".* Lund Studies in English 48. CWK Gleerup, Lund, 1974.

Forker, Charles R.: *Skull beneath the Skin. The Achievement of John Webster.* Southern Illinois University Press, Carbondale and Edwardsville, 1986.

Habicht, Werner und Ina Schabert (Hgg.): *Sympathielenkung in den Dramen Shakespeares. Studien zur publikumsbezogenen Dramaturgie.* Münchener Universitäts-Schriften 9, Wilhelm Fink, München, 1978.

Lucas, F[rank] L[aurence]: "Introduction" zu seiner Ausgabe von *The White Devil.* Chatto & Windus, London, 1958, 11-45.

Murray, Peter B.: *A Study of John Webster.* Studies in English Literature 50. Mouton, The Hague, 1969.

Underhill, Arthur: "Law", in [ohne Hg.]: *Shakespeare's England. An Account of the Life and Manners of His Age.* Clarendon Press, Oxford, 1916. I, 381-412.

"Wer bist du, wunderbares Weib?"

Kleists *Penthesilea*

Carola Hilmes (Frankfurt am Main)

I

Kleists Tragödie um die Amazonenkönigin Penthesilea und ihre schicksalhafte Suche nach dem Geliebten auf dem Schlachtfeld löste vor allem Befremden aus. Nicht nur bei den Zeitgenossen stieß das Drama auf Ablehnung und Entsetzen. In seinem *Kritischen Lesebuch* aus dem Jahre 1926 schreibt Alfred Polgar:

> Dem Eros Thanatos opfert diese, bis in die letzte Vers-Kapillare vom Feueratem des Genies durchglühte Dichtung. Man versteht, daß es die Zeitgenossen, auch die klassischen, schauderte vor solchem Werk, in dem die Himmelskraft: Liebe, ihrer Fesseln ledig, daherfegt auf der eignen Spur, umreißend alle Altäre, an denen ihr sonst mit Blümchen und Liedern gehuldigt wird. Kleist hat in der *Penthesilea*, spätere Wissenschaft vorwegnehmend, Urgründe und letzte (von Kultur und Zivilisation verschleierte) Ziele erotischen Begehrens aufgezeigt. In das heroische Kräftespiel Mann–Weib ist die Haß- und Mordkomponente der Liebeslust eingezeichnet. Aus gleicher Quelle schöpfen Tod und Liebe ihren Zaubertrank: das wird hier, lange vorm *Tristan*, dramatisch gestaltet. In der *Penthesilea* liegt die blutumspülte Wurzel der dunklen Triebe bloß, auf die sich 'Liebe' reimt.[1]

Liebe & Krieg, entfesselte Sinnlichkeit, der Kampf der Geschlechter – Liebestod, Wahnsinn und polymorphe Perversionen werden hier zum Grundtenor der Tragödie Heinrich von Kleists erklärt. Penthesilea ist eine der schönen grausamen Frauen ohne Mitleid, die den Geliebten in einem Anfall von Rache und Raserei zu Tode bringen. Meroe, eine der Amazonenfürstinnen, berichtet voller Entsetzen von der Greueltat der Königin:

> Ihr wißt,
> Sie zog dem Jüngling, den sie liebt, entgegen,
> Sie, die fortan kein Name nennt –
> In der Verwirrung ihrer jungen Sinne,

---

[1] Polgar (1926) 51-52.

Den Wunsch, den glühenden, ihn zu besitzen,
Mit allen Schrecknissen der Waffen rüstend.[2] (2605-2610)

Dem völlig unbewaffneten und arglosen Achill jagt Penthesilea einen Pfeil in den Hals. Doch damit nicht genug, hetzt sie die Hunde auf ihn, "und reißt – reißt ihn beim Helmbusch,/ Gleich einer Hündin, Hunden beigesellt" (2658 f.). "Den Zahn schlägt sie in seine weiße Brust" (2670), berichtet Meroe fassungslos den Frauen, und "als ich erschien,/ Troff Blut von Mund und Händen ihr herab." (2673 f.) Diese Szene vor allem erregte Anstoß, bot Anlaß, über die psychopathologische Verfaßtheit der Heldin zu spekulieren. In der *Straßburger Neuen Zeitung* vom 24. Oktober 1909 schreibt der Expressionist Ernst Stadler:

> In dieser Dichtung war in der Darstellung des mit geschlechtlichem Begehren dunkel untermischten Rachegefühls ein Äußerstes geschaffen und nicht nur in grausigen Scherzen, in denen 'Küsse' sich auf 'Bisse' reimte, bis an die Grenze des ästhetisch Erlaubten gegangen.[3]

Dem Dionysos gleich wird Achill zerrissen. Penthesilea als Mänade aber verkörpert weniger antikes Griechenland denn moderne Hysterie und psychische Dekadenz – das Krankhafte schlechthin. Die Dimension zerstörerischer Sinnlichkeit, die Aufzeichnung blutiger Bilder der Liebe trennt Kleist von den klassizistischen Auffassungen seiner Zeit und rückt ihn in die Nähe einer aus dem Geist der Romantik geborenen Moderne – mehrfach wurde *Penthesilea* als 'Anti-Iphigenie' bezeichnet. Kleists erfolgloses Ringen um Goethes Anerkennung ist bekannt.[4] Bei Ernst Stadler heißt es weiter:

> Von solchem Werke führte keine Brücke zu jenem verklärten Idealbild der Antike, wie es die klassische Dichtung Goethes und Schillers eben damals in Deutschland errichtet hatte. [...] Den gläubigen Priestern jenes hehren Ideals der Antike mußte Kleists Dichtung wie ein Zerrbild, wie die Entweihung von etwas Heiligstem erscheinen. Erst Nietzsche hat über ein Halbjahrhundert später unter der hellen und glatten Oberfläche der griechischen Kultur jenen tiefbewegten, von dunklen Leidenschaften durchwühlten Urgrund entdeckt und die Geburt der Tragödie aus dem ursprünglichen dionysischen Lebensgefühl gedeutet.[5]

Für seine Rezeption dieses anderen Griechenlands wurde Kleist oft kritisiert. Immer wieder herausgestellt und entschieden zurückgewiesen wurden die "rasenden Abnormitäten" der Protagonistin; die Brutalität ihrer Handlungen – sie sind denen des Achill Hektor gegenüber nachgebildet –

---

2 Kleist (1994); im weiteren wird Kleist nach dieser Ausgabe zitiert, die Zahlen in Klammern geben die jeweiligen Verszeilen des Dramas an.
3 Stadler (1909).
4 Vgl. Mommsen (1974).
5 Stadler (1909).

werden ihr als perverse Charaktereigenschaften zugerechnet. In seiner damals vielbeachteten *Psychopathia sexualis mit besonderer Berücksichtigung der conträren Sexualempfindung* – erste Auflage 1886, 17. Auflage 1924, in sieben Sprachen übersetzt – schreibt Krafft-Ebing:

> Ein furchtbares Gemälde eines erdachten vollkommenen weiblichen Sadismus bietet der geniale, aber zweifellos geistig nicht normale Heinrich v. Kleist in seiner Penthesilea. Im 22. Auftritt schildert er seine Heldin, wie sie von wollüstig-mordlustiger Raserei ergriffen, den in ihre Hände gelockten, bisher in Liebesbrunst verfolgten Achilles in Stücke reißt und ihre Meute auf ihn hetzt [...].[6]

Um 1900 wird Penthesilea als *femme fatale* wahrgenommen, einem für die damalige Zeit charakteristischen Bild des Weiblichen. In den Schrecken vor ihren Greueltaten und in die Ablehnung ihres pathologischen Charakters mischt sich immer wieder auch Bewunderung ihrer Größe und ihrer Hingabefähigkeit. Alfred Döblin etwa beschreibt Kleists 'außerordentliches Stück' als "gräßlich schön"[7] und trifft damit genau die Ambivalenzen, die die *femme fatale* kennzeichnen. "Was Kleist in der *Penthesilea* heraufholt, ist ein Reflex der alten Angst der Männer vor starken, unkontrollierbaren, verrückten Frauen"[8], schreibt Christa Wolf 1983 im Nachwort zur Neuausgabe dieses 'entsetzlichen Schauspiels'.

Begonnen 1805, vollendet 1807 und als Buch publiziert 1808 erlebte *Penthesilea* eine erste Aufführung im Jahre 1876 mit Clara Ziegler. Zu Lebzeiten Kleists fand 1811 lediglich eine pantomimische Darstellung einiger Szenen mit Henriette Hendel-Schütz in der Hauptrolle statt.[9] Erst in den achtziger Jahren unseres Jahrhunderts wird die Aktualität des Stückes neu entdeckt. Dieses neuerliche Interesse steht im Zeichen der Faszination der starken, um ihre Liebe kämpfenden Frau, die das Unmögliche will – "Den Ida will ich auf den Ossa wälzen" (1375) heißt es bei Kleist – und es durchsetzt, gegen alle Widerstände bis zur Vernichtung des Geliebten und bis zur Selbstzerstörung. "Wir vernichten, was wir lieben."[10] Mit *Penthesilea* nimmt sich dieses Recht nun auch eine Frau heraus, unter emanzipatorischen und feministischen Gesichtspunkten ein äußerst zweifelhafter Schritt. Als Projektionsfigur für einen heroischen Kampf um Selbstverwirklichung und Liebe bietet sich neben anderen, gleichermaßen eigenwilligen und attraktiven Frauenfiguren nicht zuletzt Penthesilea an: "Küsse, Bisse,/ Das reimt sich, und wer recht von Herzen liebt,/ Kann schon das eine für das andre greifen" (2981-2983), gesteht die Amazo-

---

6 Krafft-Ebing (1886).
7 Döblin (1921).
8 Wolf (1983) 165.
9 Zur Rezeption der *Penthesilea* vgl. Goldammer (1978); ferner: Nutz (1998).
10 Wolf (1983) 157. – Christa Wolf sieht *Penthesilea* als "eine Metapher für die hoffnungslose Trennung von Mann und Frau" (ebd., 165).

nenkönigin nach der Ermordung Achills und der Schändung seines Leichnams. In der Doppelung von Faszination und Entsetzen wird Penthesilea rezipiert als *femme fatale*, ein frühes Lehrstück über die verderbenbringende Macht des Eros. Kleists Trauerspiel aber ist anders, läßt sich nicht reduzieren aufs Klischee. Die tragische Fallhöhe der Heldin unterscheidet das Drama ebenso von der Moderne wie die romantisierende Aktualisierung des Stoffes es von der Antike trennt.

II

In seiner Antrittsvorlesung 1913 an der Universität Münster deutete Paul Kluckhohn den Grundwiderspruch der *Penthesilea* als Konflikt zwischen Pflicht und Neigung: "Ihr innerstes Wesensgesetz, die Liebe, streitet mit den Gesetzen, die die Tradition ihr auferlegt und die sie für Gesetze ihres eigenen Wesens hält."[11] Die Amazonen, das sagenhafte Volk der kriegerischen Frauen, leben frei und ohne Männer. Zum Zwecke der Reproduktion ziehen sie nach Ratschluß der Götter jeweils im Frühjahr in den Krieg, um sich einen Mann auf dem Schlachtfeld zu gewinnen, dem sie sich beim anschließenden Rosenfest in Themiscyra beigesellen. Dieser ganz unnatürlich anmutende Brauch ist den um Troja kämpfenden Griechen unbekannt. Mit der Verwunderung über Kriegsziele und Kampftaktik der Amazonen setzt Kleists *Penthesilea* ein. Auch der Zuschauer bzw. Leser des Stücks wird lange Zeit im Unklaren gelassen; Gründungslegende und Verfassung des Amazonenstaates werden erst im 15. Auftritt nachgeholt. Dies ist der Höhepunkt des nicht in Akte geliederten Dramas. Penthesileas Erklärungen Achill gegenüber führen dann zu den weiteren verhängnisvollen Mißverständnissen mit tödlichem Ausgang.

Kluckhohn, der Kleists Drama in die Nähe zu Schillers *Jungfrau von Orleans* (1801) rückt[12], betont, "daß der unbewußte Wille, die Liebe, zu spät in ihr [Penthesileas] Bewußtsein erhoben wird und ihre Lebensrichtung nicht mehr ändern kann – Achill sieht die Amazone in ihr –, das ist ihre Tragik."[13] Der Konflikt zwischen Pflicht und Neigung wird in dieser Interpretation zugunsten der durch das Gefühl verbürgten Humanität entschieden. Diese durch die Aufklärung bekannte und in den klassischen Dramen durchgespielte Argumentationsfigur – man denke etwa an *Kabale und Liebe* (1783) oder an *Emilia Galotti* (1772) – erfährt bei Kleist eine überraschende, neue Wendung. Das für beide Protagonisten tödliche Ende gibt Raum für eine universelle Skepsis dem Weltlauf gegenüber. Das führte die Interpreten nun aber nicht zu einer expliziten Kritik der Aufklärung

---

[11] Kluckhohn (1914) 282.
[12] Vgl. Kreuzer (1973).
[13] Kluckhohn (1914) 282.

und des Humanismus, sondern zu einer paradox anmutenden Aufwertung von Liebe und Tod mit fatalen Folgen für beide Geschlechter:

> Achills und Penthesileas Zweikampf ist Suchen von Mann und Weib nach vollkommener Vereinigung, restlosem Aufgehen ineinander und muß wesensnotwendig mit dem Untergang enden. Ihr Tod ist ein Liebestod wie der Tristans und Isoldens bei Wagner.[14]

Dieser Interpretationsansatz wirkte innerhalb der Germanistik traditionsbildend.[15] In seiner Studie *Gefühl und Schicksal bei Heinrich von Kleist* (1929) betont auch Gerhard Fricke den Widerspruch von Gesetz und Liebe als grundlegend und leitet daraus die tragische Existenz des Menschen ab. "Durch Leiden und Opfer, furchtbarer als es die waren, die einst den Amazonenstaat begründeten und heiligten, sind nun beide, dieser Staat und dieses Gesetz 'widerlegt' und überwunden."[16] Darin besteht für Fricke Penthesileas heroische Tat. Sie wird allein dadurch erreicht, daß die Heldin ihrem 'im Innern waltenden Gefühl' folgt. Dieses 'herrliche und wahre Gefühl' aber besiegelt ihr Schicksal[17]: Sie erfüllt die über sie verhängte Aufgabe und überwindet das 'unnatürliche Gesetz' der Amazonen. Die Hinterlist dieser Art humanistischer Interpretation liegt darin, daß sie den persönlichen Untergang zur tragischen Größe ummünzt. Solche Deutungen werden nicht erst Feministinnen empören. Der Argumentationsgang ist folgender: Indem Penthesilea ihrer Neigung folgt, erfüllt sie eine höhere Pflicht. Die Illegalität ihres Handelns – es ist den Amazonen untersagt, sich einen bestimmten Mann in Liebe zu erwählen, die Marsbräute müssen nehmen, was ihnen im Kampf zufällt – ist auf eine höherstufige Legitimität gegründet, der durch ihre Tat allererst zum Durchbruch verholfen werden soll. Das Recht des Herzens erzwingt ein größeres Maß an Humanität durch das persönliche Opfer. Daß dieses real, jenes aber ein Wunschtraum ist, bezeichnet das Skandalon dieser Art der Tragik, die in zynischer Verkennung der realen Verhältnisse die Größe des Menschen an das Ausmaß seiner Leiden knüpft. Wie unter solchen Umständen die Utopie eines besseren Lebens – der Wiedereintritt ins Paradies nach dem Umweg durch die Welt – überhaupt nur möglich sein kann, war bereits das Problem Heinrich von Kleists.

Auf die Tragik der menschlichen Existenz, die in der Moderne als Riß durchs Bewußtsein jedes Einzelnen geht, rekurriert noch Walter Müller-Seidel 1981 in seiner neuen Interpretation der *Penthesilea*. Er deutet

---

[14] Ebd., 286.

[15] Die unterschiedlichen Interpretationen können selbstverständlich nicht in ihrer ganzen Komplexität vorgestellt werden, akzentuierend herausgestellt werden soll vielmehr das Symptomatische.

[16] Fricke (1968) 388; diese Interpretation rekurriert auf Frickes Kleist-Studien von 1929.

[17] Vgl. ebd., 374-380.

Kleists Trauerspiel als 'modernes Bewußtseinsdrama'. Ähnlich wie schon Benno von Wiese faßt er die 'Selbst-Zerrissenheit der Protagonistin' als Sinnbild für die 'Tragödie der Individualität'.[18] "Sinn im scheinbar Widersinnigen" erkennend[19], nähert sich der tragische Vorgang gefährlich seiner Sistierung im Paradox. Besonders deutlich wird das in Gerhard Kaisers Interpretation aus den siebziger Jahren, die gekennzeichnet ist durch eine Idealisierung der Heldin, ja geradezu als Liebeserklärung an Penthesilea zu lesen ist.

> Penthesilea muß Achill töten, weil sie anders nicht fähig werden, einander unbedingt anzugehören; sie muß ihn töten, weil er anders nicht Person in der Liebe zu werden vermag. Sie muß die Antwort aus ihm herausbeißen, die er sonst nicht gibt. Hier ist die Notwendigkeit im Zufall seines Todes; er beruht auf einem Mißverständnis, das erst Verstehen als Kategorie möglich macht.[20]

An diesem Punkt berührt sich die Diskussion um den Widerstreit von persönlichem Verlangen und gesellschaftlichem Anspruch mit der Kontroverse um Liebe und Gewalt, die immer wieder um dieses Drama Heinrich von Kleists geführt wurde. Sie liegt begründet in einer konsequenten Verabsolutierung der Liebe, die völlig losgelöst von gesellschafts- und staatstheoretischen Erwägungen betrachtet wird. In seinem Buch über *Heinrich von Kleist* aus dem Jahre 1922 hat Friedrich Gundolf den "dunklen erotischen Unterstrom"[21] dieses Dramas herausgestellt und die "Mischung von blutiger Grausamkeit und schmelzender Weichheit, von männischem Trutz und weiblicher Hysterie"[22] betont.

> In Kleists *Penthesilea* zum ersten Mal schweigt die Vernunft, waltet gar kein Kampf zwischen Gesetz und Leidenschaft, sondern die Leidenschaft, und zwar die noch unvergeistete triebhafte, vernichtet sich selbst, nicht durch Gericht einer sie überwaltenden Vernunft. Kleist hat zum erstenmal gewagt das was Goethe pathologische Zustände nannte, hemmungslose Besessenheiten gesondert darzustellen als Ausdruck eines vernunftlosen, aber herrlich bewegten Menschentums.[23]

Gundolf ist begeistert von Kleists "besessenem dämonischen Werk"[24] – aus Nähe wie er bekennt.[25] Im Kontext seiner Rezeption zeichnet sich auch ein Verständnis Penthesileas als *femme fatale* ab. Ausdrücklich weist Gundolf darauf hin, daß sie "die Vorläuferin der hysterischen Zustands- und selbsti-

---

18 Müller-Seidel (1981) 161.
19 Ebd., 162.
20 Kaiser (1977) 222.
21 Gundolf (1922/32) 88.
22 Ebd., 91.
23 Ebd., 101.
24 Ebd., 104.
25 Vgl. Gundolf an Cläre Brückmann (1921), in: *Kleists Nachruhm*, 600.

gen Ausdruckspoesie" ist, deren Vertreter zu seiner Zeit Strindberg und Wedekind waren.[26] Er mag an *Lulu* gedacht haben, an Lustmord und Geschlechterkrieg[27], vielleicht auch an Ibsens *Hedda Gabler*. Wie sich das Emanzipationsstück aus Skandinavien mit dem der Münchener Bohème entstammenden, zweifelhaften Konzept freier Sinnlichkeit vereinbaren läßt, ist durchaus erklärungsbedürftig.[28] Einen gemeinsamen Ausgangspunkt haben Ibsen, Strindberg und Wedekind in der Kritik bürgerlicher Gesellschaft und ihrer doppelten Moral; beide argumentieren im Hinblick auf eine Befreiung des Menschen. In diesen Zusammenhang gehören sicherlich auch Kleists dichterische Bemühungen. Die *femme fatale* hat hier aber nur unter Vorbehalt ihren Ort. Daß Gundolf in *Penthesilea* die "Vision von Wollust und Grausen, von Rosen und Eisen, von heißem Licht und schwülem Qualm"[29] erkennt, ist für seine Zeit ebenso charakteristisch wie dem Drama Heinrich von Kleists unangemessen. Zumindest liegt eine stark vereinseitigende Lektüre vor.

Eine Engführung der *Penthesilea* auf einen individualistischen Diskurs, in dem psychologische Aspekte akzentuiert werden, läuft stets Gefahr, ins Pathologische abzugleiten, was meist mit einer Abwertung der Protagonistin verbunden ist – es sei denn man selbst schlägt sich auf die Seite der Dekadenz, wie etwa Gundolf. Oder aber – und das ist die Reaktion auf diese Lesart – es wird das Polymorph-Perverse der *Penthesilea* betont und als Befreiung gewertet; so etwa Maximilian Nutz, der Kleists Tragödie als 'Körperdrama' liest. Penthesileas Körper zeigt sich, so schreibt Nutz, "in einer affektgeladenen, unberechenbaren, polymorphen Sinnlichkeit".[30] Damit wird das Wunsch-Angstbild anarchistischer Sexualität aufgerufen, und die Amazonenkönigin rückt in unmittelbare Nähe zur *femme fatale*. "Penthesilea trägt in ihrer besinnungslosen Raserei Züge einer angsterregenden alles verschlingenden Mutterimago"[31], erläutert Joachim Pfeiffer, der in seiner psychoanalytisch ausgerichteten Interpretation auch darauf hingewiesen hat, daß die Verbindung von Sexualität und Gewalt schon bei der Entstehung des Amazonenstaates konstitutiv war.[32] Bevor sie ihren Frauenstaat gründeten, mußten sich die Amazonen von ihren Eroberern,

---

26 Gundolf (1922/32) 108.

27 Diesen Zusammenhang betont auch Ruth Klüger in ihrer Interpretation "Die Hündin im Frauenstaat: Kleists Penthesilea" (1982); in: Klüger (1997) 152.

28 Vgl. Höger (1981), Florack (1995).

29 Gundolf (1922/32) 90.

30 Nutz (1988) 169.

31 Pfeiffer (1986) 201. Mit Bezug auf Lacan arbeitet Helga Gallas die unbewußte Beziehungsstruktur des Stücks heraus und weist auf die paradoxe Situation des hysterischen Subjekts hin: "Penthesilea (wie Achill) fliehen das Objekt ihres manifesten Begehrens oder noch deutlicher: Das Begehren wird durch die dauernde Verhinderung der Befriedigung aufrechterhalten; es ist das Begehren, ein unbefriedigtes Begehren zu haben." (Gallas (1984) 204.

32 Vgl. Pfeiffer (1984) 200.

die sie zum Beilager zwangen, befreien. Kurz entschlossen haben sie ihre Vergewaltiger im Bett ermordet (vgl. 1912 ff.). Auf vertrackte Weise ist also der tragische Konflikt zwischen Pflicht und Neigung verklammert mit dem Widerspruch von Liebe und Gewalt, der in den dekadenten Bildern von Wollust und Grausamkeit sich verdichtet. Penthesilea ist "halb Furie, halb Grazie" (2457) – in dieser Ambivalenz liegen Faszination und Entsetzen, Abwehr und Begehren begründet. Auch der Autor ist offensichtlich von diesen Wunsch-Angstprojektionen nicht ganz frei.

Kleists Identifikation mit Penthesilea ist bekannt; immer wieder zitiert wird sein Brief vom Spätherbst 1807 an die Vertraute und Freundin Marie von Kleist, in dem es heißt: "Unbeschreiblich rührend ist mir alles, was Sie mir über die Penthesilea schreiben. Es ist wahr, mein innerstes Wesen liegt darin, und Sie haben es wie eine Seherin aufgefaßt: der ganze Schmutz zugleich und Glanz meiner Seele."[33] Auf den biographischen Zusammenhang des Dramas möchte ich hier ebensowenig eingehen wie auf mögliche, sich daraus ergebende psychoanalytische Interpretationen, die auf die Unsicherheit bzw. Unentschiedenheit der Geschlechtsidentität Kleists abheben und die in seiner Identifikation mit Penthesilea einen Ausdruck seiner latenten bzw. potentiellen Homosexualität sehen.[34]

Was die unterschiedlichen Konfliktzentren der Tragödie betrifft – Gesetz und Liebe einerseits, Liebe und Krieg andererseits – so ist bereits eine gewisse Varianz bei Kleist selbst festzustellen. Die unterschiedlichen Fassungen der *Penthesilea* vergleichend, erläutert Sigrid Scheifele:

> der Erstdruck [ist] die Fassung, die den Konflikt mit der Gesellschaft und die Genealogie des Staates überzeugender durchführt. [...] Die Handschrift hat den Vorzug, daß sie weniger verhohlen den Unterstrom der grausamen, verletzenden Weise, sich auf den anderen und sich selbst zu beziehen, darstellt.[35]

Der von Kleist in seiner *Penthesilea* offensichtlich auch geführte staatstheoretische Diskurs mit seiner dezidierten Kritik an den naturrechtlich begründeten Modellen der Aufklärung ist zu betonen gegenüber einer durchaus zweifelhaften Romantisierung der Heldin. Auf einer das Individuum psychologisierenden Ebene jedenfalls ist kein gesicherter Stand für die Kritik zu gewinnen. Staatstheoretischer und individualistischer Diskurs müssen vielmehr zusammen gesehen und unter dem Gesichtspunkt einer Dialektik der Aufklärung interpretiert werden. Am Schicksal des Einzelnen wird dabei das Unerträgliche und Untragbare gesellschaftlicher

---

[33] Kleist. Dichter über ihre Dichtungen (1969) 37.

[34] Auf diesen Zusammenhang wurde ich zuerst aufmerksam durch die Magisterarbeit von Bettina Hendler "*... und wähle Dir endlich ein sichres Geschlecht.*" *Subjektivität und Geschlechtertausch in Texten Kleists* (Frankfurt 1993); vgl. auch Hoverland (1980) sowie Fichte (1988).

[35] Scheifele (1992) 78.

Verfaßtheit offenbar. In Begriffen persönlicher Schuld ist das nicht zu fassen, Erläuterungen über die Abgründe des Sexualverhaltens lenken die Diskussion nur auf einen Nebenschauplatz um. Die auf Gewalt gründende Entstehung des Staates ist, so wird zu zeigen sein, kein Spezifikum der Amazonen. Das durch Macht gekennzeichnete Verhältnis der Geschlechter zueinander ist kein natürliches oder menschlich-allzumenschliches, sondern Ausdruck struktureller Gewalt des Patriarchats. In seinen *Überlegungen zu Kleists 'Penthesilea'* stellt sich Dirk Grathoff die Frage,

> ob es realistisch sei, vom Normalitäts*verständnis* der bürgerlichen Gesellschaft mit seiner Trennung von Liebe und Gewalt auszugehen, oder ob es realistisch, vielleicht gar realistischer sei, im patriarchalischen Zeitalter eine gesellschaftliche Alltags*praxis* in Betracht zu ziehen, die das Selbstverständnis der Trennung von Liebe und Gewalt Lügen strafen würde.[36]

III

Mehrfach ist darauf hingewiesen worden, daß *Penthesilea* kein Frauenstück ist; so schon Heinrich an Marie von Kleist im Spätherbst 1807: "Ich habe die Penthesilea geendigt," schreibt er. "Sie hat ihn wirklich aufgegessen, den Achill, vor Liebe. Erschrecken Sie nicht, es läßt sich lesen. [...] Für Frauen scheint es im Durchschnitt weniger gemacht als für Männer, und auch unter den Männern kann es nur einer Auswahl gefallen."[37]

Der Amazonenstoff ist in der Literatur, anders als in der bildenden Kunst, vergleichsweise wenig behandelt worden. Kleist hat, so erläutert Manfred Fuhrmann, "den Kern des Dramas, Penthesileas Konflikt zwischen den Gesetzen des Amazonentums und der Liebe zu Achill, selbst geschaffen."[38] Benjamin Hederichs *Gründliches mythologisches Lexikon* aus dem Jahre 1770 stellt, neben Homers *Ilias* und den *Bakchen* des Euripides, die Hauptquelle für Kleists Kenntnisse der Amazonen dar.[39] Hier werden Name, Herkunft, Lebensart, auch Tracht und Waffen der Amazonen beschrieben sowie die bekanntesten Heldinnen. Von Penthesilea wird berichtet, daß Achill sie tötete, als sie "dem Priamus mit einigen tausenden ihrer Leute zu Hülfe nach Troja" kam.[40] Nach einigen über-

---

[36] Grathoff (1984) 103.

[37] Kleist, Dichter über ihre Dichtungen, 35.

[38] Fuhrmann (1986) 88; vgl. ferner: Klein (1979), insbes. 59-108 ("Antike Texte über die Amazonen" und "Das Problem der antiken Amazonen").

[39] Vgl. Kleist, *Penthesilea*. Dokumente (1967) 5-8.

[40] Ebd., 6. – "So erzählen auch wiederum andere, sie habe den Achilles erst selbst erleget, es sey aber solcher auf der Thetis, seiner Mutter, Bitten, wieder lebendig geworden, und habe sodann erst die Penthesilea wieder hingerichtet." (Hederich, zit. nach: ebd., 7.)

lieferten Varianten, kommentiert Hederich, soll Achill, als er dann die Schönheit und Jugend Penthesileas erkannte, sich in die Königin der Amazonen verliebt haben. Mit den Vorlagen stimmt Kleists Drama also nur bis zum achten Auftritt überein, wo die Oberste über das erste kriegerische Zusammentreffen von Achill und Penthesilea berichtet:

> Er, der Pelide, steht, Penthesilea,
> Sie sinkt, die Todumschattete, vom Pferd.
> [...] er beugt
> Sich über sie, Penthesilea! ruft er,
> In seinen Armen hebt er sie empor,
> Und laut die Tat, die er vollbracht, verfluchend,
> Lockt er ins Leben jammernd sie zurück! (1126f., 1138-1142)

Damit stellt sich Kleist gegen die Überlieferung und situiert sein Drama auf einer äußersten Grenze, wobei es ihm offensichtlich um das Leben geht und nicht um den Tod.[41]

In seiner *Untersuchung über die Gynaikokratie der alten Welt nach ihrer religiösen und rechtlichen Natur* aus dem Jahre 1861 behandelt Johann Jakob Bachofen auch das Amazonentum, das er in engste Verbindung zum Hetärismus rückt und in dem er "trotz seiner wilden Entartung eine wesentliche Erhebung der menschlichen Gesittung" sieht.[42] Neuere Forschungen allerdings haben ergeben, daß die Amazonen nicht als 'Überreste des Matriarchats' zu betrachten sind.[43] Renate Rolle, Archäologin aus Göttingen, betont, daß "Amazonen in gleichberechtigter Stellung vielfach eine Normalität reiternomadischen Lebens" darstellten.[44] Von regelrechten Amazonen*heeren* kann – zumindest für den von ihr untersuchten Raum des Schwarzen Meeres – nicht die Rede sein, denn nur vereinzelt wurden in Frauengräbern auch Waffen und Rüstungen gefunden; auffällig war neben der militärischen auch die weibliche 'Präsenz'.[45] Insbesondere diese Verbindung wurde als monströs gewertet[46], denn die offensichtlich vorausgesetzte Lust am Kampf gilt bei Frauen als anstößig. Daß auch bei Kleist die Marstöchter den Krieg lieben, trug dem Drama seinen zweifelhaften Ruf ein.

Die Frage nach der Bedeutung der Frauenherrschaft ist unterschiedlich beantwortet worden. Klar ist, daß sie nicht das goldene Zeitalter repräsentiert.[47] Bereits umstritten ist, ob das Amazonentum als Ausdruck der

---

41 Anders argumentiert Gabriele Brandstetter, die *Penthesilea* als "Drama der Überschreitung" von 'genre' und 'gender' liest; vgl. Brandstetter (1997) 75-76.
42 Bachofen (1982) 43.
43 Vgl. Rolle (1986) 56.
44 Ebd., 59.
45 Ebd., 46.
46 Vgl. Geyer (1991) 134.
47 Vgl. Fülleborn (1986) 77.

Humanität gewertet werden soll – wie etwa von Bachofen vorgeschlagen – oder aber als Ausdruck der Inhumanität, was meist mit der Verstümmelung der weiblichen Brust begründet wird. (Bekanntlich sind die Amazonen ja die Busenlosen, was allerdings weder durch die bildende Kunst noch durch die Archäologie eine Bestätigung findet.) Was mag Kleist zur Wahl dieses Themas veranlaßt haben?

In ihrer Dissertation *Frauenherrschaft im Drama des frühen 19. Jahrhunderts* kann Yixu Lü überzeugend darlegen, daß der Amazonenstaat von Kleist als Gedankenexperiment zu verstehen ist, in dem die naturrechtlich begründete Legitimation des bürgerlichen Staates, so wie sie von den Philosophen im 17. und 18. Jahrhundert geführt wurde, genau nachgebildet ist, wobei noch das Utopische dieses Denkens mit aufgerufen wird. In zeitliche und räumliche Ferne gerückt, tritt die Begründungslegende des Frauenstaates, die Darstellung seiner wesentlichen Gesetze und Verfahrensweisen (einschließlich des Rechtes auf Widerstand) dem Zuhörer als fremd und als befremdlich entgegen. Achill zeigt sich betroffen von den auf nackte Gewaltverhältnisse, auf Krieg, Vergewaltigung und Mord gegründeten Entstehungsbedingungen des Frauenstaates und wundert sich über das 'Naturwidrige' seiner Gesetze. "Es ist mehr als eine bittere Ironie, daß der gemäß der Forderung der naturrechtlichen Staatstheorien konstruierte Staat eben das hervorbringt, wovon er befreien soll: Unterdrückung, Unfreiheit und Krieg."[48]

In seiner Kritik des bürgerlichen Staates hat Karl Marx nachgewiesen, daß diese paradox anmutende Entwicklung notwendig und folgerichtig ist, denn der bürgerliche Staat fördert stets seine Gründungsbedingungen zutage und reproduziert sie: unerbittliche, blutige Konkurrenz.[49] Die Gleichheit der Menschen im bürgerlichen Staat, so klärt Marx auf, ist die von Ungleichen, die Freiheit des Individuums ist lediglich die der einsamen Monade, Sicherheit gibt es nur für das Eigentum, garantiert wird sie von der Polizei.[50] Indem Kleist mit *Penthesilea* das prekäre Verhältnis von Freiheit und Ordnung thematisiert, zeigt er nicht nur einen persönlichen Konflikt der Protagonistin auf, sondern er demonstriert die Aporien bürgerlicher Herrschaft. Sie sind unausweichlich und unauflöslich. Stellvertretend werden sie an Penthesilea, der Königin der Amazonen, aufgewiesen. Ihr vermeintlich tragisches Scheitern ist unter den herrschenden Bedingungen unvermeidlich, seine Verklärung ins Idealische ist ideologisch, blind und zynisch. Auch Yixu Lü, hier ganz bürgerlichen Kategorien verhaftet, führt "die unauflösbare Diskrepanz zwischen Idee und Realität" auf das "verkehrte Verhältnis zwischen dem Menschlichen und

---

[48] Lü (1993) 180.
[49] Vgl. Marx, Über die Bedingungen der ursprünglichen Akkumulation, in: ders. (1983) 741-791.
[50] Vgl. Marx (1958) 347-377.

dem Staatlichen" zurück.[51] Marx hatte demgegenüber in seiner Schrift *Zur Judenfrage* (1843/44) auf die prekäre Differenz zwischen Menschen- und Bürgerrechten hingewiesen, dabei den Idealismus des Bildungs- und Besitzbürgertums auf materialistische Füße stellend; auch der Humanismus ist eine Ideologie.

"Nur vordergründig ist Penthesilea ein Frauenstück."[52] Wenn der Amazonenstaat 'denaturierte Unnatur' verkörpert, so ist es die des bürgerlichen Staates, den Kleist mit seinem Gedankenexperiment der Frauenherrschaft getreu nachbildet. Die Bezüge seiner Dramen und Erzählungen zu philosophischen, politischen und gesellschaftlichen Problemen seiner Zeit sind immer gesehen worden. Wenn Kleist für seine Kritik an der bürgerlichen Herrschaft eine Frau als Exponentin wählt, wird damit das ideale Selbstverständnis und der Anspruch des Staates weit über die damals herrschenden Verhältnisse hinaus ernstgenommen und in der Folge einer grundlegenden Kritik unterzogen.

> Das Sujet eines Frauenstaats ist in diesem Zusammenhang nicht belanglos. Frauen, die mit den gleichen Waffen wie Männer ins Feld ziehen, repräsentieren den Gipfel bürgerlicher Emanzipation: die weibliche Gleichberechtigung. Kleist benennt ihr Prinzip: es ist der Selbstbehauptungskampf – auch dort noch, wo einzig wechselseitige Hingabe Glück brächte: in der Geschlechtsliebe.[53]

Für Christoph Türcke, der *Penthesilea* unterm Gesichtspunkt einer Dialektik der Aufklärung deutet, markiert das Drama den Umschlag der Zivilisation in Barbarei: "Die geschundene Kreatur rächt sich an den Menschen, indem in der Menschheit die Tierheit die Oberhand behält."[54] Deshalb wird Penthesilea buchstäblich zum Tier. Auch Gerhart Pickerodt deutet die 'Tragödie der Leidenschaft' in diesem Sinne, wenn er schreibt: "Kleists Drama handelt von der Leidenschaft als der gewaltsamen Wiederkehr einer unter den Bedingung[en] der aufgeklärten Moderne rationalisitisch unterdrückten Natur."[55] Insofern die *femme fatale* als Rachefigur des Weiblichen die Wiederkehr der Hexe aus ihrem Exil bezeichnet, also als Sinnbild rationalistisch unterdrückter Natur begriffen werden kann, gibt es eine gewisse Übereinstimmung der Amazonenkönigin Kleists mit der dämonischen Verführerin aus der nachromantischen Literatur.[56] Wohlgemerkt, sie ist gebunden an diesen zivilisationskritischen Aspekt.

Heinrich von Kleist, der oft zwischen aufklärerischen Fortschrittsmodellen und wertkonservativen Prämissen zu schwanken scheint, zeichnet

---

[51] Lü (1993) 183 u. 185.
[52] Türcke (1987) 39.
[53] Ebd., 40.
[54] Ebd., 39.
[55] Pickerodt (1987) 53.
[56] Vgl. Hilmes (1990).

sich durch einen entschiedenen Willen zu Kritik und Experiment aus. Das macht ihn, neben Hölderlin und Jean Paul, zu einem der exponiertesten Vertreter zwischen Klassik und Romantik und begründet außerdem seine neuerliche Aktualität. Kleists "Skepsis im Hinblick auf den Fortschritt in der Geschichte" und seine "radikalen Zweifel im Hinblick auf die gängigen Vorstellungen der Selbstverwirklichung"[57] lassen ihn als einen bedeutenden Vorläufer der Moderne erscheinen. Ob Kleist lediglich aporetische Strukturen in Szene setzt, darf als fraglich gelten. Festzuhalten sind hier sein entschieden kritischer Geist und die Schonungslosigkeit seiner Gedankenexperimente, mit denen er schon seine Zeitgenossen schockierte. So etwa, wenn er eine Verbindung "zwischen christlichem Abendmahl und heidnischem Ritualmord" herstellt, um dadurch auf "die Abhängigkeit ethischer Normen von ihrem soziokulturellen Umfeld" hinzuweisen.[58]

In der Tradition Kritischer Theorie versteht Christoph Türcke die *Penthesilea* als einen Versuch Kleists, sich "von der bürgerlichen Emanzipation zu emanzipieren".[59] Allerdings kann weder das Drama noch Kleists Leben einen Ausweg zeigen. "Ausweglos aber sind sie um des Auswegs willen"[60], schreibt Türcke, damit einen utopischen Rest in der Lektüre rettend. Das ist ums Ganze verschieden von einer in heilsgeschichtlicher Sicht vorgeschlagenen "Dialektik des Leidens", die am Ende auf Hoffnung verweist.[61] Sicherlich zu kurz greifen Interpretationen, die Kleists Amazonendrama in Verbindung bringen mit dem Bild der Amazone in der Französischen Revolution.[62] Mögliche aktuelle Bezüge des Dramas werden dabei zwar gesehen, auch die Ausgrenzung des Weiblichen aus der Politik und seine Reduktion aufs Private richtig beschrieben, an Kleists generelle Kritik bürgerlicher Herrschaft, die auch die Bedingungen der Möglichkeit der Autonomie des Individuums in Zweifel ziehen, reichen sie jedoch nicht heran. Anders als im Bild des Weiblichen, wie es in Kleists Lebensplänen und frühen Briefen zum Ausdruck kommt, gesteht er der Königin der Amazonen alle nur denkbare Freiheit zu. Aber "was Penthesilea will, kann sie nicht erreichen, ohne auch zu erreichen, was sie nicht will. [...] Die liebende Amazone ist die Vereinigung des Unvereinbaren."[63] Schließen sich Freiheit und Liebe notwendig aus? Sind selbstbestimmte Existenz und Hingabe stets unvereinbar? "Die Frage nach dem Ich ist die Frage nach der Möglichkeit einer Sprache der Liebe."[64] In aller Radikalität legt sich Kleist dieses Problem vor.

---

57 Stephens (1988) 39.
58 Pickerodt (1987) 62.
59 Türcke (1987) 43.
60 Ebd., 44.
61 Belhalfaoui (1985) 187.
62 Vgl. Stephan (1984).
63 Türcke (1987) 41.
64 Neumann (1986) 11.

Nachdem die beiden Grundkonflikte der *Penthesilea* – der um Plicht und Neigung einerseits, der um Liebe und Gewalt andererseits – in ihrer gesellschaftlichen Bezogenheit aufeinander erkannt sind, stellt sich die Frage nach einem angemessenen Selbstverständnis des Individuums erneut. Wenden wir uns abschließend also noch einmal der Heldin des Dramas zu und fragen mit den Worten Achills "Wer bist du, wunderbares Weib?" (1774)

IV

Unbedingte Liebe und absolute Hingabe kennzeichnen nicht nur Penthesilea. Kleist hat eine andere Frauenfigur geschaffen, die ihr darin gleicht. In der unerschütterlichen Überzeugung, für einen bestimmten Mann bestimmt zu sein, läßt auch Käthchen alle vernünftigen Überlegungen fahren und achtet nicht auf ihr eigenes Wohl und Wehe. Anders als die Tragödie der Amazonenkönigin erfreute sich das 'große historische Ritterspiel' allgemein großer Beliebtheit, zumindest in der fürs Theater stark bearbeiteten Fassung. Aber, so schrieb Kleist im Dezember 1808 an Heinrich Joseph von Collin, "wer das Käthchen liebt, dem kann die Penthesilea nicht ganz unbegreiflich sein, sie gehören ja wie das + und – der Algebra zusammen, und sind, ein und dasselbe Wesen, nur unter entgegengesetzten Beziehungen gedacht."[65]

Kleists Berechnungen sind nicht ganz leicht zu durchschauen. Beide Dramen stellen Frauen ins Zentrum des Geschehens und lassen sie in Extremsituationen handeln. Käthchens Hingebung ist ebensosehr ein Handeln, wie Penthesileas Handeln Hingebung ist. Beide Verhaltensweisen sind durch dieselbe Unerbittlichkeit ausgezeichnet. Jeweils ist die Liebe das die Handlung vorantreibende Element. Auch die mittelalterliche Feuerprobe des Bürgermädchens aus Heilbronn ist ein Gedankenexperiment, gleichsam die Gegenprobe zur *Penthesilea*. Das Happy End im *Käthchen* ist ebenso fadenscheinig wie der Untergang der Amazonenkönigin heroisch. Beide Stücke sind keine Charakterdramen, in Szene gesetzt werden vielmehr Typen: das Käthchen als jungfräuliche Erlöserin, Penthesilea als gefährliche, den Geliebten vernichtende Kriegerin, mithin eine frühe Vorläuferin der *femme fatale*. Kleist weiß offensichtlich, wie das Wunsch- und das Angstbild des Weiblichen zusammenhängen, als zwei Seiten einer Medaille nämlich. Diese Rechnung aber ist ohne Fräulein Kunigunde von Thurneck gemacht. Sie ist die der Heldin im Ritterspiel direkt entgegengesetzte Frauenfigur, und mit ihr karikiert Kleist offen-

---

[65] Kleist. Dichter über ihre Dichtungen, 42.

sichtlich die *femme fatale*.[66] Welche Rolle im Typenarsenal bleibt dann für Penthesilea? Und warum hat Käthchen in dieser Rechnung auf einmal zwei Gegenspielerinnen? Von Kunigunde schreibt Heinrich an Marie von Kleist nichts, als er fragt:

> Jetzt bin ich nur neugierig, was Sie zu dem Käthchen von Heilbronn sagen werden, denn das ist die Kehrseite der Penthesilea, ihr anderer Pol, ein Wesen, das ebenso mächtig ist durch gänzliche Hingebung als jene durch Handeln.[67]

"Käthchens Bild erscheint als die exemplarische Verkörperung der natürlichen Grazie des Menschen vor dem Sündenfall der Reflexion, im Stande paradiesischer Unschuld und Lieblichkeit"[68], erläutert Gert Ueding, der das Drama als "ein vollkommenes Stück Traumliteratur" interpretiert.[69] Ausdrücklich weist er auf die elbische Natur des Käthchen hin.[70] Daß die Titelheldin bis zum Liebeskitsch den alten Erlösungsmythos verkörpert, mag zur Beliebtheit des Dramas beigetragen haben. Sinnfällig wird sein trivialisierend überzogener Grundtenor an Kunigunde. Sie verkörpert den "alten Wunschtraum der ewigen, alterslosen, unergründbaren Verführerin"[71]; aus der Ahnengalerie der *femme fatale* als Vorbilder werden genannt Eva, Helena und Kleopatra. Stets ist Kunigunde auf ihre Schönheit und auf ihren Vorteil bedacht. Diesen will sie durch jene erreichen. Sie ist egoistisch und intrigant, ihr Kalkül gilt ausschließlich materiellen Werten. "Kunigunde entspringt der männlichen Phobie vor der Spinnenfrau, dem berechnenden, kastrierenden Weib, das in der körperlichen Vereinigung dem Mann Wunden schlägt", kommentiert Ruth Klüger und ordnet diese Frauenfigur "Freuds Fallstudien der männlichen Sexualängste" zu.[72] Damit ist Kunigunde, anders als Penthesilea, eindeutig als *femme fatale* ausgewiesen, unzweifelhaft wird sie von Kleist der Lächerlichkeit preisgegeben.[73] In seiner vielbeachteten Studie *Die Geburt des Partisanen*

---

66 Vgl. Oesterle (1998).
67 Kleist. Dichter über ihre Dichtungen, 44.
68 Ueding (1981) 181.
69 Ebd., 178. Ueding deutet *Käthchen* als "sinnreiches Rätselspiel zur Erzeugung ungewöhnlicher Vorstellungen und einschneidender Gemütserregungen [...] als Zeugnis eines Kunstverständnisses, das die Moderne, die künstlichen Paradiese Baudelaires ebenso wie die surrealistischen Montagestücke dieses Jahrhunderts vorwegnimmt." (Ebd., 173)
70 Ebd., 182. – Anders argumentieren Chris Cullens und Dorothea von Mücke (1997), die im Anschluß an Foucault auf die diskursgeschichtliche Perspektive der Sexualisierung von Subjektivität abheben.
71 Ueding (1981) 179.
72 Klüger (1997) 166.
73 So wie Kunigunde ein Zerrbild der *femme fatale* ist, so ist Käthchen ein überzeichnetes Bild der Hingabe. Penthesilea ist das Gegenbild zum Käthchen im Handeln mit monströsen Folgen. Wer aber, so könnte man nun fragen, verkörpert

aus dem Geist der Poesie (1987) schreibt Wolf Kittler über die drei so unterschiedlichen Frauengestalten:

> Kunigunde, Penthesilea und Käthchen stehen also für drei verschiedene Möglichkeiten der weiblichen Natur [...] Kunigunde ist das Gespenst einer vollständig künstlichen Frau, die nichts Lebendiges mehr an sich hat. [...] Das Käthchen ist in allem das Gegenteil: sprach- und zeichenlos in scheinbar unbewußter Einheit mit sich selbst.[74] – Daß diese beiden Extreme in Wahrheit zusammengehören, daß die Frau also keineswegs ganz eins mit sich selber ist, zeigt die Gestalt der Penthesilea. Sie steht auf der Grenze, an der sich die Gestalt des Käthchens mit der ihrer Gegenspielerin Kunigunde überschneidet [...]. Was sich im *Käthchen von Heilbronn* auf zwei gegensätzliche Frauen verteilt, das verkörpert Penthesilea in einer einzigen Gestalt. So wird sie zur Dämonin, die der tödlichen Gewalt der weiblichen Lust selbst zum Opfer fällt.[75]

Kittler, der in seiner Kleist-Interpretation Liebe und Krieg aufs engste verbindet und den Kampf der Geschlechter als unerbittliche, unabwendbare Naturgegebenheit auffaßt[76], nimmt an der zur Dämonin stilisierten Amazonenkönigin das Moment des Selbstopfers wahr. Damit erkennt er, daß jede potentielle *femme fatale* sich selbst zum Opfer fällt. Dieser Aspekt der dämonischen Verführerin und der wollüstigen Machtweiber wurde nicht immer gesehen, sondern meist wurde nur das für den Mann Ruinöse herausgstellt, was noch damit zusammenhängt, daß Frauenfiguren fast ausschließlich im Hinblick auf den Mann beschrieben wurden.

In Penthesilea eine *femme fatale* erkennen zu wollen, wäre ein Versehen – so ließe sich in Anspielung auf Walter Müller-Seidels große Kleist-Studie *Versehen und Erkennen* (Köln/Graz 1961) formulieren. Mit dem Klischee der *femme fatale* wird die Frage nach der Autonomie des Individuums unter falsche Vorzeichen gestellt, denn als Amazonenkönigin hat Penthesilea vor allem staatspolitische Aufgaben. Mit der Überbewertung ihrer Frauenrolle tut man ihr also einen Tort an. Die zum Ideal stilisierte liebende Frau und ihre vermeintliche tragische Größe gegen die im Frauenstaat nach Recht und Gesetz lebende und in ihrem Handeln frei

---

im Œuvre Heinrich von Kleists die reine Hingabe und wäre deshalb unter eindeutig positiven Vorzeichen zu verstehen?

74 Kittler (1987) 194.

75 Ebd., 196.

76 Vgl. ebd., 197-204. Kittler schreibt: "in der Liebe zwischen Mann und Frau [gibt es] wie in jedem Kampf nur zwei Möglichkeiten [...] Der Mann kann also wählen, ob er sich selbst als potent oder als impotent bestimmt, womit er zugleich entscheidet, ob er die Frau zu seiner Mutter oder seiner Sklavin macht." (Ebd., 190) Das letzte ist offensichtlich der Fall des Käthchens. "Penthesilea, eine würdige Nachfolgerin der Gründerin des Amazonenstaates, erscheint in ihrer Raserei als die verschlingende Mutter, Achill aber ist der Sohn, der ihr wehrlos gegenübersteht und am Ende ganz mit ihr verschmilzt." (Ebd., 189-190.)

Entscheidende auszuspielen, hat verhängnisvolle Folgen. Sie begründen einen fatal zu nennenden Deutungszusammenhang: das strahlende Bild der freien, handlungsmächtigen Frau verdüstert sich und zeichnet die Konturen für den Typus der *femme fatale* vor.[77] In dem Maße aber, wie die politische Dimension des Dramas verkannt wird, ist auch eine kritische Einschätzung der Imaginationen des Weiblichen nicht möglich.

Das Doppeldeutige, die Überblendung zweier einander entgegengesetzter Bilder, wie sie Käthchen und Kunigunde verkörpern, charakterisiert Penthesilea. Sie ist wahrhaft "halb Furie, halb Grazie" (2457). Penthesilea ist Königin und ärmste aller Frauen. Vor allem sind ihr Züge einer kämpferischen Heroine eingeschrieben, die dem Ringen des Individuums um Freiheit und Selbstbestimmung unter den Bedingungen der modernen Welt geschuldet sind, als deren Spiegel die Antike, der Kampf um Troja und die Amazonenherrschaft fungieren. Das immer noch Unverstandene dieser Figur mag darin liegen, daß ihr Kampf nicht der Vergangenheit angehört, sondern allererst vor uns liegt. Vielleicht erscheint uns Penthesilea deshalb noch immer als "rätselhafte Sphinx" (207). Alle Dramen Kleists haben ein beunruhigendes, unsicheres Ende.[78] Solange es aber offen bleibt, solange ist das letzte Wort über *Penthesilea* und das über die Frau verhängte Schicksal nicht gesprochen.

---

77 Auch für diesen Aspekt gibt es in Kleists Drama eine Reihe von Belegen, etwa wenn die Titelheldin als Besessene und als Megäre (533) erscheint und in die Tradition der Bacchantinnen, der rasenden Weiber im Gefolge des Dionysos, gestellt wird.

78 Um den Ausgang dieser Tragödie gibt es einen regelrechten Streit: Geht die Frauenherrschaft mit Penthesilea unter – symbolisiert dadurch, daß die Königin den legendären Bogen der Begründerin ihres Staates zu Boden fallen läßt – oder bestehen die Amazonen als Gesellschaft freier Frauen weiter, so wie ja auch die Griechen ohne Achill neuen Taten entgegengehen?

Literaturverzeichnis

A. Ausgaben und Dokumente

Kleist, Heinrich von: *Penthesilea. Ein Trauerspiel*, Anm. von Hedwig Appelt und Maximilian Nutz, Stuttgart 1994; textidentisch mit Kleist (1993).

Kleist, Heinrich von: *Sämtliche Werke und Briefe*, 2 Bde., hg. von Helmut Sembdner, München 1952, 9. verm. und rev. Aufl., München 1993.

Heinrich von Kleist. Dichter über ihre Dichtungen, hg. von Helmut Sembdner, München 1969; abgekürzt als "Kleist. Dichter über ihre Dichtungen".

Heinrich von Kleists Nachruhm. Eine Wirkungsgeschichte in Dokumenten, hg. von Helmut Sembdner, Bremen 1967; abgekürzt als "Kleists Nachruhm".

Heinrich von Kleist, Penthesilea. Dokumente und Zeugnisse, hg. von Helmut Sembdner, Frankfurt a.M. 1967; abgekürzt als "Kleist. *Penthesilea*. Dokumente".

B. Forschungsliteratur

Bachofen, Johann Jakob: *Das Mutterrecht*. Eine Auswahl hg. von Hans-Jürgen Heinrichs, Frankfurt a. M. 4/1982.

Belhalfaoui, Barbara: "Kleists *Penthesilea* in heilsgeschichtlicher Sicht – Eine Interpretation", in: *Etudes Germaniques* 40 (1985) 175-194.

Brandstetter, Gabriele: "*Penthesilea*. 'Das Wort des Greuelrätsels'. Die Überschreitung der Tragödie", in: Walter Hinderer (Hg.): *Interpretationen. Kleists Dramen*, Stuttgart 1997, 75-115.

Cullens, Chris u. Dorothea von Mücke: "*Das Käthchen von Heilbronn*. 'Ein Kind recht nach der Lust Gottes'", in: Walter Hinderer (Hg.): *Interpretationen. Kleists Dramen*, Stuttgart 1997, 116-143.

Döblin, Alfred (pseud. Linke Poot), *Der deutsche Maskenball*, Berlin 1921, 10-11; zit. nach: *Kleists Nachruhm*, 601.

Fichte, Hubert: "Patroklos und Achilleus. Anmerkungen zur *Ilias*", in: ders.: *Homosexualität und Literatur*, Bd. 2. Frankfurt a.M. 1988, 143-182.

Florack, Ruth: *Wedekinds "Lulu". Zerrbild der Sinnlichkeit*, Tübingen 1995.

Fricke, Gerhard: "Kleist – Penthesilea", in: Benno, von Wiese (Hg.): *Das deutsche Drama*, Bd. 1, Düsseldorf 1968, 367-389.

Fuhrmann, Manfred: "Christa Wolf über *Penthesilea*", in: *Kleist-Jahrbuch* 1986, 81-92.

Fülleborn, Ulrich: "'Der Gang der Zeit von Anfang'. Frauenherrschaft als literarischer Mythos bei Kleist, Brentano und Grillparzer", in: *Kleist-Jahrbuch* 1986, 63-80.

Gallas, Helga: "Kleists *Penthesilea* und Lacans vier Diskurse", in: Inge Stephan u. Carl Pietzcker (Hgg.): *Frauensprache – Frauenliteratur? Für und Wider einer Psychoanalyse literarischer Werke*, Tübingen 1986, 203-212.

Geyer, Angelika: "Penthesileas Schwestern. Amazonomachie als Thema antiker Kunst", in: *Kleist-Jahrbuch* 1991, 124-154.

Goldammer, Peter: "Heinrich von Kleists *Penthesilea*. Kritik der Rezeptionsgeschichte als Beitrag zur Interpretation", in: Walter Dietze u. Peter Goldammer (Hgg.): *Impulse. Aufsätze, Quellen, Berichte zur deutschen Klassik und Romantik*, Folge 1, Berlin/Weimar 1978, 200-231.

Grathoff, Dirk: "Liebe und Gewalt. Überlegungen zu Kleists *Penthesilea* anläßlich der Berliner Rosenfest-Feier der Freunde Carla Tatò und Carlo Quartucci", in: *Rosenfest. Worte – Bilder – Musik – Theater*, Berliner Künstlerprogramm des DAAD 1984, 99-105.

Gundolf, Friedrich: *Heinrich von Kleist* (1922), Berlin 3/1932.

Hendler, Bettina: "*... und wähle Dir endlich ein sichres Geschlecht". Subjektivität und Geschlechtertausch in Texten Kleists*, Frankfurt 1993 (unveröffentl. Magisterarbeit).

Hilmes, Carola: *Die Femme fatale. Ein Weiblichkeitstypus in der nachromantischen Literatur*, Stuttgart 1990.

Höger, Alfons: *Hetärismus und bürgerliche Gesellschaft im Frühwerk von Frank Wedekind*, Kopenhagen/München 1981.

Hoverland, Lilian: "Heinrich von Kleist and Luce Irigaray. Visions of the Feminine", in: Burkhard, Marianne (Hg.): *Gestaltet und gestaltend. Frauen in der deutschen Literatur*, Amsterdamer Beiträge zur neueren Germanistik, Bd. 10, Amsterdam 1980, 57-82.

Kaiser, Gerhard: "Mythos und Person in Kleists *Penthesilea*", in: ders.: *Wandrer und Idylle. Goethe und die Phänomenologie der Natur in der deutschen Dichtung von Geßner bis Gottfried Keller*, Göttingen 1977, 209-239.

Kittler, Wolf: *Die Geburt des Partisanen aus dem Geist der Poesie. Heinrich von Kleist und die Strategie der Befreiungskriege*, Freiburg 1987.

Klein, Hans: *Die antiken Amazonensagen in der deutschen Literatur*, München (Dissertation) 1919.

Kluckhohn, Paul: "Penthesilea", in: *GRM* 6 (1914) 276- 288.

Klüger, Ruth: "Die Hündin im Frauenstaat: Kleists Penthesilea" (1982), in: dies.: *Frauen lesen anders*, Essays, Frankfurt a.M. 2/1997, 129-155.

Klüger, Ruth: "Die andere Hündin: Kleists Käthchen", in: dies., *Frauen lesen anders*, Frankfurt a.M. 2/1997, 157-176.

Krafft-Ebing, Richard von: *Psychopathia sexualis* (1886); zit. nach: *Kleists Nachruhm*, 593.

Kreuzer, Helmut: "Die Jungfrau in Waffen. Hebbels *Judith* und ihre Geschwister von Schiller bis Sartre", in: Vincent J. Günther u.a. (Hgg.): *Untersuchungen zur*

Literatur als Geschichte. Festschrift für Benno von Wiese, Berlin 1973, 363-384.

Lü, Yixu: *Frauenherrschaft im Drama des frühen 19. Jahrhunderts*, München 1993.

Marx, Karl, "Zur Judenfrage", in: *MEW*, Bd. 1, Berlin 1958, 347-377.

Marx, Karl: "Über die Bedingungen der ursprünglichen Akkumulation" (24. Kap. des *Kapitals*), in: *MEW*, Bd. 23, Berlin 1983, 741-791.

Mommsen, Katharina: *Kleists Kampf mit Goethe*, Heidelberg 1974.

Müller-Seidel, Walter: "*Penthesilea* im Kontext der deutschen Klassik", in: Walter Hinderer (Hg.): *Kleists Dramen. Neue Interpretationen*, Stuttgart 1981, 144-171.

Müller-Seidel, Walter: *Versehen und Erkennen*, Köln/Graz 1961.

Neumann, Gerhard: "Hexenküche und Abendmahl. Die Sprache der Liebe im Werk Heinrich von Kleists", in: *Freiburger Universitätsblätter*, Heft 91, März 1986, 9-31.

Nutz, Maximilian: "Lektüre der Sinne. Kleists *Penthesilea* als Körperdrama", in: Dirk Grathoff (Hg.): *Heinrich von Kleist. Studien zu Werk und Wirkung*, Opladen 1988, 163-185.

Nutz, Maximilian: "Zwischen Abwehr und Faszination. Zeitgenössische und 'moderne' Rezeptionsmuster von Kleists *Penthesilea*" (Vortrag in Gießen, April 1997), wird erscheinen in: Christine Lobkoll u. Günter Oesterle (Hgg.): *Gewagte Experimente und kühne Konstellationen – Kleists Werk zwischen Klassizismus und Romantik*.

Oesterle, Günter: "Vision und Intrige, Keuschheit und Karikatur in Kleists *Käthchen von Heilbronn*" (Vortrag in Gießen, April 1997), wird erscheinen in: Christine Lobkoll u. Günter Oesterle (Hgg.): *Gewagte Experimente und kühne Konstellationen – Kleists Werk zwischen Klassizismus und Romantik*.

Pfeiffer, Joachim: "Kleists *Penthesilea*. Eine Deutung unter den Aspekten von narzißtischer und ödipaler Problematik", in: Inge Stephan u. Carl Pietzcker (Hgg.): *Frauensprache – Frauenliteratur? Für und Wider einer Psychoanalyse literarischer Werke*, Tübingen 1986, 196-202.

Pickerodt, Gerhart: "Penthesilea und Kleist. Tragödie der Leidenschaft und Leidenschaft der Tragödie", in: *GRM* N.F. 37 (1987) 52-67.

Polgar, Alfred: *Kritisches Lesebuch*, Berlin 1926, 51-52; zit. nach: *Kleists Nachruhm*, 604.

Rolle, Renate: "Amazonen in der archäologischen Realität", in: *Kleist-Jahrbuch* 1986, 38-62.

Samuel, Pierre: *Amazonen, Kriegerinnen und Kraftfrauen*, aus dem Französischen übersetzt von Babylon Übersetzungsbüro, Christine Bruhin, Wilfried Sczepan und Martin Pfeiffer, München 1979.

Scheifele, Sigrid: *Projektionen des Weiblichen. Lebensentwürfe in Kleists Penthesilea*, Würzburg 1992.

Stadler, Ernst: in der *Straßburger Neue Zeitung*, 24. Okt. 1909; zit. nach: *Kleists Nachruhm*, 595-596.

Stephan, Inge: "'Da werden Weiber zu Hyänen ...'. Amazonen und Amazonenmythen bei Schiller und Kleist", in: Inge Stephan u. Sigrid Weigel (Hgg.): *Feministische Literaturwissenschaft*. Dokumentation der Tagung in Hamburg vom Mai 1983, Berlin 1984, 23-42.

Stephens, Anthony: "'Das nenn ich menschlich nicht verfahren'. Skizze zu einer Theorie der Grausamkeit im Hinblick auf Kleist", in: Dirk Grathoff (Hg.): *Heinrich von Kleist. Studien zu Werk und Wirkung*, Opladen 1988, 10-39.

Türcke, Christoph: "Liebeserklärung an den Amoklauf. Menschheit und Tierheit in Kleists Penthesilea", in: *Einspruch* 5 (1987) 39-44.

Ueding, Gert: "Zweideutige Bilderwelt: *Das Käthchen von Heilbronn*", in: Walter Hinderer (Hg.): *Kleists Dramen. Neue Interpretationen*, Stuttgart 1981, 172-187.

Wolf, Christa: "Nachwort" zu: Heinrich von Kleist, *Penthesilea*, Berlin 1983, 157-167.

La *féminité dévorante*

Nana, Renée, Salomé, Lilith und ihre Schwestern im französischen *Fin de siècle*-Drama

Gerhard Damblemont (Mainz)

Nachstehende Untersuchung gilt der *femme fatale* im universellen und strikt historischen Sinne, ein Verfahren, das ohne Zweifel legitim ist, denn viele im Ergebnis fruchtbare Diskussionen können als Modell angeführt werden. Man denke z.B. an die theoretische Auseinandersetzung um den *dandy*, wie sie von Barbey d'Aurevilly (1808-1889) und Baudelaire (1821-1867) grundgelegt und auch in der heutigen Kritik – insbesondere der letzten Jahrzehnte – vertieft wurde. Stehen bei Barbey d'Aurevilly[1] noch die Vorbehalte gegenüber der Übertragbarkeit der Bezeichnung *dandysme* auf französische Verhältnisse im Vordergrund, so erklärt Baudelaire[2] wenige Jahre später völlig unbefangen:

> Le dandysme est une institution vague, aussi bizarre que le duel, très ancienne, puisque César, Catilina, Alcibiade nous en fournissent des types éclatants; très générale, puisque Chateaubriand l'a trouvée dans les forêts et au bord des lacs du Nouveau-Monde.[3]

Ist die für den *dandy*, den unwiderstehlichen Mann, festgestellte Betrachtungsweise uneingeschränkt auf die *femme fatale*, die unwiderstehliche Frau, übertragbar? Leider nicht! Zwar besitzt die *femme fatale* dem *dandy* gegenüber den Vorzug, etymologisch leicht faßbar zu sein, doch ist ihre Geschichte als Bezeichnung sehr unscharf. Dies überrascht um so mehr, als das Französische eine hervorragend beschriebene Sprache ist. Alle bedeutenden Wörterbücher erwähnen *femme fatale* unter dem Stichwort *fatal*, – und nicht *femme* –, was darauf schließen läßt, daß es sich um eine lockere Verbindung handelt und eine echte Verwortung nicht stattgefunden hat. Die Eintragungen im *Littré*, *Grand Robert*, *Grand Larousse* und *Trésor de la langue française* zeigen eine gewisse Einsinnigkeit. Der Erstbeleg aus dem Jahre 1872 stammt aus der Feder von Théophile Gautier und ist in einem Louvre-Führer enthalten: "Comme elle [la Salomé de Luini] exprime bien la cruauté douce des femmes fatales".[4] Die weiteren

---

1 Barbey d'Aurevilly, Du Dandysme et de George Brummell, in: Oeuvres romanesques (1966) 667-733.

2 Baudelaire, Le Dandy, in: Oeuvres complètes (1976) 709-712.

3 Baudelaire (1976) 709.

4 Trésor de la langue française, Bd. 8 (1980) 675.

Belege in genannten Wörterbüchern dürften allesamt dem 20. Jahrhundert angehören (Jules Renard (1905), Roger Martin du Gard, Benjamin Crémieux, Jean Cocteau, André Maurois, François Mauriac). Die Definitionen weichen wenig voneinander ab. Der *Grand Larousse* schreibt: "Femme fatale, femme qui attire irrésistiblement et qui semble envoyée par le destin pour perdre ceux qui en sont épris".[5] *Robert* und *Le Trésor de la Langue française* betonen die Offenheit der Verbindung von *femme* und *fatale*, welche sie gemeinsam mit *beauté fatale* definieren. Wir lesen im *Robert*: "Une femme fatale, une beauté fatale, qui semble envoyée par le destin pour attirer irrésistiblement et perdre ceux qui l'approchent".[6] Im *Trésor de la langue française* heißt es: "Femme, beauté fatale. Envoyée par le destin pour perdre ou, plus communément, séduire ceux qui l'approchent."[7]

Es ist ohne Zweifel ein Charakteristikum der *femme fatale*, sich in verführerischer Schönheit zu zeigen, um sich sodann noch wirkungsvoller zu entziehen. Ähnlich verhält es sich mit der Bezeichnung *femme fatale*. Sie erweckt zwar ähnlich wie der *dandy* den Eindruck, auf verschiedenen Ebenen klar ermittelbar zu sein, ist es aber nicht in vergleichbarem Maße.

Wer war eine *femme fatale* im gesellschaftlichen Sinne? Wo ist ihr Ort in den Künsten? Gibt es eine idealtypische *femme fatale* in einschlägigen theoretischen Auseinandersetzungen? Konnte sich die *femme fatale* als Kategorie der Kritik installieren? All diese Fragen, die für den *dandy* relativ leicht, wenngleich nicht immer unstrittig beantwortet werden können, finden für die *femme fatale* nur unsichere Lösungen. Eine so klare Festlegung, wie sie in der Dandyismusdebatte üblich ist, nämlich George Brummell, seine Ahnen und seine Nachfahren, ist bei der *femme fatale* nicht gegeben. Manon Lescaut gilt als erste *femme fatale* in der französischen Literatur. Neben dieser landläufigen Auffassung hört man auch von berechtigten Zweifeln. Die *femme fatale* wurde niemals theoretisch begründet, sie drang als Faszinosum in die Künste ein und verlangte danach, in kreativer Interpretation analysiert zu werden. Die *femme fatale* wäre nicht *femme fatale*, trüge sie nicht viele Namen und äußerte sie sich nicht in sich ständig wandelnden Erscheinungsformen. Die Vielfalt der Gestalten, die sie annimmt, wird es erforderlich machen, nach Gattungen der *femme fatale* Ausschau zu halten. Vielleicht ist auch hier ein Grund dafür zu suchen, daß die Bezeichnung *femme fatale* in diffuser Weise in der Kritik omnipräsent ist, ohne daß sie im operativen Sinne eingesetzt wird.

---

[5] Grand Larousse, Bd. 3 (1973), 1891.
[6] Robert (^{2}1987), 420.
[7] s. Anm. 4.

Beim Durchblättern der wichtigsten Kritiker des französischen *Fin de siècle* (A. Emile Faguet, Jules Lemaître, René Doumic, Ferdinand Brunetière, Paul Bourget u.a.), stieß ich kein einziges Mal auf eine Thematisierung der *femme fatale*. Die weitaus meisten Beiträge sind Autorenportraits; kommt der Kritiker in diesem Zusammenhang auf *femme fatale*-orientierte Werke zu sprechen, so analysiert er das Phänomen, ohne den Terminus zu verwenden. In den Literaturgeschichten fungiert *femme fatale* nicht als Ordnungsbegriff. In den bedeutenden neueren französischsprachigen Literaturlexika finde ich keinen Eintrag *femme fatale*.[8] Lediglich Pierre Brunel nimmt in seinen *Dictionnaire des mythes littéraires*[9] einen Artikel zum Phänomen der *femmes viriles* auf. Régis Boyer, der Autor des Beitrags, kommt dabei auch auf die *femme forte* zu sprechen, ohne jedoch den Terminus zu verwenden, und verweist bei dieser Gelegenheit beiläufig auf die "femme fatale de nos romans modernes".[10] Das Unbehagen, mit dem der Artikel verfaßt wurde, wird gleich im ersten Satz begründet: "Ce thème est riche, confus, et souvent abordé sans sérénité, tant il peut aisément verser dans la polémique, la vulgarité ou l'équivoque."[11] Den einzigen neueren motivgeschichtlichen Artikel zur *femme fatale* finde ich in Horst S. und Ingrid G. Daemmrich[12]. Der sicherlich sehr anregende Beitrag *Femme fatale (Verführerin)* leidet jedoch unter dem Nachteil, daß er nicht angemessen vom Beitrag "Kurtisane" abgegrenzt ist.

Wie steht es nun mit der jüngeren *femme fatale*-Forschung in Italien und Frankreich?[13] Neben dem klassisch gewordenen Werk von Mario Praz: *La carne, la morte e il diavolo nella letterature romantica*[14] mit einem *La Belle Dame sans Merci* überschriebenen Kapitel, in dem er übrigens dezidiert die Berechtigung des Themas der Ringvorlesung verteidigt:

> Man könnte dieses Kapitel wie einen Artikel im Konversationslexikon mit einer ganz banalen Feststellung beginnen. Im Mythos und in der Literatur hat es den Typus der "femme fatale" immer gegeben, denn Mythos und Literatur sind nur die dichterische Widerspiegelung des wirklichen Lebens; im wirklichen Leben aber hat es an mehr oder minder vollkommenen Exemplaren herrschsüchtiger und grausamer Frauen nie gefehlt. Wir brauchen deshalb nicht erst auf Mythen wie Lilith, auf die Harpyien, die Sire-

---

8 Herrn Professor Dr. Hans T. Siepe verdanke ich den Hinweis auf den Eintrag *femme fatale* in: Aziza, C. u.a. (1978) 74f.

9 Brunel (1998) 593-596.

10 Boyer in: Brunel (1988) 595.

11 ebd. 593.

12 Daemmrich (1995) 150-154.

13 Für den deutschsprachigen Raum verdienen insbesondere die Studien von Hilmes (1990) und Kreuzer (Hg.) (1994) besondere Erwähnung.

14 Praz (1970) Kap. IV, 167-250.

> nen, Gorgonen, die Skylla und die Sphinx oder auf die homerischen Gesänge zurückzugreifen.[15]

– neben diesem Klassiker ist insbesondere ein jüngeres Werk von Giuseppe Scaraffia zu nennen. Dieser trat 1981 mit einem reich illustrierten *Dizionario del dandy* hervor, es folgte 1987, in bibliophiler Ausstattung *La donna fatale*[16]: dem *Regesto*, in dem 69 *femmes fatales* der europäischen Literatur sozusagen in einem *club imaginaire* zusammengefaßt werden, gehen 43 Kurzkapitel voraus, die nicht in der dargebotenen Reihenfolge gelesen werden müssen, in denen Charakteristika der *femme fatale* problematisiert werden. Auf französischer Seite sind neben der vielbeachteten Studie Mireille Dottin-Orsinis *Cette femme qu'ils disent fatale*[17] drei Monographien von Jean de Palacio, Herausgeber einer *Bibliothèque décadente*, zu erwähnen. Die erste Untersuchung stammt aus dem Jahre 1990 und trägt den Titel *Pierrot fin-de-siècle*[18], ein Werk, das an dieser Stelle von Interesse ist, da es das zur *femme fatale* komplementäre Problem der "masculinité en perdition" untersucht[19]; es manifestiert sich u.a. und besonders in einem Pierrot "figure solitaire et vaincue, tour à tour dandy glacé, éternel mari et crucifié dérisoire, toujours promis à la potence ou à la guillotine".[20] Die zweite Monographie aus dem Jahre 1993 *Les Perversions du merveilleux* führt noch näher an unser Thema heran, denn sie untersucht ein *Fin de siècle-merveilleux*, in dem die schicksalhafte Frau einen dominanten Platz einnimmt.

> Ce merveilleux "nouvelle manière", comme on pouvait s'y attendre, est vidé de toute naïveté, sinon de toute fantaisie. C'est un merveilleux impur, ou, si l'on veut, baudelairien, qui va faire rencontrer des fées en plein Paris. Ces fées "propices au baiser", qui ressemblent de plus en plus à des femmes en chair et en os, voire à des lorettes, pourront même assumer l'apparence de "femmes fatales."[21]

Der dritte Band *Figures et formes de la décadence* aus dem Jahre 1994[22] gibt vornehmlich ältere Aufsätze wieder, von denen einige besonderen Erscheinungsformen der *femme fatale* gewidmet sind, ohne daß dieser Sammelbegriff verwendet würde. Auch die Darstellung von Séverine Jouve *Obsessions & Perversions dans la littérature et les demeures à la*

---

15 Praz (1970) 167.
16 Scaraffia (1981) und (1987) sind überaus reichhaltige Darstellungen, die bewußt auf Systematik verzichten.
17 Dottin-Orsini (1993).
18 de Palacio (1990).
19 de Palacio (1990); formelhafte Definition auf dem Buchrücken.
20 ebd.
21 de Palacio (1993); programmatisches Resümee auf dem Buchrücken.
22 de Palacio (1994).

fin du dix-neuvième siècle[23] berührt in mehreren Kapiteln unsere Problematik. Wie kann es unter den gegebenen Umständen – mangelnde terminologische Klarheit steht neben bemerkenswerten Detailuntersuchungen – sinnvoll sein, über die *femme fatale* zu sprechen? Auffallend sind nicht nur die begriffliche Verwirrung, sondern auch die sehr unterschiedlichen Corpora, die bei den jeweiligen Darstellungen zugrunde gelegt werden. Mireille Dottin-Orsini sagt in den einleitenden Seiten ihrer Monographie sehr ehrlich, daß sich ihre Textbasis aus der Literatur zusammensetzt, die ihr in der Bibliothèque Nationale zugänglich war, und vor allem auch aus Zufallsfunden bei Bouquinisten.[24] Dieses Verfahren, welches dem Zufall eine Chance gibt, ist sicherlich nicht zu verwerfen, zumal die *femme fatale* in Werken des *second rayon*, um eine Formulierung Emile Henriots aufzugreifen, oder gar des *troisième rayon* ihr "Unwesen" in ganz besonders verwerflicher Weise treibt, d.h. in einem literarischen Bereich, der heutzutage trotz einiger Neuauflagen weitgehend als verschollen gelten darf.

Doch wäre es sicherlich sinnvoll, ehe wir ins Abseitige der abseitigen *femme fatale* vorstoßen, die *textes fondateurs* der *femme fatale* kritisch zu sichten, um die wichtigsten Konstanten und Varianten zu ermitteln. Sie gehören mit geringen Ausnahmen der erzählenden Literatur an und stehen vielfach in intertextueller Beziehung zueinander. Als *ouvrage incontournable* darf Abbé Prévosts *Histoire du Chevalier des Grieux et de Manon Lescaut*[25] gelten. Er ist in mancher Hinsicht typisch für den, nennen wir ihn *femme fatale*-Roman, in vieler Hinsicht jedoch weniger beispielhaft, als es sein Ruf will. Gattungstypisch ist sicherlich der Umstand, daß die Erzählung die Gestalt einer vertraulichen Mitteilung besitzt; ein entscheidender Lebensabschnitt, die sexuelle, erotische Initiation mit der sich anschließenden Ereignisfülle, wird als unglückliche, leidvoll erfahrene *amour-passion* dargestellt, die bewußtseinsprägend bleiben wird. Die Liebe ist durchaus gegenseitig, da aber die Heldin gefall- und genußsüchtig ist, wird der Held aus der ihm vorgezeichneten Lebensbahn herausgeworfen und in zahlreiche Abenteuer und Verbrechen verwickelt. Vieles hängt, wie die erste Begegnung, vom schicksalhaften Zufall ab. Die Erzählweise nähert sich der pikaresken Form an. Die dargestellten Wechselfälle sind so zahlreich, daß sie vom Ende her nur schwer zu überschauen sind. All diese Abenteuer, die irgendwann im fernen Nouvelle-Orléans zum Tode der Heldin führen, ereignen sich vor den Augen des Vaters Des Grieux' und unter der besorgten Anteilnahme des Freundes Tiberge, der die Kirche vertritt. So überlagern sich eine Vielzahl von Konfliktebenen, die hier nicht

---

23 Jouve (1996).
24 Dottin-Orsini (1993) 20.
25 Abbé Prévost (1965).

alle genannt und noch weniger in ihrem Verhältnis dargestellt werden können. So wundert es nicht, daß Abbé Prévosts Roman eine Vielzahl von Deutungen fand, die keineswegs alle auf Manon Lescaut, die zweite Titelheldin, zentriert waren. Ist der Roman primär ein Sittenbild, oder ist er eine jansenistische Exempelgeschichte, sind z.B. oft gestellte Fragen. Die rechte Beachtung findet Manon Lescaut erst ab der französischen Romantik.[26] Die Heldin rückt deutlich in das Zentrum des Interesses und wird sehr unterschiedlich charakterisiert. La Harpe sieht in ihr eine "fille entretenue" und lobt die "vérité" – *vérité* tritt in der Romantik an die Stelle der klassischen *vraisemblance* – der Darstellung. Gustave Planche sieht sie in der Rolle der unersättlichen Prostituierten. Für Dumas fils ist *Manon Lescaut* "le paroissien de la courtisane", der das Laster "gracieux, émouvant, sentimental" mache. Barbey d'Aurevilly spricht kritisch von jener "ignoble Hélène qui pour quelques écus, fait, à toute minute, de son Pâris, un Ménélas." Maupassant feiert in Manon "la séductrice, plus vraiment femme que toutes les autres, naïvement rouée, perfide, aimante, tremblante, spirituelle, redoutable et charmante." Damit stilisiert er sie geradezu zur *femme supérieure*. Die wenigen zitierten Bestimmungsversuche reichen von 1829 bis 1885 und zeigen sehr deutlich, wie sehr Manon Lescaut, den Projektionen des jeweiligen Zeitgeistes entsprechend, aufgewertet wurde.[27] Von der *fille entretenue*, der *prostituée*, der *courtisane*, der schändlichen Helena, steigt sie auf zur außergewöhnlichen Verführerin; spätestens mit Helena und der Bezeichnung *séductrice* nähern wir uns dem Begriffsfeld der *femme fatale*. Zwei recht verschiedene Umstände jedoch lösten bei Kritikern Vorbehalte aus, wenn es darum ging, Manon Lescaut der Tradition der *femme fatale* zuzuordnen. Unter gesellschaftlichem Gesichtspunkt ist Manon Lescaut keine *femme fatale*, sie ist zu Romanbeginn erst 15 oder 16 Jahre alt und deshalb zunächst bestenfalls eine *jouvencelle fatale*, in ästhetischer Hinsicht ist sie zudem völlig unbestimmt. Der Leser erfährt nichts über ihre äußere Erscheinung.

Le Diable amoureux (1772) von Jacques Cazotte[28] wird ein radikal anderes Grundmodell der *femme fatale* begründen. Manon Lescaut ist ausschließlich in der sozialen Welt beheimatet. Biondetta in *Le diable amoureux* repräsentiert die Welt der dunklen Mächte. Ein junger spanischer Offizier mit Namen Alvare evoziert in den Ruinen von Portici in der Nähe von Neapel Béelzébut, der sich zunächst als Kamel, dann als Spaniel, schließlich als Page manifestiert, der sich in ein äußerst reizvolles blondes Mädchen verwandelt, um fortan an der Seite des jungen Mannes zu leben, ihm dienend, geschickt wie Manon Lescaut die Rhetorik der Tränen

26 Mathé (1970) 70.
27 ebd.
28 Cazotte (1981).

einsetzend, um auf diese Weise den Willen des Beschwörers zu brechen. Hier stehen bis zur letzten Steigerung Affekte, Ratio, Wille und Glaube im Widerstreit. Topographisch bewegt sich die Erzählung von Neapel zum libertinen Venedig, dem Venedig des Karnevals, des Glücksspiels und der Kurtisanen, um schließlich über Turin, Frankreich – an Paris, der Stadt der Korruption, vorbei – ins katholische Spanien zu führen, wo die katholische Mutter dem jungen Mann den rechten Weg weist, der ihn aus der zugleich realen und irrealen Welt der Versuchung führt. Biondetta ist in motivischer Hinsicht ein interessanter Schnittpunkt. Sie ist die erste *femme fatale*, deren feurige Blicke in faszinierender Weise den Schleier durchdringen. Von ihrem Ursprung her ist sie Sylphide und steht damit im Verbund mit den Salamandern, den Gnomen und Undinen. Sie gehört also der Feentradition an, die im Hoch- und Spätmittelalter in der Gestalt z.B. der Melusine literarisch und sozial bestens integriert war, da sie, obgleich ungetauft, Ahnfrau von Adelsgeschlechtern werden konnte; bereits in der frühen Gegenaufklärung mußte sie es jedoch hinnehmen, im Namen des spanischen Katholizismus verteufelt zu werden. Erst in der Décadence werden Melusine und ihre Schwestern im Zeichen verschiedener Perversionen die literarische Bühne erneut betreten. Der Bericht ist in der Form der Ich-Erzählung abgefaßt. Die zahlreichen Zufälle, welche die Handlung fügen, sind keine Zufälle im Sinne des kosmischen Verständnisses Biondettas, die das Zahlengeheimnis des Universums besitzt. Alvares Reueempfinden und Willensstärke werden dadurch belohnt, daß sich Biondetta in Nichts auflöst. Seine moralische und soziale Existenz waren lediglich gefährdet.

Anders verhält es sich mit José, der seine leidvolle Liebesbeziehung zu Carmen[29] in der Todeszelle dem Erzähler anvertraut. Bizets Oper hat der Fabel zu weltweiter Bekanntheit verholfen und sie zugleich stark reduziert. In der Erzählung reihen sich Abenteuer in großer Zahl, bedingt durch die Wechselfälle des Lebens und den Freiheitsdrang und die Liebeslaunen der ethnisch stark geprägten Heldin. Bei der Begegnung des Erzählers mit Carmen wird sie mit den typischen Attributen der *femme fatale* vorgestellt. Sie trägt betörend duftende Blumen im Haar und hat sehr große Augen.

> Elle avait dans les cheveux un gros bouquet de jasmin, dont les pétales exhalent le soir une odeur enivrante. (...), je vis qu'elle était petite, jeune, bien faite, et qu'elle avait de très grands yeux.[30] ...C'était une beauté étrange et sauvage, une figure qui étonnait d'abord, mais qu'on ne pouvait oublier.[31]

---

[29] Mérimée (1967).
[30] ebd., 358.
[31] ebd., 360.

Ihre animalische Schönheit wird mit einer Tiermetapher verdeutlicht, ein Verfahren, welches fortan öfter anzutreffen sein wird: "(...) elle s'avançait en se balançant sur ses hanches comme une pouliche du haras de Cordoue."[32] Ähnlich wird Zola Nana charakterisieren. Wie Biondetta versteht sie sich als teuflische Gestalt. Viel mehr noch als Biondetta verführt sie durch ihren Tanz. Biondetta gibt ihrem Geliebten den Schlüssel zum Erfolg beim Glücksspiel. Carmen führt dem Schmuggler und Banditen José die Beute zu und gibt sich ihm ohne Bezahlung hin. Für Carmen ist die Liebe ein "caprice". Die Eifersucht und Drohungen Josés werden sie nicht zu einer dauerhaften Zweierverbindung veranlassen. Josés Traum von einem glücklichen Leben in Amerika wird sich nicht realisieren. José tötet Carmen schließlich und scheitert somit definitiv.

Repräsentierten Biondetta und Carmen in je verschiedener Weise die dämonische Verführerin, so kommen wir mit Marguerite Gautier, Kameliendame genannt, zur Pariser Kurtisane zurück. *La dame aux camélias*[33] ist der breiteren Öffentlichkeit sicherlich weniger durch den recht erfolgreichen Roman und das selten gespielte gleichnamige Theaterstück bekannt als durch Oper – Verdis *La Traviata* –, Ballett und zahlreiche Verfilmungen mit berühmten Darstellerinnen. Alexandre Dumas fils transponierte das von ihm hochgeschätzte Modell Manon Lescaut in die Mitte des 19. Jahrhunderts und hatte mit seinem Sujet keinen geringeren Erfolg als Erich Segal mit *Love Story*[34] in jüngster Zeit. Einige Adaptionen sind bemerkenswert: Marguerites Gestalt wird mit Sorgfalt gezeichnet.[35] Sie ist zierlich, ebenmäßig, hat schwarze Augen und pechschwarzes Haar. Ihre Krankheit erklärt ihre fiebrige Lebenshaltung. Ihr Liebhaber fühlt sich zwar nicht mehr einem religiösen Wertekodex verpflichtet, ist aber nicht weniger in die Pflichten der bürgerlichen Familie eingebunden. Die dramatische Steigerung in der Romanfassung der "Kameliendame" übertrifft deutlich den Schluß von *Manon Lescaut*. Ein Mißverständnis entfremdet die Liebenden. Marguerite stirbt in Einsamkeit und hinterläßt einen untröstlichen Liebhaber, dessen Bekenntnisse im Roman wiedergegeben werden. Für die *femme fatale* ist mit der Kameliendame wenig gewonnen. Sie ist zwar eine *séductrice* besonderer Art, aber ihre sentimentalische Moral läßt sie geradezu zum Opfer einer *amour-passion* werden.

Man wird genau 50 Jahre warten müssen, bis Pierre Louys mit *La Femme et le Pantin*[36] den entscheidenden *femme fatale*-Roman vorlegt, gewürzt mit einer größeren Zahl von *Fin de siècle*-Ingredienzien. Der Schauplatz ist wie in *Carmen* ein immer noch exotisches Spanien. Das

---

32 ebd., 367.
33 Dumas fils (1994).
34 s. Béhar in: Dumas fils (1994) 21.
35 Dumas fils (1994) 32-34.
36 Louys (1972).

Gattungsgesetz der persönlichen Mitteilung gilt auch diesmal. Intertextuelle Bezüge zu Casanovas "Memoiren" sind offensichtlich.[37] Prosper Mérimées *Carmen* wird ausdrücklich zitiert.[38] Die Gattungskontinuität wird auch über die Reihung zufälliger, oder genauer: schicksalhaft zufälliger Ereignisse gewahrt. Neu ist die morbide Komponente im Sinne einer strikt sado-masochistischen Beziehung. Die heranwachsende Concha, aus armen Verhältnissen stammend – sie arbeitet wie Carmen in einer Tabakfabrik – und der reife und vermögende Mateo werden vom Schicksal verschiedentlich zusammengeführt. Das sich entwickelnde Verhältnis steht unter dem Zeichen des *séduire* und *repousser*, womit auch erhebliche finanzielle Opfer Mateos verbunden sind. Es ist das Schicksal des Mannes, der das 35. Lebensjahr überschritten hat, den Launen der jungen Frau – Conchita ist 15 Jahre alt! – ausgesetzt zu sein. Erst als Mateo in starkem Affekt Conchita verprügelt, ist sie von seiner Liebe überzeugt. Liebe wird wie bei Marcel Proust primär zu einem Phänomen der Eifersucht. Insgesamt erfüllt Concha alle Stereotypen der *femme fatale*: Sie ist *allumeuse*, in der Geschlechterbeziehung nimmt sie die Initiative für sich in Anspruch, ihre Haare sind tiefschwarz; als Mateo sie in der Tabakfabrik wiedertrifft, sind sie mit Granatapfelblüten geschmückt. Sie ist eine betörende Tänzerin; vorgetäuschte und zu einem späteren Zeitpunkt angekündigte und praktizierte Untreue dienen ihr als Mittel der Provokation. Dennoch kann Mateo sich nicht von ihr trennen.

In der Malerei, im Musiktheater und später im Film, insbesondere im Film zwischen den beiden Weltkriegen, erobert sich die *femme fatale* je einen herausragenden Platz, während ihr der Zugang zum Sprechtheater sehr erschwert wird. Vielfältig sind die Umstände, die dazu führten. Eigentlich war *Marion de Lorme*[39] das Los beschieden, die *Bataille du théâtre romantique* auszulösen. Doch die Zensur unter Charles X verhinderte dies, nicht wegen der Titelheldin, der anmutigen und klugen Kurtisane des 17. Jahrhunderts, die sich im Victor Hugoschen Drama zudem durch besonders edle Charakterzüge auszeichnet, sondern wegen des stark negativ gezeichneten Bildes von Louis XIII. So wurde der Streit um das romantische Theater in der berühmten *Bataille d'Hernani* ausgetragen. Wenige Monate nach der Absetzung von Charles X wurde schließlich *Marion de Lorme* im Théâtre de la Porte Saint-Martin uraufgeführt (11.8.1831). Diese Verzögerung beeinträchtigte jedoch nicht den Erfolg des Textes. Nach *Manon Lescaut* rangiert *Marion Delorme* an der Spitze der weiteren Modelle zur *Dame aux camélias*. Auch die Theaterfassung der "Kameliendame" sollte erhebliche Schwierigkeiten mit der Zensur

---

[37] vgl. Casanovas Abenteuer mit der Charpillon.
[38] Louys (1972) 151.
[39] Hugo, 1979.

bekommen. Aus heutiger Sicht könnte dies überraschen, denn weder die politische Ordnung noch die bürgerliche Moral werden in besagtem Stück in Frage gestellt. In der Bühnenfassung werden sogar einige Passagen im Sinne der damals herrschenden Empfindsamkeit gedämpft. Anstoß nahm man 1852 vornehmlich daran, daß eine zeitgenössische Kurtisane, eine unter dem Namen Marie Duplessis bestens bekannte *femme galante*[40] einfachster Herkunft, auf die Bühne gebracht wurde. Natürlich wird die moralische Entrüstung zunächst einmal in den Vordergrund geschoben. "C'est un tableau dans lequel le choix des personnages et la crudité des couleurs dépassent les limites les plus avancées de la tolérance théâtrale."[41] Die nachfolgende Begründung dürfte aber die entscheidende gewesen sein, denn die edelmütige Kurtisane war schon vor Victor Hugo bühnenfähig geworden. "Ce qui ajoute encore à l'inconvenance du sujet et de la mise en scène, c'est qu'ils ne font que reproduire la vie d'une femme galante morte récemment (...)"[42].

Im 19. Jahrhundert war es ein einträgliches Geschäft, erfolgreiche Werke der Erzählkunst für die Bühne zu bearbeiten; noch in unseren Tagen bestehen die Pariser und Brüsseler Spielpläne zu einem beachtlichen Teil aus Adaptionen genannten Typs. Emile Zola, der als Theatertheoretiker, Theaterkritiker und Theaterautor bis in neueste Zeit hinein viel zu wenig Beachtung fand, folgte dem herrschenden Brauch, seine Erfolgsromane für die Bühne bearbeiten zu lassen oder selbst für die Bühne zu bearbeiten. *Nana* wurde von William Busnach[43] in die geeignete Form gebracht. Das Stück wurde aufgeführt, es wurde auch ediert, was in diesen Fällen nicht selbstverständlich ist, doch meine Bemühungen, den Text über Fernleihe oder antiquarisch zu besorgen, scheiterten. Nana kann unsere Betrachtungen sehr bereichern. Sie ist die blonde Venus, die alle Formen der Weiblichkeit lebt und in allen Rollen Männer verschiedensten Alters und verschiedensten Standes ruiniert. Die Kritik ist sich einig darüber, daß sie die Korruption des 2. Kaiserreichs vertritt und wohl auch deshalb vom Autor bei der Belagerung von Paris im Jahre 1870 mit einer zum Tode führenden Pockeninfektion bestraft wird.

Eine noch offenkundigere mythische Dimension besitzt Renée, die Titelheldin des Romanes *La Curée*[44]. Sie ist eine *femme fatale* nach dem Phèdre-Modell der Racineschen Tradition. Phèdre wird übrigens auch im Roman zur Spiegelung der Konfliktkonstellation der Protagonisten aufgeführt. Sie präsentiert sich in beiden Fassungen wie folgt: Der Arrivist Saccard heiratet aus Berechnung die reiche Renée Béraud du Chatel, die

---

[40] vgl. den von Béhar zitierten Bericht der Zensur in: Dumas fils (1994) 19.
[41] ebd.
[42] ebd.
[43] Zola, Théâtre (1887) bibliographischer Hinweis 674.
[44] Zola, La Curée in: Zola, Les Rougon-Macquard (1960) 317-599.

einer vermögenden Magistratsfamilie entstammt. Diese verliebt sich in ihren Stiefsohn Maxime, einen effeminierten jungen Mann von geringer Entschlußkraft. Im Theaterstück wird er mit einer *statuette de Saxe*[45] verglichen. Im Roman und im Theaterstück ist Renée eine erblich belastete Frau, eine Hysterikerin in der Terminologie ihrer Zeit. Sie ist willensstark und ergreift die Initiative. Im Theaterstück führt sie Maxime sogar ihre körperliche Überlegenheit vor. Im Roman verführt sie Maxime im Wintergarten. Die exotische Vegetation spiegelt die inzestuöse Beziehung. Renées Charakter, ihr Verhalten wird mit einer Fülle von historischen und mythischen Frauengestalten ineinsgesetzt[46], so daß sich ein nicht immer kohärentes Panoptikum verschiedenster Formen der *femme forte* ergibt. Sarah Bernardt, die später immer wieder in der "Kameliendame" glanzvolle Auftritte haben wird, bedrängte Emile Zola, die Heldin von *La Curée* auf die Bühne zu bringen. Sarah Bernardt war in jener Zeit *sociétaire* der *Comédie Française*. Es schien unmöglich, beim vorherrschenden Geschmack, einen Fall von Inzest auf offizieller Bühne darzustellen. Obgleich Zola die Beziehung Saccard – Renée zu einer nicht vollzogenen Ehe umgestaltete, stieß das Stück bei verschiedenen Theatern auf Ablehnung. Sechs Jahre lag es in der Schublade, bis es schließlich aufgeführt wurde und immer noch Anstoß erregte. Die Décadence mit ihren spezifischen Themen war in der Erzählkunst bereits zu Grabe getragen worden, bzw. unter der Etikette Symbolismus diskret fortgesetzt worden.

In der Theaterkritik dominierte noch immer der klassizistisch orientierte Francisque Sarcey, als Oscar Wilde seine *Salomé* erstmals zur Aufführung brachte.[47] Es war ihr ein bescheidener Erfolg beschieden. Die Rolle der Titelheldin war ursprünglich Sarah Bernardt zugedacht, gespielt wurde sie jedoch von Mlle Lina Munte in Lugné-Poes Théâtre de l'Oeuvre. Das von der Maeterlinckschen Theaterästhetik geprägte Werk ist im Zusammenhang mit der *femme fatale* in mehrfacher Hinsicht interessant. Salomé ist die berückend schöne Frau, vor der immer wieder gewarnt wird. Wer sie anschaut, ist bereits in großer Gefahr, denn Unglück und Tod bringt sie über die Männer, die sich ihr nähern. Als *femme fatale* scheitert sie allerdings an Johannes dem Täufer, der ihr Liebeswerben ablehnt. Da sie bereit ist, für Herodes den Tanz der sieben Schleier zu tanzen, kann sie sich an Johannes in der bekannten Weise rächen, wird aber dann selbst von Herodes mit dem Tode bestraft.

In den 90er Jahren setzt ein Aufbegehren gegen die mittlerweile bühnenfähige *femme fatale* ein. In Pierre Louys' *La Femme et le Pantin* werden vier Verhaltensformen der *femme fatale* gegenüber genannt: "la

---

45 Zola, Renée (1887) 124.

46 de Palacio, La Curée: histoire naturelle et sociale, ou agglomérat de mythes? (1987) in: Figures et formes (1994) 75-83.

47 1896.

quitter, la forcer, la tuer, la subir."[48] D'Annunzio wird wie Herodes verfahren. Er wird die *femme fatale* in seinen Werken töten und nicht nur vom Schicksal bestrafen lassen, wie wir es von Zola her kennen (Nana durch Pocken, Renée im Roman durch Meningitis, auf der Bühne durch Selbstmord).

Bereits 1892 kündigte sich mit Remy de Gourmonts *Lilith*[49] eine frauenfeindliche Reaktion an, die in mancher Hinsicht an Cazotte erinnert. Im genannten Stück, das nach meinen Informationen nie zur Aufführung gelangte, wird die Frau dem metaphysischen Prinzip des Bösen zugeordnet. Der nicht näher gegliederte Text stellt die Menschheitsgeschichte vom mythischen, über das prähistorische bis hin zum historischen Zeitalter dar. Jehovah, Demiurg und höchster Herr, wird von den himmlischen Heerscharen ob seiner Schöpfung gepriesen. Als Satan nach der Erschaffung des ersten Menschen aufgefordert wird, Adam als "vice-roi du Très-Haut"[50] anzuerkennen, kommt es zum Bruch zwischen Jehovah und Satan. Indessen langweilt sich Adam im Paradies. Er ist unerfüllt. Von dem bei der Erschaffung Adams verbliebenen Lehm formt Jehovah Lilith. Jehovah widerfährt jedoch ein Mißgeschick, er verwendet zuviel Ton für Liliths Hüften und Brüste[51], so daß zu wenig Material für den Kopf übrigbleibt. In der Not nimmt Jehovah Lehm aus dem Unterleib Liliths, um sein Werk zu vollenden. So beschaffen, verwundert es nicht, daß Liliths erster Satz "Donne-moi l'homme, Seigneur"[52] lautet. Über diese Reaktion entsetzt, schickt Jehovah Lilith zu Satan, damit er ihr als Mann diene. Sie erreicht auch auf der Stelle, daß Satan ihre sexuellen Obsessionen teilt. Sodom und Gomorrha sind die Früchte ihrer Verbindung. Da nunmehr kein Lehm mehr vorhanden ist, bildet Jehova Adam eine Gefährtin aus dessen Rippe. Die Geschichte ihrer Existenz im Paradiese ist bestens bekannt. Die Vertreibung aus dem Paradies ist ein Werk Satans. Angestiftet wurde er jedoch von Lilith, die es nach einem neuen Sexualpartner, d.h. nach dem ihr ursprünglich zugedachten Adam, verlangt. Adam und Eva richten sich nach der Vertreibung mit Hilfe eines göttlichen Boten auf der Erde ein. Dabei nehmen sie weiterhin an der göttlichen Schöpferkraft teil. Gelingt es Adam, nützliche Tiere hervorzubringen, so kommen bei Evas Versuchen nur schädliche Tiere zustande. Adam ist Erfinder und der erste Schriftkundige. Durch all diese Tätigkeiten wird die neue, d.h. die irdische erotische Beziehung Adams zu Eva beeinträchtigt. Beide sehnen sich nach einem anderen Partner. Lilith, "l'archange de la débauche, (...) ange des

[48] Louys, La Femme et le Pantin (1972) dem Sinne nach 124.
[49] de Gourmont, Lilith (1925).
[50] ebd. 33.
[51] ebd. 55.
[52] ebd. 56.

plaisirs maudits, (...) vrai animal de luxure"[53], verlangt, nachdem Satan buchstäblich am Ende seiner Kräfte ist, nach neuen und intensiveren Formen der Ausschweifung. Als Zeichen der Begierde leuchten Liliths Augen wie grüne Flammen. Satan und seine nokturne Gefährtin "adorablement beaux, vêtus des plis charmants d'une nuée transparente"[54] treffen schließlich dort ein, wo Adam und Eva sich eine Bleibe eingerichtet haben. Es bedarf nur der überraschten Feststellung: "Une femme, une autre femme!" bzw. "Un homme, un autre homme!"[55], und der Ehebruch wird auf der Stelle vollzogen. Der nachfolgende *ennui* ist groß. Auch diese Sünde hat sich nicht gelohnt. Da tritt ein kleiner Engel auf, küßt die Erde am Fuße des Maulbeerbaumastes, der vom Baum des Lebens stammt und der nunmehr zum ersten Mal zu blühen beginnt, und unter Freudentränen schluchzt er: "Salve, lignum Crucis", worauf Satan ironisch antwortet "Amen". Treu seinem Wahlspruch "In vulva infernum"[56] gelang es ihm, die Menschheit in die Gottesferne zu führen.

Der Augenblick ist gekommen, Rückschau zu halten. Als heuristischer Begriff zeigte sich die *femme fatale* als sehr fruchtbar. Die "Artenfülle" ist jedoch verwirrend, denn in dichterischer Projektion kann sie vielerlei Funktionen wahrnehmen: Sie kann – und darüber entscheidet wesentlich die Wahrnehmungsweise des Publikums – zugleich *prostituée*, *femme entretenue*, *courtisane*; *femme galante*, *séductrice*, *femme supérieure* und *femme-démon*, d.h. ursprüngliche Fee, allerdings diabolisiert, sein.

Zum *Fin de siècle* kann die *femme fatale* mythische Züge annehmen: Nana steigt geradezu zu einem Mythos der Moderne auf. Ist sie eine historische Gestalt, so wird sie re-interpretiert, ein Verfahren, welches trotz der historischen Distanzierung noch zu erheblichen Problemen führen kann (vgl. den Motivkomplex in Victor Hugos *Marion de Lorme*). In diesem Falle ist es klüger, in die traditionellen Erzählgattungen auszuweichen. Am günstigsten ist es, der Dichter gestaltet eine exotische Frau, am sichersten ist es, sie in exotische Landschaft zu versetzen.

Das Schönheitsideal der *femme fatale* ist natürlich dem Zeitgeschmack unterworfen. Es dominieren tief schwarzes bzw. blondes Haar. Immer ist es blumengeschmückt. Der Blick, hinter einem Schleier verborgen, ist ein gefährliches Faszinosum. Die *femme fatale* ist eine manieristische Gestalt. Schmuck tritt oft an die Stelle der Kleidung. Schleier umspielen sie. Tanz und Ausdruckstanz gehören zu den wichtigsten Mitteln der Verführung.[57] Die *femme fatale* wird dem Mann zur Gefahr. Abwehrposen sind der

53 ebd. 186.
54 ebd. 197.
55 ebd. 198.
56 ebd. 100.
57 Ich erinnere bei dieser Gelegenheit an Loie Fuller u. Isadora Duncan, die u.a. Mallarmés Vision vom Tanz umsetzten.

Dandyismus, gelingen diese nicht, so wird der Mann schlimmstenfalls zum Pierrot. Die nach Pierre Louys vier möglichen Optionen: "la quitter, la forcer, la tuer et la subir"[58] teilen sich ästhetisch sehr unterschiedlich auf. Stoßen wir in der frühen Phase eher auf das "la quitter" bzw. das "la subir", so wird die spätere Phase – d.h. die eigentliche *femme fatale*-Phase – eher vom "forcer" und "tuer" geprägt.

Nach der Erwähnung des Gourmontschen *Lilith*-Stückes erübrigt sich eigentlich der Hinweis, daß die gesamte *femme fatale*-Tradition, eine Tradition, die wie keine andere den Kampf der Geschlechter thematisiert, zu einem nicht zu übertreffenden misogynen Ergebnis führte. Man sollte jedoch – auch für die Jahrhundertwende – dieses Liebesmodell nicht absolut setzen. Auch zum *Fin de siècle* existiert im literarischen Fankreich die *amour-passion* à la Tristan und Isolde, die *amour-goût*, die man auch *amour-délicatesse* nennen könnte und die *amour de vanité*, die der *femme à la mode* gilt, womit wir uns allerdings wieder auf dem Weg zu einer Sonderform der *femme fatale* befinden.

[58] Louys (1972) dem Sinne nach 124.

Literaturverzeichnis

A. Ausgaben

Abbé Prévost, *Histoire du Chevalier des Grieux et de Manon Lescaut,* texte établi avec introduction, notes, relevé des variantes, bibliographie, glossaire et index par Frédéric Deloffre et Raymond Picard, Garnier, Paris 1965.

Barbey d'Aurevilly, Jules, *Oeuvres romanesques complètes,* textes présentés, établis et annotés par Jacques Petit, Gallimard, Bibliothèque de la Pléiade, Paris 1966.

Baudelaire, Charles, *Oeuvres complètes,* Bd. 2, texte établi, présenté et annoté par Claude Pichois, Gallimard, Bibliothèque de la Pléiade, Paris 1976.

Cazotte, Jacques, *Le Diable amoureux* suivi de la *Prophétie de Cazotte* rapporté par La Harpe, de ses *Révélations,* d'extraits de sa correspondance ainsi que d'*Ollivier* et de l'*Histoire de Maugraby,* Préface, notices et notes de Georges Décote, Paris 1981.

Dumas fils, Alexandre, *La Dame aux camélias*, Introduction et commentaires d'Henri Béhar, Pocket, Paris 1994.

Gourmont, Remy de, *Lilith,* Paris 1892, ^{2}1906, zitierte bibliophile Ausgabe 1925.

Hugo, Victor, *Théâtre. Amy Robsart, Marion de Lorme, Hernani, Le Roi s'amuse,* Edition établie par Raymond Pouillart, Paris 1979.

Louys, Pierre, *La Femme et le Pantin,* Paris 1972.

Mérimée, Prosper, *Romans et Nouvelles,* 2 Bd., Introduction, chronologie, bibliographie, choix de variantes et notes par Maurice Parturier, Garnier, Paris 1967.

Wilde, Oscar, *Salomé,* Drame en un acte Illustré par Aubrey Beardsley, Toulouse 1992.

Zola, Emile, *Renée,* pièce en cinq actes avec une préface inédite de l'auteur, Paris 1887.

Zola, Emile, *Les Rougon-Macquart. Histoire naturelle et sociale d'une famillle sous le second Empire,* 1. Bd., Edition intégrale publiée sous la direction d'Armand Lanoux, Etudes notes et variantes établies par Henri Mitterand, Gallimard, Bibliothèque de la Pléiade, Paris 1960.

Zola, Emile, *Théâtre,* Bd. 2, Notes et Commentaires de Maurice Le Blond, Paris 1887.

B. Fachliteratur

Aziza, C. u.a.: *Dictionnaire des types et caractères littéraires,* Paris 1978.

Brunel, Pierre (sous la direction de): *Dictionnaire des mythes littéraires,* Monaco 1988.

Daemmrich, Horst S. und Ingrid G.: *Themen und Motive in der Literatur,* Tübingen/Basel 1995.

Dottin-Orsini, Mireille: *Cette femme qu'ils disent fatale,* Paris 1993.

Grand Larousse de la langue française, 6 Bd., Paris 1971-77.

Hilmes, Carola: *Die Femme fatale. Ein Weiblichkeitstypus in der nachromantischen Literatur,* Stuttgart 1990.

Jouve, Séverine: *Obsessions & perversions dans la littérature et les demeures à la fin du dix- neuvième siècle,* Paris 1996.

Kreuzer, Helmut (Hg.): *Don Juan und Femme fatale,* München 1994.

Littré, Emile: *Dictionnaire de la langue française,* 7 Bd., Paris 1956-58.

Mathé, Roger: *L'abbé Prévost, Manon Lescaut,* Paris 1970.

Palacio, Jean de: *Figures et formes de la décadence,* Paris 1994.

Palacio, Jean de: *Les Perversions du merveilleux Ma Mère l'Oye au tournant du Siècle,* Paris 1993.

Palacio, Jean de: *Pierrot fin-de-siècle ou Les métamorphoses d'un masque,* Paris 1990.

Praz, Mario: *Liebe, Tod und Teufel. Die schwarze Romantik,* 2 Bd., München 1970; Titel der Originalausgabe: *La carne, la morte e il diavolo nella letteratura romantica,* Florenz 1930, [3]1948.

Robert, Paul: *Dictionnaire alphabétique et analogique de la langue française,* 6 Bd., Paris [2]1987.

Scaraffia, Giuseppe: *Dizionario del dandy,* Roma-Bari 1981.

Scaraffia, Giuseppe: *La donna fatale,* Palermo 1987.

Trésor de la langue française, 16 Bd., Paris 1971-94.

Mit Musidora und Melusine gegen Medea

Frauen im Theater des französischen Surrealismus

Christine Mundt-Espín (Mainz)

> Je parlerai longtemps des succubes [...] J'ai toujours été curieux de les reconnaître dans l'existence, et j'aurais aimé que quelque signe de certitude me permît dans le va-et-vient des villes de distinguer ces femmes vouées aux caresses ténébreuses.[1]

Diese Worte stammen von Louis Aragon aus dem Jahr 1926. Für die Ansicht, daß eine Frau an Attraktivität gewinnt, wenn ihr oder ihrer Art zu lieben etwas Inkommensurables aus dem "autre versant de la vie" anhaftet[2], lassen sich weitere Belege aus der Feder bzw. dem Munde von Surrealisten zusammentragen. So spricht Robert Desnos vom Tod als essentiellem Bestandteil der Liebe, Salvador Dalí bezeichnet seine Gala als "reine barbare" oder als "femme violente et stérilisée", und Paul Éluard schreibt ihr in einem Brief immerhin ein Jahr nach seiner Trennung von ihr:

> Et tout ce que tu fais me grise, me terrifie, me torture, me ravit, tout ce que tu fais, est parfait.[3]

Die Surrealisten – eine Gruppe heilloser Masochisten? Im Einzelfall vielleicht, aber insgesamt steckt wohl mehr dahinter als eine bestimmte, letztlich persönlich gebundene erotische Variante. Wenngleich in den angeführten Zitaten die Junktur nicht verwendet wird, scheint hier doch die *femme fatale* angesprochen zu sein, wie das *fin de siècle* sie gern dargestellt hat: Die Frau ist unwiderstehlich aufgrund ihrer im weitesten Sinne dämonischen Kräfte, die Liebe zu ihr ist mit Lust, dann aber Schmerz, Erniedrigung, Qual und Tod verbunden, und ihre Vollkommenheit resultiert gerade aus der Fülle dessen, was sie für den Mann bereithält. Hat also die *femme fatale* bei den Surrealisten unbeschadet überlebt? Ganz so einfach ist die Sache wohl nicht. Bei der Prüfung der Frage, welche Züge des Motivs eliminiert, welche eventuell übernommen und welche umgedeutet werden, kommt man um eine Einbettung dieser Frage in die allge-

---

1 Aragon (1975) [1926] 11 und 13.

2 So Breton in dem Katalog der 1959 in Paris veranstalteten Ausstellung **E***xposition inte***R***nati***O***nale du* **S***urréalisme* (**ÉROS**), zitiert nach *La femme et le surréalisme* (1987) 486.

3 Desnos (1925) 22: "Je n'imagine pas d'amour sans que le goût de la mort, dépourvu d'ailleurs de toute sentimentalité et de toute tristesse, y soit mêlé". Dalí 1938 in Breton (1992) 812 und Ajame (1984) 47; ´Eluard (1984)[1930] 92.

meinere nach dem Verhältnis des Surrealismus zur Vergangenheit nicht herum. Man muß also ein wenig ausholen und die Surrealisten der ersten Stunde in ihrem Selbstverständnis als Avantgardisten beleuchten.

Für eine avantgardistische Gruppe der ersten Jahrhunderthälfte ist im Sinne ihrer metaphorisch vorgegebenen Positionsbestimmung zweierlei wichtig: die Überwindung der näheren und weiter zurückliegenden Vergangenheit einerseits und die Abgrenzung von eventuell parallel sich bildenden Gruppen mit ähnlichem Anspruch andererseits. Die Selbstbestimmung vollzieht sich folglich zu einem guten Teil unter negativem Vorzeichen, dem sich dann – oft in zeitlicher Verschiebung – eine positive Formulierung von Bestimmungen anfügt. Bei den Surrealisten erfolgt diese Ablösungsbewegung in zwei Etappen. Konkurrierende Gruppen wie Dada, Futurismus, der Surrealismus im Gefolge Apollinaires um Goll, Dermée und Cocteau werden als obsolet und damit der Vergangenheit zugehörig betrachtet. Die Rivalen werden so in die Vergangenheit abgeschoben, die nun in einem zweiten Schritt eine ganz auf die Bedürfnisse der Surrealisten zugeschnittene Behandlung erfährt. Abgelehnt wird nicht global, sondern selektiv; wichtig ist die Konstruktion einer eigenen Ahnenreihe, deren Mitglieder damit zu Vorläufern einer Bewegung werden, die in surrealistischer Hand erst eigentlich zu sich selbst kommt.[4]

Bei der Betrachtung der Vergangenheit werden verschiedene Feinde ins Visier genommen. Es geht dabei nicht nur gegen je einzelne Strömungen wie den Klassizismus, die Aufklärung, den Realismus/Naturalismus oder den Symbolismus (letzter wird gerade in der Anfangsphase des Surrealismus besonders heftig bekriegt, weil er natürlich die Kinder- und Jugendjahre der Surrealisten mitgepägt hat); es geht wesentlich umfassender um die Grundlagen, die – zumindest aus surrealistischem Blickwinkel – die genannten Epochen, Strömungen oder Schulen verbinden. Alle sind – in den Worten von Pierre Jean Jouve – eine "poésie du rationnel"[5], ihr Primat liegt in der technisch-handwerklichen Bearbeitung des Kunstwerks; sie bestehen mehr oder weniger dezidiert auf der Trennung von Kunst und Leben, die sie z.T. geradezu zum integrativen Bestandteil ihres Kunstverständnisses im Sinne einer Qualitätsfrage machen. Die Erhebung der *Ratio* zum tragenden Kunstprinzip sowie die damit verknüpfte Trennung von Kunst und Leben sind nach Ansicht der Surrealisten deswegen so verhängnisvoll für die Kunst, weil darin der Sieg der *ratio*-bestimmten bürgerlichen Gesellschaft mit all ihren Normen, Zwängen, Tabus etc. sinnfällig wird. Und da von der bürgerlichen Gesellschaft, die auf ihre

---

[4] Zur Geschichte des Surrealismus vgl. Bédouin (1961) und Nadeau (1970); zur Bildung von Ahnenreihen vgl. Breton (1988) 329: in dieser Passage des *Manifeste du surréalisme* (1924) werden Autoren aufgezählt, die zumindest in Teilbereichen als Vorläufer des Surrealismus geltend gemacht werden können.

[5] Breton (1992) 543.

Konsolidierung bedacht ist, keinerlei Neuerungen zu erwarten sind, die ihr ihre eigenen Fundamente entziehen würde, kann für den Surrealismus diese Revolutionierung nur über die Befreiung der Kunst aus dem Würgegriff bürgerlicher Ideologie erfolgen. Die Verpflichtung auf rationale Gestaltung poetischer Antriebe führte ihrer Ansicht nach zu einer unheilvollen, weil unüberwindlich scheinenden Trennung von Bewußtem und Unbewußtem, die letztlich als Verdrängung zu Buche schlug. Als Folge dieser Verdrängung kristallisieren sich in Literatur und Kunst z.B. Motive wie die *femme fatale*: sie entpuppt sich in einer solchen Betrachtung als "Chimäre", als "antinomische[s] und diffamierende[s] Konstrukt", wie Carola Hilmes sagt.[6] Und dieses Motiv ist für die Surrealisten von Interesse, eben weil sie ihm als Ergebnis eines kollektiven Verdrängungsprozesses eine Realität sui generis zubilligen. Dieses Interesse läßt sich recht schön zeigen anhand der Vorarbeiten zu einem Ausstellungsprojekt. Für das Jahr 1965 hatten André Breton, Joyce Mansour und José Pierre gemeinsam mit anderen Surrealistenfreunden eine Ausstellung geplant, die *La Femme selon l'optique surréaliste* heißen sollte.[7] Für den 1. Teil war eine Abteilung *Précurseurs et Poètes* vorgesehen, in der u.a. Beardsley mit *Isolde*, Moreau mit *Bethsabé* und Klimt mit *Judith* und *Der Kuß* vertreten sein sollten. In diesem Zusammenhang wird auch deutlich, worum es in dem eingangs zitierten Satz von Aragon geht. Der Surrealist möchte im Leben Figuren auffinden ("reconnaître dans l'existence" sagt Aragon), die in Kunst oder Literatur vorgebildet sind – und die aufgrund ihrer literarischen oder bildhaften Wirkungsmacht in unser aller Köpfen ihre nachdrücklichen Spuren hinterlassen haben. Ganz im Sinne des Aragon-Zitats formuliert übrigens auch Breton seine Empfindungen und Wünsche; es sei hier auf eine Stelle aus seinem Buch *Les Vases communicants* von 1932 verwiesen, in dem er eine Bestandsaufnahme surrealistischer Verfahren und ihrer Tauglichkeit liefert. Als Breton im Kontext einer Art von Testreihe zufällig (!) eine junge Frau auf der Straße erblickt, die ihn unmittelbar in ihren Bann schlägt – "toute l'émotion dont je suis capable à la vue d'une femme entrât en jeu" –, evoziert sie für ihren Betrachter

> celle dont elle avait les yeux oui, les yeux qui depuis quinze ans n'ont pas cessé d'exercer sur moi leur fascination, la 'Dalila' de la petite aquarelle de Gustave Moreau, que je suis allé si souvent revoir au Luxembourg.[8]

Im übrigen bleiben die Surrealisten keineswegs bei ihrer harschen Kritik der Vergangenheit stehen; es war bereits gesagt worden, daß sie – was Einzelaspekte betrifft – zur willkürlichen Bildung von Ahnenreihen neigen, in der u.a. die deutsche und französische Romantik eine große Rolle spie-

---

[6] Hilmes (1990) 246 und 248.
[7] *La femme et le surréalisme* (1987) 465ff.
[8] Breton (1992) 155f.

len. Die Durchdringung des Lebens durch die Poesie und der in der Formel von der 'progressiven Universalpoesie' zum Ausdruck gelangende totale (und vielleicht auch totalitäre) Anspruch der Poesie faszinieren Breton und seine Freunde dabei ebenso wie das Interesse der Romantik an den Nachtseiten der Natur – während ihnen die Mittelalterschwärmerei der späteren Romantik und deren Hinwendung zum Katholizismus nur noch als Verfallserscheinung gelten.

Die surrealistische Absetzung von Vergangenheit und Gegenwart vollzieht sich Anfang der 20er Jahre um so heftiger, als sie im Zeichen Dadas geschieht: Dada ist der Beginn des Surrealismus und prägt zunächst in seiner spektakulären Radikalität dessen Gestus. Die Ermittlung der dem Surrealismus ganz eigenen Positionen vollzieht sich gleichsam im Stillen, im Schatten und Schutz der dadaistischen Auftritte zwischen 1919 und 1924, dem Veröffentlichungsjahr des *Manifeste surréaliste* von André Breton. In diesen fünf Jahren gelangen die "Protosurrealisten" zu der Überzeugung, daß die überfällige Erneuerung der Kunst nur erfolgen könne, indem man ihre Grundlagen umfassend revolutioniert. Als Hebel dieser Operation haben sie eine Neubewertung des Unbewußten ausgemacht. Das Unbewußte, "l'inconscient", ist für sie das Kraftzentrum aller imaginativen Prozesse. Im Interesse einer authentischen Poesie hat sich der Künstler gleichsam ohne den Umweg der formenden Gestaltung dieser imaginativen Impulse zu bemächtigen und in einem poetischen Akt zu objektivieren. Aufgabe des Künstlers ist es, seinem eigenen Unbewußten aufzulauern, um dessen Abwehrmechanismen zu überlisten und somit an die Urmaterie der Poesie heranzukommen.[9]

Wie nun beabsichtigten die Surrealisten, die vorbewußten Antriebe ans Licht zu heben? Anregungen und Hilfe für ihr Forschungsprojekt – sie selbst sprechen gern von "recherche" und "investigation"[10] – beziehen sie aus den Ergebnissen der modernen Medizin, d.h. genauer aus der entstehenden Psychiatrie und daneben der Tiefenpsychologie im Sinne Freuds.[11]

---

[9] Vgl. Bretons *Manifeste surréaliste* von 1924 in Breton (1988) 309-346 sowie seine 1924 unter dem Titel *Les pas perdus* erschienene Sammlung von Essays aus den Jahren 1919 bis 1923, in: Breton (1988) 191-308. Vgl. auch das dritte Kapitel in Bretons *L'amour fou* von 1935, in dem er das für die Liebe ebenso wie für die Poesie so wichtige Konzept der 'disponibilité' erläutert, Breton (1992) 697ff.

[10] So gründen die Surrealisten 1924 ein 'Bureau de recherches surréalistes'; im *Second manifeste du surréalisme* von 1930 spricht Breton von der Analogie zwischen den "recherches surréalistes" und den "recherches alchimiques" und betont damit den besonderen Charakter dieser Recherchen (Breton (1988) 819); in einem *Communication relative au hasard objectif* betitelten Beitrag von 1934 formuliert Breton: "[...] qui [d.i. le hasard objectif] est ce sur quoi nous entendons plus que jamais faire porter l'accent de l'investigation surréaliste" (Breton (1992) 538.

[11] Vgl. Breton (1988) 618: Breton reflektiert beispielsweise in Tagebuchnotizen aus den Jahren 1920/21 die Rolle, die Charcot, Babinski, Freud oder Jung für die Deutung von Literatur bzw. für die Produktion von Poesie haben könnten. Es sei daran

Zum einen experimentieren sie mit bestimmten Techniken, wie etwa der Hypnose, der *écriture automatique*, mit Traumberichten, Assoziationsspielen, dem nachempfindenden Spiel von pathologischen Zuständen oder kollektiven Spielen wie dem *cadavre exquis*. Das Mittel der Sichtbarmachung ist dabei erklärtermaßen nebensächlich. Egal ob bildliche Darstellung, *objet*, Fotographie oder Text: alles ist gleich viel wert, wenn es sich nur als "Dokumentation" unbewußter Vorgänge verstehen läßt und dem Rezipienten etwas von der Erregung mitteilt, der sich der Künstler selbst ausgesetzt sah.

Neben diesen Techniken entwickeln sie eine Art von Verhaltenstheorie, die an die der Flaneurs aus dem 19. Jahrhunderts erinnert.[12] Der moderne Flaneur in den Straßen und Cafés von Paris zeichnet sich aus durch eine nahezu passive Lauerhaltung, die im günstigen Fall zu einer schicksalhaft zu verstehenden Begegnung oder Trouvaille sonstiger Art führt (literarische Verarbeitungen finden wir in Aragons *Paysan de Paris* von 1925 und Bretons *Nadja* von 1928). Theoretisch gestützt wird diese Neuauflage des Flaneurs durch das wie auch immer vage Konzept des *hasard objectif*. In Anlehnung an Hegels Ausführungen über den Humor, Äußerungen von Friedrich Engels zum Verhältnis zwischen Zufall und Notwendigkeit sowie Freuds Auffassung vom individuellen Unbewußten meint der *hasard objectif* die zufällig scheinende, tatsächlich aber durch eine natürliche Notwendigkeit inszenierte Begegnung des Subjekts mit einem Objekt, die so strukturiert ist, daß sie in der rückblickenden Betrachtung die Lebensgeschichte des Subjekts zu lenken scheint.[13] Aufgabe des Subjekts angesichts dieser Erkenntnismöglichkeit ist die passive, auf das eigene Unbewußte ebenso wie auf die Ereignisse in der Außenwelt orientierte

---

erinnert, daß Aragon, Breton und Fraenkel zum Zeitpunkt ihrer ersten freundschaftlichen Kontakte Medizinstudenten waren, die während der letzten Kriegsjahre ihren Dienst als 'Internes' bzw. Hilfsärzte in Lazaretten ableisteten, in denen vor allem Soldaten mit Kriegstraumata behandelt wurden.

12 Vgl. Bürger (1996) 107ff.

13 "[...] *le hasard serait la forme de manifestation de la nécessité extérieure qui se fraie un chemin dans l'inconscient humain*" (Breton (1992) 690). Zum *hasard objectif*, der Breton als Phänomen seit dem Anfang der 20er Jahre beschäftigt, vgl. weiter den kollektiv verfaßten Artikel *L'Esprit nouveau*, der in der 2. Serie der Zeitschrift *Littérature* im Jahr 1922 erschien (wieder in Breton (1988), 257) und den Roman *Nadja* aus dem Jahr 1928; siehe auch Bretons Ausführungen in *Les Vases communicants* von 1932, wo er sich in Anlehnung an die genannten Autoren um eine Klärung des Begriffs bemüht: Breton (1992) 168 sowie den Kommentar ebd. 1363ff; ein zentraler Text für das Verständnis des *hasard objectif* ist *L'Amour fou* von 1935; vgl. auch seinen 1935 in Prag gehaltenen Vortrag *Situation surréaliste de l'objet. Situation de l'objet surréaliste*, ebd. 485; ferner den in die Sammlung *La Clé des champs* aufgenommen Essay *Limites non-frontières du surréalisme* von 1937, in Breton (1967) [1953] 16-28, v.a. 17-20.

Lauerhaltung sowie die aufarbeitende Erforschung und Deutung der eintretenden Ereignisse.[14]

Als der Bereich aber, in dem das Unbewußte kontinuierlich am Werke und am ehesten greifbar ist, gilt den Surrealisten die Liebe; und damit wird die Frau – bei der erklärten Abneigung der Surrealisten gegen männliche Homosexualität – gleichsam zur Schlüsselfigur im Prozeß der anstehenden Entschlüsselung.[15] Für die Surrealisten ergibt sich eine unmittelbare Beziehung zwischen Poesie und Liebe, zwischen ästhetischer und erotischer Empfindung, die Breton in dem zentralen Text *L'Amour fou* von 1935 in einem berühmt gewordenen Dictum folgendermaßen formulierte:

> J'avoue sans la moindre confusion mon insensibilité profonde en présence des spectacles naturels et des œuvres d'art qui, d'emblée, ne me procurent pas un trouble physique caractérisé par la sensation d'une aigrette de vent aux tempes susceptible d'entraîner un véritable frisson. Je n'ai jamais pu m'empêcher d'établir une relation entre cette sensation et celle du plaisir érotiqe et ne découvre entre elles que des différences de degré.[16]

Dem erotischen *désir* als "seul ressort du monde" gehört aufgrund seiner prinzipiellen Identität mit dem Poetischen die erklärte und vorrangige Aufmerksamkeiten der Surrealisten, da sie hier zu einer relativ wenig verschütteten Quelle vorbewußter Antriebe Zugang zu haben glauben.[17] Intendiert ist mit dieser Konzentration auf das "inconscient" nicht nur, das Verhältnis von Kunst und Leben im Sinne einer konstanten gegenseitigen Durchdringung zu verändern; langfristig sollen durch den neuen Umgang des Subjekts mit sich selbst das Erleben und Fühlen in neue Dimensionen vorstoßen, und es sollen gewohnte psychische Mechanismen definitiv außer Kraft gesetzt werden. So bezeichnet Breton verärgert die Binsenwahrheit, daß die Liebe nach ihrer Erfüllung zwangsläufig auf den absteigenden Ast gerate, als "schauderhaften Sophismus", den es in einer

---

14 Breton spricht in *L'Amour fou* (1935) von "tels états de parfaite réceptivité", in: Breton (1992) 679.

15 Zum Thema 'Frau und Surrealismus' siehe den Überblick von Cantaloube-Ferrieu (1993); des weiteren Beck/Smith (1987); weiter die Artikel von E. Billeter und J. Pierre in *La femme et le surréalisme* (1987) sowie die Aufsätze von G. Raaberg, M.-A. Caws und R. Kuenzli in *Surrealism and Women* (1991). Vgl. ferner die Sondernummern zweier Zeitschriften, die sich dem Komplex 'le surréalisme et la femme' widmen: *Obliques,* 14/15 (1977) und *Les Mots la Vie*, 7 (1992). Vgl. auch zahlreiche Artikel in der seit 1988 in Paris von H. Béhar herausgegebenen Zeitschrift *Mélusine* sowie die von J. Chénieux-Gendron betreute, seit 1985 erscheinende *Pleine marge*. Speziell zu Breton: Mourier-Casile (1986). Nicht zugänglich war mir [Gingrass-] Conley (1996). Über surrealistische Künstlerinnen vgl. v.a. W. Chadwick (1985); über surrealistische Künstlerpaare vgl. Hubert (1994). Zum Schicksal der *femme fatale* im italienischen Futurismus vgl. Mondini (1995).

16 Breton (1988) 678.

17 Breton (1988) 755; zum Stichwort *désir* vgl. auch den gleichnamigen Artikel von G. Legrand in Biro/Passeron (1982).

"refonte complète de nos habitudes mentales (voire physiologiques)" zu widerlegen gelte, um dem "ancien jeu de la chair" zu entgehen. Die Möglichkeit dazu sieht er im

> amour réciproque [...] le seul qui conditionne l'aimantation totale, sur qui rien ne peut avoir prise, qui fait que la chair est soleil et empreinte splendide à la chair, que l'esprit est source à jamais jaillissante, inaltérable et toujours vive [...].[18]

Übertragen auf die Frau kann Breton formulieren:

> Dans le surréalisme, la femme aura été aimée et célébrée comme la grande promesse, *celle qui subsiste après avoir été tenue*.[19]

Alle Tabus, mit denen die bürgerliche Gesellschaft im Namen von *Raison* und Christentum den Bereich von Erotik, Liebe und Sexualität belegt hat, sind zu brechen; das Böse wird (wie wir im Zusammenhang mit Musidora noch sehen werden) nicht in Abrede gestellt, sondern aus seinen christlich-metaphysischen Bezügen gelöst. Die erotische Attraktivität der Frau gilt den Surrealisten nicht als Sigle teuflischer Mächte, sondern als Potenz, die sich poetisch nutzen läßt.[20] Den Mustern, nach denen Frauen poetisch dargestellt werden, sind kaum Grenzen gesetzt. Ein nachhaltiges Tabu ist dabei sicher – von surrealistischer Warte aus nur konsequent – die *femme-mère*: die strikte Trennung von Liebe und Fortpflanzung erklärt sich als Reflex des gegen Kirche und Bürgertum gerichteten Affekts.[21] Die in surrealistischen Flugschriften und öffentlichen Manifestationen vorgebrachten Injurien gegen jegliche Art von Familie sind Legion[22], und stürmische Sympathiebeweise erhalten Verbrecher v.a. dann, wenn sie sich durch Vater-, Mutter- oder Elternmord von den obsoleten Erzeugern befreit haben. Medea hätte bei den Surrealisten trotz aller Hexenhaftigkeit schon aus dem Grunde keine Chance, weil sie nicht zuletzt Mutter ist. Für die Surrealisten ist dagegen immer nur die *femme-enfant* oder die Frau mit androgynen Zügen von Interesse[23], also Frauentypen, denen nicht nur ein transgressori-

---

[18] Breton (1965) [1947] 28.

[19] Breton (1990) [1953] 169 (Kursive. v. m.).

[20] Zum Verhältnis der Surrealisten zu Erotik und Sexualität vgl. Alexandrian (1977), Benayoun (1978), Gauthier (1979).

[21] Vgl. Pierre in *La femme et le surréalisme* (1987) 49: Pierre sieht diese Aversion letztlich in dem gnostischen Affekt gegen die kreatürliche Fortpflanzung begründet.

[22] Eine Sammlung der surrealistischen Flugschriften liegt vor in: Pierre (1980/1982).

[23] Belege finden sich v.a. in Bretons *Arcane 17*, z.B. "[...] la femme enfant [...] cette variété si particulière qui a toujours subjugué les poètes *parce que le temps sur elle n'a pas de prise*. [...] Je choisis la femme-enfant [...] parce qu'en elle et seulement en elle me semble résider à l'état de transparence absolue l'*autre* prisme de vision [...]" (Breton (1965) [1947], 66f. und 69). Zur *femme-enfant* als Sondertypus der *femme fatale* im *fin-de siècle* vgl. Dottin-Orsini (1993), 147. Zum Modell des Androgynen vgl. "Il y va [...] de la nécessité de reconstitution de l'*Androgyne primordial* dont toutes les traditions nous entretiennent et de son incarnation, par-dessus

sches Moment innewohnt, sondern die irgendwie mit Ursprungsmythen im Zusammenhang stehen. Entscheidend im Zusammenhang mit dem *hasard objectif* ist, daß jede Frau, der man auf die beschriebene Weise begegnet, eine Offerte des *hasard-destin* ist. In der Umdeutung des *destin* in *hasard* bleibt die Fatalität der Frau allemal aufgehoben und bewahrt.

Frauen in surrealistischer Poesie haben vor allem dem einem Prinzip zu gehorchen: sie müssen die initiatorische Rolle ausfüllen, die der Surrealist der Frau auf der Grundlage seiner Neigung zur Erforschung des *désir* zuordnet. André Breton hat das Geschlechterverhältnis im Laufe seines Dichterlebens kontinuierlich reflektiert; gleichsam die Summe seiner Vorstellungen hat er 1944 in *Arcane 17* niedergelegt, einem Buch, das aufgrund seines summarischen Charakters zitatweise auch schon für frühere Phasen herangezogen werden darf. So begegnet die Figur, um die es im folgenden geht, bereits 1928 in *Nadja*. In dieser dokumentarischen Erzählung inszeniert sich die Titelheldin selbst in ihrem Verhältnis zum Verfolger Breton als die Figur, die er unabhängig von ihr ins Auge faßt, nämlich als Melusine, so wie die Romantik, etwa Nerval, sie vermittelt hat.[24] Nun gehört die Melusine sicherlich zu den Frauentypen, die gemeinsam mit anderen Wasserwesen zumindest eine Randgruppe der *femme fatale* bilden.[25] Während jedoch in der Romantik diese Nymphengeschöpfe v.a. in ihrer Eigenart präsentiert werden, daß sie für den ihnen verfallenen Mann unheilvoll und todbringend sind, liegt für Breton der Akzent in ihrer Zugehörigkeit zu einem Bereich, der dem Mann eben nur mit ihrer Hilfe zugänglich ist, eben das Reich der Natur und damit für ihn der Bereich des Unbewußten.[26] Der Gedanke der natürlichen Komplementarität stützt also hier viel stärker das Schicksalhafte der Begegnung als das für den Mann traditionell schlechte Ende einer Beziehung zu einem Geschöpf aus dem Zwischenreich. Das mag nun wieder daran liegen, daß die Surrealisten zumindest nicht in dem plumpen Sinne misogyn sind wie ihre Vorväter. Freilich bleibt die Frau als Medium, das dem Mann den Vorstoß zu seinem Unbewußten oder allgemein zur Natur ermöglicht, in der Objektrolle. Offensichtlich ist beim Befreiungsprogramm der Surrealisten ausschließlich an die männliche Welt gedacht, während die Frau, die aufgrund ihrer Naturnähe diese Art der Befreiung nicht nötig zu haben scheint, als Subjekt des surrealistischen Diskurses einstweilen nicht vorkommt.

---

tout désirable et *tangible*, à travers nous." (Breton 1990 [1953] 184); vgl. auch Assa (1990).

24 Breton (1988) 721 und 727.

25 Vgl. Art. *femme fatale* in Daemmrich (^{2}1996) 150-57, zu den Wasserwesen v.a. 151f. Vgl. auch Bellgardt (1997) passim.

26 Vgl. etwa Breton (1965) [1947] 65: "Mélusine [...] c'est la femme tout entière et pourtant la femme telle qu'elle est aujourd'hui, la femme privée de son assiette humaine, prisonnière de ses racines mouvantes tant qu'on veut, mais aussi par elles en communication providentielle avec les forces élémentaires de la nature."

Natürlich ist eine Haltung, die die Frau unausgesprochen, aber dezidiert von der Subjektrolle ausgrenzt und sie als irrationales Naturgeschöpf projiziert, nicht neu[27] und ein starkes Indiz für misogynes Denken – und so wird es tatsächlich in neueren Darstellungen mit einiger Berechtigung, wie mir scheint, interpretiert (und unter solchen Interpreten sind durchaus auch Männer). Ein Beispiel dafür ist R. Kuenzli, der in seinem *Surrealism and Misogyny* betitelten Aufsatz zu dem Ergebnis kommt, daß der Surrealismus mit seiner programmatischen Befreiung unbewußter Wünsche auch die zweifelhaftesten Begierden hervorbringen müsse:

> They [sc. The surrealists] did not see woman as a subject, but as a projection, an object of their own dreams of femininity. These masculine dreams play an active part in patriarchy's misogynistic positioning of women. It is precisely in Surrealism, with its emphasis on dreams, automatic writing, the unconscious, that we can expect to find some of the least inhibited renditions of male fantasies [...].[28]4

Argumentiert wird in diesem Sinne v.a. von Seiten der Kunstwissenschaft. In der Tat ist auffällig (und bis heute noch nicht befriedigend geklärt), daß die Frauen in der bildenden Kunst des Surrealismus stets nur ausschnitthaft, deformiert, verdreht, verzerrt oder zerstückelt erscheinen (vgl. die berühmten *poupées* von Bellmer, aber auch Darstellungen von Dalí, M. Ernst, R. Ubac usw.); in der Literatur hingegen finden wir eine hochgespannte Beschwörung der ganzheitlichen Kräfte der Frau, die bis zu einer mittelalterlich anmutenden Idealisierung gehen kann. Dieser Befund mutet um so merkwürdiger an, als Breton ausdrücklich dem Inhalt des Kunstwerks den Primat zuweist und die Ausdrucksseite als Mittel zur Nebensache erklärt.[29]

Wenn also das Naturgeschöpf Melusine sicher eine zentrale Rolle für die Surrealisten spielt, indem es dem männlichen Subjekt zur Erkenntnis seiner Tiefennatur verhelfen soll, so ist daneben zumindest in den 20er Jahren ein anderer Typ nachzuweisen, der in engem Bezug zum zivilisatorisch

---

[27] Vgl. Pierre in *La femme et le surréalisme* (1987), der v.a. 44 und 52f. auf Bretons Michelet-Rezeption aufmerksam macht. Bei Assa (1990) 32 findet sich eine komprimierte Zusammenstellung der für die Surrealisten wichtigsten Frauenmodelle der Literatur.

[28] Kuenzli in *Surrealism and Women* (1991) 18. Ähnlich Raaberg, ebd. 1ff. und Caws, ebd. 11ff. Kuenzli entwickelt seine Fragestellung in Absetzung von Krauss/ Livingston (1985) passim, die in ihrem Band den Versuch unternehmen, die Surrealisten gegen den Vorwurf der Misogynie zu verteidigen. Umstritten in diesem Zusammenhang ist auch die große Begeisterung der Surrealisten für die Hysterie, die 1928 in dem manifestartigen Kollektivtext *Le cinquantenaire de l'hystérie. 1878-1928* zum Ausdruck kommt, in: Breton (1988) 948-950.

[29] Vgl. im *Manifeste du surréalisme* (1924): "Tout est bon pour obtenir de certaines associations la soudaineté désirable. Les papiers collés de Picasso et de Braque ont même valeur que l'introduction d'un lieu commun dans un développement littéraire du style le plus châtié." (Breton (1988) 341).

geprägten Bereich der modernen Großstadt steht. Die Rede ist von Musidora, einer Schauspielerin der Zeit des I. Weltkriegs, die in Serienfilmen wie in *Les Vampires* oder *Judex* als *femme fatale* ihr verbrecherisches Unwesen trieb.[30] Im Zentrum dieser Filme steht die von Musidora verkörperte geheimnisvolle Verbrecherin Irma Vep – ein Anagramm von 'Vampire' –, eine Kollegin des berühmten Fantômas, für den sich auch andere Avantgardisten der Vorkriegszeit wie Apollinaire und Blaise Cendrars begeistert hatten (im übrigen entstammen die Drehbücher zu diesen Filme genau wie die *Fantômas*-Produktionen der Feder von Louis Feuillade). Als Beleg des Entzückens der Surrealisten über Musidora sei hier eine Stelle aus einem Brief André Bretons an den Freund Théodore Fraenkel vom 23. Juli 1917 zitiert, der eine Abschrift aus einem Brief enthält, den Breton Musidora nach einem Bühnenauftritt in dem Sketch *Le Maillot noir* geschrieben hatte:

> Quel poète – écrivait-je, fixant la romanesque image – ne s'honorerait aujourd'hui de vous avoir pour interprète? Comment dire ce que vous êtes venue à incarner pour certains: quelle moderne fée adorablement douée pour le mal, et puérile – ô votre voix d'enfant. [...] Musidora est bien la femme moderne en quelque chose.[31]

In der Tat ist die Erscheinung von Musidora in ihren Filmen einer der entscheidenden Punkte: sie tritt stets in einem schwarzen Ganzkörpertrikot auf, dem berühmten *maillot noir*, und trägt eine Gesichts- und Kopfmaske; mit verwirrender erotischer Ausstrahlung versehen – sie hat stark androgyne Züge – und unnahbar (tatsächlich entzieht sie sich fortgesetzt dem polizeilichen Zugriff) demonstriert sie ihre Macht durch die Herrschaft über eine Verbrecherorganisation und begeht mit ihr ungeahnte Verbrechen. Zum Reiz der Figur Musidora, die im bürgerlichen Leben Jeanne Roques hieß und von 1889 bis 1957 lebte, mag der Umstand beigetragen haben, daß sie eine durchaus mit der Dichtung und Kunst vertraute Person war; ihr Pseudonym, das sie wohl auf eine Anregung von Pierre Louÿs aus der Novelle *Fortunio* von Théophile Gautier bezogen hatte, ist nur ein Indiz dafür. 1926 spielte sie ihren letzten Film, danach arbeitete sie als Autorin für Film und Radio, gründete eine Produktionsfirma und führte Regie; v.a. nach dem II. Weltkrieg setzte sie sich aktiv für die Arbeit der Cinémathèque Française ein.

Musidora gilt den Surrealisten in ihrer *beauté moderne*, ihrer infantilen Bosheit und ihrer verbrecherischen Existenzform als Inkarnation der

---

30 Zu Musidora vgl. *International Dictionary of Films* (1992) Bd. III, 716f.; dort findet sich weiterführende Literatur; siehe auch Lacassin (1972) und Casals (1978).

31 Breton (1988) 1745. Musidora wirkte auch bei der *Manifestation Dada* am 27. März 1920 in der Maison de l'Œuvre mit: Sie führte als eine Art Model "Dernières créations Dada" vor (vgl. das bei Sanouillet (1965) 164f. kommentierte Programm der Matinée).

femme moderne, also als ideales Pendant zum *homme moderne*, als der sie sich in dieser Phase gern inszenieren.[32] In dem Enthusiamus der Surrealisten für diese Figur deutet sich auch m. E. deren Bereitschaft an, der Frau durchaus in einer Art künstlerischer Emanzipation Subjektfunktionen zuzutrauen. Jedenfalls ging die Verehrung so weit, daß André Breton und Louis Aragon 1929 eine Revue verfaßten, deren Heldin Mad Souri bzw. Mario Sud ist, also Anagramme der Musidora, die mit Bezug zum Namen 'Irma Vep' der *Vampires*-Serie gebildet sind. Wie kommt es nun dazu, daß im Surrealismus neben Melusine Musidora auf das Podest der modernen *femme fatale* gelangt? Vertragen sich diese beiden Damen, oder schließen sie einander nicht geradezu aus?

Man tut den Surrealisten unrecht, wenn man ihre Melusinen-Vorliebe als Ausdruck eines wie auch immer mißverständlichen "Zurück zur Natur!" auffassen würde. Gewiß geht es ihnen darum, *sous le pavé – la plage* zu entdecken – das *pavé* wird doch aber immer als Ausgangspunkt vorausgesetzt. Sie wollen ihre Revolution nicht als Ausstieg aus der Geschichte, sondern als Fortschritt in der Geschichte verstanden wissen. Belegen läßt sich diese Absicht aus den Überlegungen, die die Surrealisten zur Frage der Modernität anstellten. Es ging ihnen in ästhetischer Hinsicht keineswegs um eine zeitlose Schönheit, sondern um eine historisch zu bestimmende *beauté moderne*. Als *modernité* gilt ihnen die subjektive Erfahrung des geschichtlichen Augenblicks mittels als aussagekräftig empfundener Zeichen, seien es nun Gegenstände des täglichen Lebens oder Kunstwerke. Zu diesen Gegenständen gehören etwa Elemente der zeitgenössischen Reklame wie das berühmte Bébé Cadum, die Glühbirne von Mazda – oder Figuren des modernen Films wie Fantômas oder Musidora; unter den künstlerischen Darstellungen sind die Gliederpuppen auf Gemälden von De Chirico zu erwähnen, die für Breton als Zeichen einer im Entstehen begriffenen *mythologie moderne* gelten, die Collagen von Max Ernst oder die Photographien von Man Ray. Das surrealistische Verständnis von Modernität hat also erkennbar nichts mit der futuristischen Begeisterung für technische Spitzenleistungen zu tun; entscheidend ist das Interesse der Surrealisten an der spezifischen historischen Erfahrung, die als unabdingbarer Bestandteil der eigenen Subjektivität erkannt wird und die in künstlerische Projekte jedweder Art einzugehen hat. Für sie bedeutet dieses Bekenntnis zum Eindringen der Geschichte in die Zentren der Imagination die Rettung vor einem Abgleiten in eine heillos selbstbezügliche Subjektivität. So ist es zu Beginn der Entwicklung hin zum Surrealismus die Beschäftigung mit dem *esprit moderne*, die die Experimente von Breton und seiner Gruppe vor dem Rückzug ins Privat-Innerliche oder Kitschig-Naturhafte bewahrt. Und genau auf dieser Grundlage bleibt neben

[32] Vgl. Mundt (1990) 194ff.

Melusine Platz für Musidora – so gegensätzlich die beiden Figuren zunächst auch scheinen mögen.

Ich komme nun zur Besprechung einiger surrealistischer Theaterstücke, in denen Frauenfiguren inszeniert werden, die in den Bereich der Auseinandersetzung mit der *femme fatale* gehören. Die grundlegende Frage, ob aus ästhetischen Gründen ein surrealistisches Theater überhaupt möglich ist, sei hier nur am Rande gestreift. In der Tat bestehen begründbare Zweifel an der Vereinbarkeit von Surrealismus und Theater, da der surrealistische Text im strengen Sinne nur serielles Protokoll von blitzartig produzierten Bildern sein kann. Der Sieg des Paradigmas über das Syntagma gestattet in seiner Reinform keinerlei gerichtete Textproduktion, wie sie in einem konventionellen Verständnis von dramatischem Text üblich ist. Andererseits präsentieren die vorliegenden Stücke keine echte, sondern ohnehin höchstens inszenierte *écriture automatique*. In der Verwendung in Theaterstücken zeigen sie modellhaft und in Analogie, was der surrealistische Bilderfluß auch in kommunikativer Hinsicht zustandebringen kann.[33]

Das erste Stück, um das es hier gehen soll, trägt den Titel *S'il vous plaît* und stammt aus dem Jahr 1920, also aus einem Jahr, in dem dadaistische Provokationen durch protosurrealistische Beschäftigungen konterkarierend begleitet wurden. Das Stück ist eine Gemeinschaftsproduktion von Philippe Soupault und André Breton; es wurde nach seiner Aufführung im Rahmen der *Manifestation Dada* am 27. März 1920 in der surrealistischen Zeitschrift *Littérature* erstmals publiziert und erschien im Jahr 1967 zusammen mit dem anderen surrealistischen Sketch *Vous m'oublierez* in den *Champs magnétiques*, mit jenen Texten also, die als erste Zeugnisse der berühmten *écriture automatique* gelten.[34]

Die vier Akte von *S'il vous plaît* scheinen zunächst in keinerlei Zusammenhang miteinander zu stehen; eine Verbindung läßt sich doch sehen, wenn man bereit ist, die vier verschiedenen männlichen Protagonisten als Facetten des *homme moderne*, also eines Idealtyps surrealistischer Existenz, zu erkennen. Der 3. Akt, um den es uns hier gehen soll, präsentiert einen surrealistischen Topos: Maxime, ein junger Mann, läßt sich in einem Café nieder und verlangt nach einem Getränk sowie nach "de quoi écrire". Während er nach Worten sucht, bemerkt er Gilda, eine junge Frau. Sie ist als Prostituierte ausgewiesen, wartet aber auf niemanden, ist einfach nur da. Während des sich nun entspinnenden Dialogs, der über weite Passagen den sprachlichen Gestus der Dialoge in *écriture automatique* imitiert, so wie sie etwa in den *Champs magnétiques* vorliegen, kommt es zu einer Entwicklung in der Beziehung zwischen den beiden,

---

[33] Zum surrealistischen Theater vgl. Béhar (1979) 231ff.

[34] Zitiert wird nach Breton (1988) 107-134.

und sie verlassen am Ende das Café gemeinsam, um in Gildas Wohnung zu gehen. Mag das nun auch dem Gang der Handlung in Gildas Berufsleben entsprechen, so geht der Dialog doch über ein Kundengespräch weit hinaus: Gilda präsentiert sich von Beginn an als Träumende, Maxime wird von ihr als "pas comme les autres" erkannt. Als er sie wahrnimmt, legt er sogleich den Stift aus der Hand, entsagt also dem Schreiben. Die persönliche Annäherung zwischen den beiden wird signalisiert durch eine sukzessive semantische Verschiebung des Gesprächsinteresses vom Sinnbereich 'Stadt' (boulevards, pension, église, Paris etc.) hin zu 'Land' und 'Natur' (forets, sentiers, fleurs, papillons etc.). Diese räumliche Öffnung wird begleitet von einer zeitlichen Entgrenzung, in der Vergangenheit und Zukunft in einer Art magischer Gegenwart zusammenfallen:

> Maxime: Le passé et l'avenir ne sont maintenant que le présent.[35]

Die Dynamik der beginnenden Liebesbeziehung entfaltet sich in der Raum und Zeit außer Kraft setzenden 'Rückverwandlung von Kultur in Natur'.[36] Dabei ist bemerkenswert, daß diese Entwicklung durch die Frau erst in Gang gesetzt wird: Gilda ist es, die als erste den semantischen Bereich 'Stadt' verläßt und Maxime gleichsam auf ihre Natur-Fährte lockt.

> Maxime: Je ne connaissais que la lueur de ma lampe. Vous êtes près de moi [...] Vous êtes une enfant ou le sommeil de l'été.[37]

Die Erlösung aus dem Kunstlicht, die Gilda zuwege bringt, indem sie Maxime von der *poésie écrite* zur *poésie vécue* verführt, definiert die Rolle Gildas als die der *initiatrice*. An die Stelle der Poesie als "signe de vie" tritt die Poesie als Leben selbst.[38] Die Melusine Gilda präsentiert sich hier in der für Breton typischen Art der *femme-enfant*; die Einführung des Mannes in den Bereich von Natur und Traum ("sommeil d'été") vollzieht sich dabei keineswegs als idyllisch-harmloses Naturstelldichein. Maxime selbst imaginiert die Fülle der Erfahrung, die ihm nun zufallen wird, als durchaus ambivalent:

> Maxime: Midi: l'heure des colombes et très tard le soir. Devant moi votre regard, et vos épaules. Les fleurs que nous aimons tous les deux. La chaleur danse à toute vitesse. Encore ces mêmes pensées qui tombent et qui volent: les papillons de la souffrance et le rêve plus doux que l'agonie.[39]

---

[35] Ebd. 130.
[36] Vgl. den Titel der Arbeit von G. Steinwachs (^{2}1984).
[37] Breton (1988) 130.
[38] Ebd. 129: "Maxime: À quoi bon donner plus longtemps signe de vie? Il est 3 heures et je vous vois."
[39] Ebd. 131.

Wir finden hier die bereits in den Eingangszitaten sich andeutende Bereitschaft, in der Hoffnung auf die Totalität der angestrebten Erfahrung auch die Nachtseiten der Natur (Leiden und Todeskampf) in Kauf zu nehmen.

1928 schreiben Aragon und Breton gemeinsam eine Revue mit dem Titel *Le trésor des Jésuites*[40], die Aufführung ist geplant im Rahmen einer 'Gala Judex' für die Witwe des Schauspielers René Cresté, der in Vorkriegsfilmen die Rolle des 'Judex' gespielt hatte. Gedacht war daran, die geheimnisvolle Hauptfigur der 'Mad Souri' bzw. des 'Mario Sud' von Musidora selbst spielen zu lassen, also genau die Rolle, in der sie in Filmen während des I. Weltkrieges berühmt geworden war. Zu der Aufführung kam es in diesem Rahmen nicht, man gedieh über Proben nicht hinaus. Das Stück wurde 1929 in der Zeitschrift *Variétés* veröffentlicht und erst 1935 anläßlich eines Surrealistentreffens in Prag von einer tschechischen Gruppe aufgeführt.[41]

Um was geht es nun in dem Stück, das sowohl als Hommage ans Kino allgemein wie an Musidora im besonderen gedacht war? Der revuehafte Charakter dieses *ciné-feuilleton* wurde bereits erwähnt: In den drei Tableaus wechseln Spielszenen einer rocambolesquen Handlung mit Orchesterdarbietungen beliebter Melodien wie *Old man river*, *Die Zauberflöte*, *Anything but love* oder zeitgenössischen Schlagern und der einfachen Präsentation bestimmter Elemente des Kinos, die als solche von zwei allegorischen Figuren 'Temps' und 'Éternité' vorgestellt werden: 'Les Fantômes', 'Les Spectres', 'Les Mannequins' etc. Die Handlung wird in Form von drei zeitlich weit auseinanderliegenden Episoden präsentiert. Im 1. Tableau – wir befinden uns im Jahr 1917 – gelingt es der geheimnisvollen Mad Souri nicht nur, ihren Zimmernachbarn in einem Hotel ins Jenseits zu befördern, sondern sie schafft es dazu in einer Art genialer Eingebung, ihrem gerade auf Fronturlaub befindlichen Patensohn Simon den Mord in die Schuhe zu schieben. Mad Souri ist zunächst unsichtbar, man hört nur ihre Stimme und sieht durch eine halb geöffnete Tür, wie sie sich im Halbdunkel entkleidet. Die Regieanweisungen zu dieser Entkleidungsszene sind offensichtlich nach den Usancen eines Filmdrehbuchs formuliert: der Zuschauer sieht nur, wie ein Kleidungsstück nach dem anderen auf einen Stuhl schwebt; auch die Focussierung der zwei nacheinander auf einen Stuhl gestellten Beine, von denen die Strümpfe effektvoll abgerollt werden, erinnern an filmische Technik. Der weitere Auftritt von Mad Souri in diesem Tableau erfolgt im Dunklen mit einer Taschenlampe, sie ist in ihrem berühmten *maillot noire* und trägt den Ermordeten, den sie zuvor in ihrem Zimmer zu einem Rendezvous empfangen hat, zurück in sein

[40] Zitiert wird nach Breton (1988) 994-1014.

[41] Vermutungen über das Nichtzustandekommen sowie Erläuterungen zu den Hintergründen vgl. Bonnet in: Breton (1988) 1744ff. sowie Polizzotti (1995) 306f.

Bett. Als es ihr gelungen ist, den jungen Soldaten Simon just in dem Moment in das Zimmer des Ermordeten zu bugsieren, als die Polizei kommt, sagt sie ihm prophetisch oder schicksalhaft – während sie ihn "d'un air énigmatique" betrachtet:

> Rendez-vous dans onze ans, le 1er décembre 1928 au Théâtre de l'Apollo.[42]

Im 2. Tableau, am 1. Dezember 1928, werden wir in einer Szene von 'Theater auf dem Theater' Zeuge, wie der Schatzmeister der Katholischen Mission Frankreichs, einer von den Jesuiten geleiteten Spendensammelstelle, von Mad Souri mit einem Kruzifix erschlagen wird. Nach einigen Revueeinlagen springt der Souffleur, der sich als Simon entpuppt, aus dem Kasten und – nach dem Ausruf "Exact au rendez-vous, Mad Souri" erwürgt er Mad Souri – und zwar offensichtlich mit ihrem genüßlichen Einverständnis.[43] Im 3. Tableau – wir sind mittlerweile im Jahr 1939 – erscheint Simon, der sich inzwischen zu einer Mischung zwischen Rimbaud und Sven Hedin gemausert zu haben scheint. Wir werden Zeuge einer Geheimversammlung der Freimaurer, als deren obersten Chef, *le Très Sinistre Illustre Inconnu Autorité Suprême*, wir – wie könnte es anders sein – Mario Sud alias Mad Souri wiedertreffen. Simon wird von der Versammlung der Loge der höchste Freimaurergrad verliehen, Mario Sud – diesmal in rotem Trikot – tritt auf, Simon und Mad Souri sinken sich in die Arme, Musidora hat das Schlußwort und spricht in Abwandlung eines Mallarmé-Satzes die prophetischen Worte:

> Avenir, avenir! Le monde devrait finir par une belle terrasse de café.[44]

Gewiß ist das Ganze eine Kuriosität; es belegt aber neben dem Interesse der Surrealisten an subliterarischen Genera wie dem Music-Hall-Theater und natürlich neben ihrer Kinobegeisterung auch die Wirkung der modernen *femme fatale* Musidora. Als Beleg mag eine Textstelle aus dem 3. Tableau dienen, in der Simon sein Verhältnis zu Mad Souri beschreibt:

> [...] une femme dont les ordres incompréhensibles ont toujours dirigé ma vie.[45]

Da ist sie also, die Frau als geheime, fatale Lenkerin eines Männerlebens, die dem Mann nur den Traum läßt, den *maillot noir* eines Tages wie einen Nachtfalter auf das ominöse Kruzifix zu spießen, das für ihn offensichtlich den Wert einer Reliquie der ganz besonderen Art hat:[46]

---

42 Breton (1988) 1001.
43 Ebd. 1006.
44 Ebd. 1014.
45 Ebd. 1013.
46 Zu der "panoplie bizarre" von Erinnerungsstücken, die Simon sammelt, gehört eben auch die Tatwaffe Kruzifix: "le crucifix qui servit à assommer M. de Pérédès et où

> L'actrice au costume audacieux de rat d'hôtel fut ainsi un gracieux pont entre deux ères, et assura la pérennité de la femme fatale.[47]

Bevor ich nun zu einer abschließenden Betrachtung komme, sei noch ein Blick auf einen interessanten Fall geworfen, in dem die *femme fatale* vom Autor eines Theaterstückes zum Element seiner Surrealismuskritik gemacht wird. Es handelte sich um eigentlich das bekannteste Stück eines Mitglieds der surrealistischen Gruppe, nämlich um Roger Vitracs *Victor ou les enfants au pouvoir,* das gleichfalls aus dem Jahr 1928 stammt. Meist als eines der wenigen gelungenen Theaterstücke des Surrealismus bezeichnet, läßt es sich m.E. allerdings in einer anderen Lesart geradezu als Abgesang auf die Bestrebungen der Gruppe um André Breton verstehen. Der Autor, Roger Vitrac, wurde bereits 1925 aus bis heute nicht restlos geklärten Gründen aus der surrealistischen Gruppe ausgeschlossen – und er litt unter dem Ausschluß. Seine bösartige Satire auf die Ideologie des Kleinbürgertums der Vorkriegszeit in *Victor* erhält erst daraus ihre ganze Schärfe, daß sie in gedoppelter Perspektive auch eine Abrechnung mit dem Surrealimus enthält.

Victor, das mythische Kind, halb *enfant prodige*, halb *enfant prodigue*, das an seinem neunten Geburtstag rapide wächst und die Geburtstagsgesellschaft durch seine poetischen Elukubrationen schockiert und gnadenlos demaskiert, wird gern als ideale Verkörperung des surrealistischen Dichters betrachtet.[48] Nicht gesehen wird dabei, was Victors schein-poetische Anfälle zutagefördern. Selbst gesetzt den Fall, es handelte sich dabei um ein Protokoll seines 'stream of subconsciousness' – er reproduziert eigentlich nichts anderes als die Traumata der Generation seiner Eltern, die die Niederlage im Krieg 1870/71 nicht verwinden können. Victors Äußerungen sind allenfalls als Omnipotenzgelüste eines durchgeknallten Kleinbürgers zu verstehen – von Befreiung oder Revolution, wie sie der Surrealismus von der "poésie automatique" sich erhoffte, keine Spur, stattdessen Befangenheit in den Zwangsvorstellungen der Vorgängergeneration.

Ein weiterer entscheidender Punkt der Auseinandersetzung mit dem Surrealismus ist die Handhabung des bereits angesprochenen *hasard objectif,* einer Art heiliger Kuh für die Surrealisten. Das Wunder, das von Victors Vater inmitten der desaströsen Geburtstagsfeier herbeigesehnt wird, päsentiert sich plötzlich und unangemeldet:

---

j'espére fixer un jour, comme un papillon nocturne, le maillot d'une femme [...]." (Breton (1988) 1013). Nebenbei sei angemerkt, daß tatsächlich ein Käfer aus der Familie der Lonchopteridae den Namen 'Musidora' trägt; Information aus dem Internet: *Australian/Oceanian Diptera Catalog – Web Version,* 45. Family Lonchopteridae.

47 Dottin-Orsini (1993) 305.

48 Vgl. etwa Grimm (1982) 329ff. bei der Besprechung des Vitracschen Stückes.

> *Tout à coup, au milieu du désordre général, entre une femme d'une grande beauté, en robe de soir.* VICTOR, *criant.* – Le miracle![49]

Die Dame, Ida Mortemart, die da als eine Art *intruse* die Szene betritt, ist eine Botin aus der anderen Welt, aus dem "autre versant de la vie"; sie allein tritt in eine echte Kommunikation mit Victor ein; sie ist für ihn eine initiatorische Figur, die nicht nur Erkenntnisse in ihm freisetzt, sondern den Helden auch in ihr Reich mitnimmt – das nun allerdings in einer so burlesken Art und Weise, daß der parodistische Charakter der Figur und des gesamten Spiels eigentlich unübersehbar wird: Mme. Mortemart leidet an einer intestinalen Erkrankung, was sich zunächst in der äußerst geräuschvollen Art ihres Auftretens äußert. Darüber hinaus aber steckt sie Victor im Zuge der Initiation offensichtlich mit diesem unschönen Leiden auch noch an, so daß das arme Riesenkind letzte Einsichten über seine elendige Lage nur unter heftigem Bauchgrimmen hervorbringen kann, bevor es verstirbt:

> Rimbaud meurt aux siècles barbares. Victor meurt tout [...] tout bêtement – petit bourgeoisement.[50]

Dabei hat die Initiation nicht einmal nur bei ihm funktioniert; auch sein Vater Charles, der im übrigen seine erotischen Träumereien mit einer *grande dame* à la Ida Mortemart eines zeitgenössischen Feuilletonromans füttert, scheint angegriffen und muß eilends in den Garten hinaus. Die Initiation ist also keineswegs Stigma der Außergewöhnlichkeit Victors, sondern bestätigt nur dessen unauflösliche Bindung an seine kleinbürgerlich-spießige Herkunft.

Vitrac hat sich an anderer Stelle verschiedentlich über sein Stück und insbesondere die Figur der Mme. Mortemart geäußert. Aus allen Zitaten geht hervor, daß er sie als *femme fatale* der Vorkriegszeit gemeint hat, die mit allen Insignien dieses "monde puant et revanchard" ausgestattet ist:

> Ici le destin s'appelle Ida Mortemart. Un sphinx, [...] le sphinx de la gloire et de la honte à l'échelle des petites gens, le fantôme d'une époque [...]

sagt er 1946 in einem Artikel aus Anlaß der erstmaligen Wiederaufführung seines Stückes.[51] Das alles wäre ja noch nicht so schlimm, wenn er nicht diese Frau über ihre Bedeutung für den Titelhelden gleichzeitig in seine Surrealismuskritik einbinden würde. Wie auch an anderen Stellen deutlich wird, zeiht Vitrac seine ehemaligen Freunde des Schlimmsten, dessen man einen Avantgardisten beschuldigen kann: nämlich ein Modernitätskonzept zu vertreten, das insofern völlig veraltet sei, als es tatsächlich in die Zeit vor dem I. Weltkrieg gehöre. Der Vorwurf, der Surrealismus komme aus

---

[49] Vitrac (1946/1978) Bd. 1, 46.
[50] Vitrac in Andréoli (1970) 318.
[51] Vitrac in Andreoli (1970) 319.

seinen Kinderschuhen nicht heraus und perpetuiere seine höchstens pubertären Obsessionen, mündet in einen Rundumschlag gegen die gesamten Ambitionen des Surrealismus – auch gegen dessen Bemühungen, eine moderne *femme fatale* zu schaffen, bei der an die Stelle des konventionellen *destin* der *hasard objectif* getreten ist.

Die Surrealisten der 20er Jahre interessieren sich selbstverständlich und trotz aller Überwindungsgelüste für die *femme fatale* des 19. Jahrhunderts. Die Chimäre als Verdrängungsprodukt, wie sie in der Malerei und Literatur des 19. Jahrhunderts begegnet, prägte kollektive Vorstellungen und geht daher die Nachwelt noch viel an. Die zentrale Rolle, die sie der Erforschung des *désir* einräumen, macht es geradezu notwendig, die Frau als Gegenstand und gleichzeitig Medium dieses *désir* in ihre *investigations* einzubeziehen. Freilich sind sie bei aller Naivetät nicht so naiv, an der *fin de siècle*-Konstruktion der *femme fatale* blindlings weiterzuschreiben. Sie versuchen vielmehr, auf der Grundlage zitierter Bildkomplexe eigene Entwürfe zu lancieren, die z.T. die alte *femme fatale* überwinden (keine böse Dämonie mehr im christlichen Sinne, nur noch kindliche Bosheit oder 'magie'), z. T. sie umdeuten (Fatalität im Sinne des *hasard objectif*), sie in moderne Sphären wie die moderne Großstadt oder aber in eine unwandelbare Natur versetzen – und damit für das Bildinventar der Zukunft bewahren. Die neue *femme fatale* der Surrealisten oszilliert zwischen der androgynen Erscheinung Musidora und der kindhaften Melusine; vermittelt werden die beiden Typen über die surrealistische Modernitätstheorie, die letztlich eine Vermittlung von Natur und Kultur anstrebt. So bleiben die beiden Figuren in den 20er Jahren bei aller Gegensätzlichkeit polartig aufeinander bezogen, zusammengehalten durch die Vorstellung eines Kraftfeldes von *désir*, *beauté* und *amour*. Erst in den 30er Jahren, als das surrealistischen Modernitätskonzept seine Schwächen zeigt, rückt die traditionelle, naturhafte Melusine wieder stärker in den Vordergrund ihres Interesses.[52] Resümierend ließe sich sagen, daß die Surrealisten sich aus bestimmten Voraussetzungen der *femme fatale* lösen, daß sie manche Teilbereiche überwinden – und doch auch gleichsam vorsätzlich in ihren Netzen gefangen bleiben: die Frau bleibt die entscheidende Instanz, die dem surrealistischen Mann schicksalhaft den Zugang zum poetischen Leben erschließen kann.

---

[52] Vgl. etwa den Roman *Mélusine ou la robe de saphir* des belgischen Surrealisten Franz Hellens, der 1917/18 begonnen wurde und 1920 in einer ersten Fassung in Brüssel herauskam; erst 1952 erschien in Paris die endgültige Fassung. Das Thema scheint den Dichter lange umgetrieben zu haben: erst 1987 erschien eine Neuausgabe in Brüssel.

Literaturverzeichnis

A. Ausgaben

Aragon: L., "Entrée des succubes", in: *La Révolution surréaliste* 6 (1926), 9-13 [*La Révolution surréaliste,* collection complète, Reprint Paris : Jean-Michel Place 1975].

Breton, A.: "Du surréalisme en ses œuvres vives", in: ders., *Manifestes du surréalisme*, Paris : Gallimard 1990, 177-188.

Breton, A.: *Arcane 17. Enté d'ajours*, mit einem Nachwort von M. Beaujour "André Breton ou la transparence, J.J. Pauvert 1965 [zuerst Paris 1947].

Breton, A.: *La Clé des champs*, Paris : Paris : J.J. Pauvert 1967 [zuerst 1953].

Breton, A.: *Œuvres complètes*, hg. v. Marguerite Bonnet, Bd. I [1911-1930], Paris : Gallimard 1988; Band II [1931-1941], Paris : Gallimard 1992 (=Bibliothèque de la Pléiade 346, 392).

Desnos, R.: "La Muraille de chêne", in: *La Révolution surréaliste,* 2 (1925), 22 [Edition vgl. Aragon 1926].

Éluard, P.: *Lettres à Gala. 1924-1948*, hg. v. P. Dreyfus, Vorw. v. J.-C. Carrière, Paris : Gallimard 1984.

Vitrac, R.: *Théâtre*, Bd. 1, Paris : Gallimard 1946/1978.

B. Forschungsliteratur

Ajame, P.: "Gala reine barbare", in: *Magazine littéraire*, 213 (Dezember 1984), Dossier: '60 ans de Surréalisme', 47.

Alexandrian, S.: *Les libérateurs de l'amour,* Paris 1977.

Andreoli, J.-P.: *Les drames de Vitrac et le théâtre d'avant-garde*, Ann Arbor 1970 (Ph.D. Univ. of Colorado 1968).

Assa, S.: "Telle que je me vois en toi: le mythe de la femme-enfant dans *Arcane 17*", in: *Modern Language Studies,* 20,2 (1990) 28-38.

Beck, W./Smith, G.: "Images of Woman in Surrealist Literature: The French Connection", in: *The Language Quarterly,* 25 (1987) 50-54.

Bédouin, J.-L.: *Vingt ans de Surréalisme (1939-1959)*, Paris 1961.

Béhar, H.: *Le théâtre Dada et surréaliste,* Paris 1979.

Bellgardt, M.: *Melusine und ihre Schwestern: mythische Wassergeschöpfe im literarischen Diskurs*, Diss. Univ. Mannheim 1997 (Microfiche).

Benayoun, R.: *Érotique du surréalisme*, Paris 1978.

Bürger, P.: *Der französische Surrealismus. Studien zum Problem der avantgardistischen Literatur*, um neue Studien erweiterte Ausgabe, Frankfurt 1996.

Cantaloube-Ferrieu, L.: "Le Surréalisme et la Femme", in: *Œuvres et Critiques,* 18,1-2 (1993) 215-221.

Casals, P.: *Musidora la dixième muse*, Paris 1978.

Caws, M.A.: "Ladies Shot and Painted. Female Embodiement in Surrealist Art", in: dies., *The Art of Interference: Stressed Readings in Visual and Verbal Texts*, Cambridge 1989, 111-134 (gekürzter Fassung in: *The Female Body in Western Culture. Contemporary Perspectives*, hg. v. S. Suleiman, Cambridge/ Mass. 1986, 262-287).

Chadwick, W.: *Women Artists and the Surrealist Movement*, London 1985 [frz. Übersetzung *Les femmes dans le mouvement surréaliste*, Chêne 1996].

Daemmrich, H. u. I.: *Themen und Motive in der Literatur*, Tübingen/Basel ²1995.

Dictionnaire général du surréalisme et de ses environs, hg. v. A. Biro und R. Passeron, Fribourg 1982.

Dottin-Orsini, M.: *Cette femme qu'ils disent fatale. Textes et images de la misogynie fin-de-siècle*, Paris 1993.

La femme et le surréalisme. Ausstellung im Musée Cantonale des Beaux-Arts Lausanne 1987-88, Katalog hg. v. E. Billeter und J. Pierre, mit einem Vorwort v. A. P. de Mandiargues, Lausanne 1987.

Gauthier, X.: *Surréalisme et sexualité*, Paris 1979 (dt.: *Surrealismus und Sexualität. Inszenierung der Weiblichkeit*, Berlin ²1984].

Gingrass-Conley, K.: *Automatic woman: the representation of woman in surrealism*, Lincoln/ Nebraska 1996.

Hilmes, C.: *Die Femme fatale. Ein Weiblichkeitstypus in der nachromantischen Literatur*, Stuttgart 1990.

Hubert, R.R.: *Magnifying Mirror Women, Surrealism Partnerhip*, Lincoln/Nebraska & London 1994.

International Dictionary of Films and Filmmakers, 5 Bde., Chicago-Detroit ²1990-1994.

Krauss, R./Livingston, J.: *L'Amour fou: Photography & Surrealism*, New York 1985.

Lacassin, F.: *Pour une contre-histoire du cinéma*, Paris 1972.

Mondini, D.: "Tod und Auferstehung der Femme fatale im italienischen Futurismus (1909-1914)", in: *Frauen.Kunst. Wissenschaft,* 19 (1995) 51-57.

Mourier-Casile, P.: *Arcane 17, André Breton explorateur de la Mère-Moire*, Paris 1986.

Mundt, C.: *Dichterische Selbstinszenierung im französischen Theater von Vigny bis Vitrac. Vom 'poète malheureux' zum 'homme moderne'*, Frankfurt 1990.

Nadeau, M.: *Histoire du surréalisme*, suivie de documents surréalistes, Paris 1970.

Pierre, J.: *Tracts surréalistes et déclarations collectives*, Bd.I 1922-1939, Paris 1980; Band II: 1940-1969, Paris 1982.

Polizzotti, M.: *Revolution of the Mind: the Life of André Breton*, London 1995 [dt. Übersetzung: *Revolution des Geistes. Das Leben André Bretons*, München, Wien 1996].

Steinwachs, G.: *Mythologie des Surrealismus oder die Rückverwandlung von Kultur in Natur*, Frankfurt [2]1984.

Surrealism and Women, hg. v. M.A. Caws, R. Kuenzli, G. Raaberg, Cambridge, Mass. / London 1991 [zuerst erschienen 1990 als Nr. 18 der Zeitschrift *Dada/Surrealism*].

Meintat als Morgengabe

Die Tyrannenmörderin Ildico in Evgenij Zamjatins Drama *Atilla*[1]

Rainer Goldt (Mainz)

I

Wenn selbst großangelegte komparatistische Untersuchungen zur Literatur der Décadence wie Mario Praz' zuerst 1930 erschienene und vielfach übersetzte Studie *La carne, la morte e il diavolo nella letteratura romantica* die russische Literatur fast vollständig übergehen, so wird dies kaum auf Desinteresse zurückzuführen sein. Deren primär religiöse, philosophische und später eminent politische Orientierung, die ein ganzes System eigener, oft kaum übersetzbarer ideologischer Schlüsselbegriffe schuf, nahm die schwarze Romantik eher als manieristische Marginalie wahr.

Auf den ersten Blick will es scheinen, als bliebe damit auch die Gestalt der *femme fatale* der russischen Literatur merkwürdig fremd, brachte letztere doch weder eine Salammbô noch eine Salome hervor. Selbst wenn man gewillt ist, die "verhängnisvolle Frau" mit Carola Hilmes als einen chimärenhaften Charakter von extremer Wandlungsfähigkeit zu beschreiben[2], so wird man doch zumeist eher auf Allusionen denn wirkliche Verkörperungen stoßen: einzelne Merkmale der *femme fatale* (im Russischen *rokovaja ženščina*) werden aktiviert, sie selbst kommt in ihrer dämonischen Komplexität als Typus selten zur Entfaltung.

Solche Diskretion weckt notwendig die Phantasie der Nachbarn. In der Tat entwickelt sich die Russin in der europäischen Literatur kurzfristig zu einer Art nationaler Variante der *femme fatale*. Die exotische Magie Clawdia Chauchats in Thomas Manns *Zauberberg* (1913-1924) ist die vielleicht meisterhafteste Gestaltung dieses Motivs, das allzu rasch in den Trivialmythos absinkt. Zum Skandalerfolg avancierte Claude Anets (d.i. Jean Schopfer) später auch verfilmter Roman "Ariane. Ein russisches Mädchen" (*Ariane, jeune fille russe*, 1920), dessen Auflage allein in deutscher Übersetzung Ende der fünfziger Jahre schon 200 000 Exemplare überschritt. Von ähnlicher Machart war Maurice Dekobras (d.i. M. Tes-

---

1 Die bevorzugte russische Schreibweise, der sich auch Zamjatin anschließt, wählt die Variante "Atilla". Sie findet im vorliegenden Beitrag nur für den Titel des Dramas Anwendung.

2 Vgl. Hilmes (1990) XII-XIII.

sier) "Madonna der Schlafwagen" (*La Madone des sleepings*, 1925), deren Heldin Irina Mouravieff als "Marquise de Sade des roten Rußlands" die Phantasie des Publikums erregte.

Wo aber liegen die markanten Traditionslinien des russischen Frauenbildes, auf deren Kenntnis jede Einzelanalyse notwendig aufbauen muß? Projektionen und Stilisierungen des Frauenbildes sind zwar ebenso vielfältig wie in Europa, bleiben aber in anderen ideologischen Mustern befangen, die zudem mit erstaunlicher Konstanz über weltanschauliche und historische Grenzen hinweg tradiert werden. So waltet der von Puškin erschaffene Archetypus der aus Stolz und Pflichtgefühl persönlichem Glück entsagenden Tat'jana (*Evgenij Onegin*, 1825-1833) noch über Nikolaj Nekrasovs revolutionären "Russischen Frauen" (*Russkie ženščiny*, 1972-1873), die ihren nach dem gescheiterten Dekabristenaufstand verbannten Männern freiwillig nach Sibirien folgen.

Der Konfliktfall bietet der Frau in äußerster Konsequenz allein den Selbstmord. So wählt in Aleksandr Ostrovskijs "Gewitter" (*Groza*, 1859), einem der berühmtesten russischen Dramen des 19. Jahrhunderts überhaupt, die Heldin Ekaterina Kabanova nach dem Ehebruch ebenso den Freitod wie Lev Tolstojs Anna Karenina (1875-1877). Noch die dämonischste Ehebrecherin bleibt in letzter Konsequenz einem Manne hörig und richtet ihr Rasen gegen sich selbst: Nachdem Nikolaj Leskovs "Lady Macbeth aus dem Landkreis Mcensk" (*Ledi Makbet Mcenskogo uezda*, 1865) Katerina L'vovna nacheinander ihren Schwiegervater, ihren Mann und schließlich sogar den erbberechtigten kleinen Neffen ermordet, um ihren Liebhaber an sich zu binden, muß sie nach der Entdeckung der Untaten auf dem Weg in die Zwangsarbeit Demütigung und Betrug über sich ergehen lassen. In äußerster Verzweiflung reißt sie nicht etwa den untreuen Geliebten, sondern ihre unselige Nebenbuhlerin mit sich in die Fluten. Die Schattierungen wirklicher oder imaginierter Schuld erfassen sogar die Personifikation der Reinheit: in Fedor Dostoevskijs gleichnamiger Erzählung stürzt sich die "Sanfte" (*Krotkaja*, 1876) nach dem Reuebekenntnis ihres Quälers mit einer Ikone vor der Brust in den Tod, unfähig, ihrer Gefühlserschütterung und der Pflicht zur Gattenliebe Herr zu werden.

Souveränität also bleibt Utopie, ganz zu schweigen von Überwältigung, gar Verderben bringender Macht. Wird eine gewisse Freiheit erlangt, so allenfalls durch die Gnade des Mannes. Im äußersten Falle steht die Umkehrung der Opferungsstruktur – sanktioniert durch das höhere Ziel des Sozialismus und auf männlicher Seite vorsichtshalber nur inszeniert, nicht realisiert: Nikolaj Černyševskijs Held Lopuchov täuscht in "Was tun?" (*Čto delat'?*, 1863) einen Selbstmord vor, um seiner Angetrauten die erträumte Ehe mit seinem Freund Kirsanov zu ermöglichen. Fedor Gladkovs nachgerade kanonischem sozialistischem Aufbauroman

"Zement" (*Cement*, 1925) bleibt es vorbehalten, in der Figur der Daša Čumalova eine Frau zu gestalten, die sich rücksichtslos ihren Weg fort von Mann und Kind (das sie in einem Heim verkümmern und schließlich umkommen läßt) bahnt.[3] Und dennoch bleibt in einem höheren Sinne das Strukturmodell gewahrt, denn auch Daša fügt sich. Nur das Regulativ ist ein anderes: nicht mehr der Mann, sondern Staat und Partei. Das kommunistische "Aufbau"programm sorgt dafür, daß sich die promiskuitiven Energien im Sexuellen ausleben und nicht etwa auf das Geistige übergreifen. Insofern liefert der Roman eine durchaus authentische Zustandsbeschreibung früher sowjetischer Machtpolitik. Im Moment der Systemstabilisierung kehren auch in der Sowjetunion die Daša Čumalovas an die Gebärfront zurück – zur Reproduktion der Arbeitsarmeen für Industrie und GULag.

Dabei hatte es in der russischen Literatur durchaus eine Traditionslinie gegeben, die das Mysterium Frau in seiner Abgründigkeit auszuloten suchte und sich durch eine in der europäischen Literatur selten intensive Spannung religiösen und ästhetischen Denkens auszeichnete. In seiner kleinen Schrift "Die Frau in der vornehmen Gesellschaft" aus den religionsphilosophischen Betrachtungen "Ausgewählte Stellen aus dem Briefwechsel mit Freunden" (*Vybrannye mesta iz perepiski s druz'jami*, 1847) schreibt Nikolaj Gogol' der Frau ungeachtet ihrer minderen sozialen Stellung die wahre, mystisch begründete Macht über das Menschengeschlecht zu: "Die Seele der Frau ist der Talisman des Gatten, der ihn vor moralischer Anfälligkeit bewahrt (...); umgekehrt aber kann die Seele der Frau auch sein Unheil bedeuten und ihn für immer zugrunde richten."[4]

Zu diesem Zeitpunkt war mit Marina Mnišek aus Puškins epochalem Historiendrama "Boris Godunov" (publ. 1831) die *femme fatale* bereits in die russische Literatur eingetreten. Es ist also auch hier wieder Puškin, der eine Traditionslinie sehr bewußt begründet, denn bezeichnenderweise erlaubt er sich gerade bezüglich dieser Frauengestalt eine der wenigen dichterischen Freiheiten gegenüber dem historischen Material. Die polnische Adelstochter – als geschichtliche Gestalt Maryna Mniszchówna (ca. 1588-1614) – steht im Drama als eigentlich treibende Kraft hinter dem Feldzug des Falschen Demetrius gegen Moskau. In aufrichtiger Liebe entbrannt, gibt sich Demetrius ihr als entlaufener Mönch und Hochstapler zu erkennen, sie aber fordert den Moskauer Thron als Preis einer Ver-

---

3 Der Roman wurde auch in Europa begeistert aufgenommen. Walter Benjamin sprach von einer "große(n) Erfahrung", die sich in diesem Werk "gültig gestaltet" habe, und resümierte: "Allmählich prägt sich, anders als die aufgeklärten Philanthropen es erwartet haben (wie für Rußland, so auch für Europa), das wahre Antlitz einer Emanzipation der Frau." Benjamin (1972) 62.

4 Gogol' IV (1981) 135. Wo immer möglich und sinnvoll, werden im folgenden russischsprachige Texte nach deutschen Übersetzungen zitiert.

bindung. Demetrius erkennt in ihr das Urbild der Verführerin, des Bösen schlechthin, ohne sich deshalb von ihrem fatalen Zauber befreien zu können, der ihn in das sichere Verderben stürzen wird:

> **Falscher Demetrius.** Nein, leichter ist's mit Godunov zu fechten,
> Intrigen auszutragen mit dem Jesuiten hier bei Hofe
> Als mit dem Weib! Der Teufel mag sie holen!
> Sie bringt Verwirrung, windet sich und kriecht heran,
> Entschlüpft der Hand, zischt, droht und sticht.
> O Schlange, Schlange! Nicht von ungefähr erschaudert' ich –
> In Verderbnis hätt' sie mich beinah' gestürzt.
> Es ist beschlossen: morgen geht's ins Feld.[5]

Marina findet lange Zeit keine Nachfolgerin. An ihre Stelle treten als entferntes Echo der schwarzen Romantik auch in Rußland vereinzelt Versatzstücke von Exotismus, Algolagnie und Vampirismus. Puškin selbst schreibt seine Cleopatra-Episode in den "Ägyptischen Nächten" (*Egipetskie noči*, 1835) vorsichtshalber noch einem italienischen Stegreifdichter zu. Phantastische Züge entziehen sowohl Gogol's "Wij" (*Vij*, 1835) als auch Ivan Turgenevs "Gespenster" (*Prizraki*, 1864) realistischer Konkretion. Turgenev ist es dann aber auch, der in vielen seiner Frauengestalten Puškins Linie subtiler Überwältigung wieder aufgreift, am eindringlichsten vielleicht in Gestalt der Lebedame Irina, die in "Rauch" (*Dym*, 1867) ihr amouröses Unwesen treibt. Erst Dostoevskijs Nastasja Filippovna aus dem Roman "Der Idiot" (*Idiot*, 1868-69) aber bietet in ihrer keineswegs nur erotischen Abgründigkeit das russische Pendant zu den bedeutendsten Entwürfen der europäischen Literatur.

Der alte Tolstoj schließlich entführt die *femme fatale* aus den Salons der Gesellschaft und der Bohème in das russische Dorf, wo sie als Allegorie des archaisch-dämonischen Eros zur Teufelsfigurierung mutiert. Persönliche Irritationen blieben nicht aus: seine 1889/90 entstandene Erzählung "Der Teufel" (*D'javol*) blieb, im Sesselfutter seines Arbeitszimmers eingenäht, zu Lebzeiten unveröffentlicht. Unter anderem schwankte der Autor zwischen zwei Lösungen: ursprünglich richtet der ob seiner Verfallenheit an die Bäuerin Stepanida zerquälte Gutsbesitzer Evgenij Irtenev die Waffe gegen sich selbst, in einem zweiten Entwurf mordet er die Kebse. Für Tolstojs Held geht die Erkenntnis der *femme fatale* mit religiösem Nihilismus einher: "Bin ich etwa verloren? Herr! Nein, es gibt ja keinen Gott. Es gibt den Teufel. Und das ist sie. Er hat mich überwältigt."[6] In der späten Erzählung "Vater Sergius" (*Otec Sergij*, 1890-1898) erhält

---

[5] Puškin VII (1948) 65, meine Übersetzung, R.G.

[6] Tolstoj XXVII (1936) 517. Ich zitiere nach dem russischen Originaltext, da die deutschen Übersetzungen der Erzählung in der Regel der ersten Schlußvariante (Selbstmord) folgen, in der dieses Zitat nicht vorkommt.

die *femme fatale* eine wohl einmalige, da positive religiöse Dimension. Hier erscheint sie als Närrin in Christo, deren rätselhafter Macht der bis dahin gegen alle Versuchungen gefeite Einsiedlermönch Sergius widerstandslos erliegt. Mit der Keuschheit zerstört sie zugleich seine Hybris und regt ihn zu einem Leben tätiger Nächstenliebe inmitten der zuvor insgeheim verachteten Menschen an.

II

Auch Décadence und Symbolismus, die Rußland unter intensiver Rezeption der europäischen Kunst und Literatur eine kulturelle Blütezeit, das "Silberne Zeitalter", bescheren, ändern wenig an der spezifischen Wahrnehmung der *femme fatale*. Aleksandr Bloks die gesamte Epoche prägender Zyklus "Verse von der Schönen Dame" (*Stichi o Prekrasnoj Dame*, 1904) bettet die Furcht vor weiblicher Dämonie in einen Hymnus mystischer Vergeistigung und erschafft damit ein Kunstwerk von verstörender Ambivalenz, das in "Die Unbekannte" (*Neznakomka*, 1907) sein dramatisches Pendant findet. Selbst in Fedor Sologubs Drama "Geiseln des Lebens" (*Založniki žizni*, 1912) gemahnt die geheimnisvoll-verführerische Künstlerin Lilit ungeachtet ihres emblematischen Namens eher an Goethes Mignon denn an die babylonische Sturmdämonin (Jes 34,14) und Herrin der *Succubi* oder gar Adams frevlerische erste Frau, wie sie die jüdische Legende schildert.

Mit ihrer raschen Trivialisierung in Europa und den USA, die sie am Ende des Jahrhunderts in Form unfreiwilliger Filmtravestien als Kassenschlager enden läßt, klingt die Zeit der dämonischen Verführerinnen aus. Noch jäher erscheint die Zäsur in Rußland, wo die bolschewistische Machtergreifung 1917 der ideologischen Funktionalisierung auch des Frauenbildes in ganz anderer Richtung Vorschub leistet.[7] Gerade unter den Bedingungen des sich herausbildenden totalitären Staates jedoch kann die *femme fatale* eine neue, subversive Dimension gewinnen – als Tyrannenmörderin in Evgenij Zamjatins Historiendrama "Atilla" (1924-27). Die Machthaber erkannten die Sprengkraft des Stoffes sehr wohl. Trotz mehrerer Umarbeitungen gemäß den Vorgaben der Zensur und der Fürsprache Maksim Gor'kijs wurde das Stück noch während der Proben an einem der führenden Theater des Landes, dem Leningrader Großen Dramentheater (Bol'šoj Dramatičeskij Teatr, BDT)[8] abgesetzt, um in der Folge niemals

---

[7] Vgl. hierzu insbesondere die ersten beiden Kapitel der materialreichen Studie von Wolffheim 1979.

[8] Unmittelbar nach der Revolution auf Initiative von Aleksandr Blok, M. Gor'kij und M.F. Andreeva gegründet, hatte sich das BDT durch aufsehenerregende Klassiker-Inszenierungen (Shakespeare, Schiller, Goldoni, Molière) ebenso einen Namen

aufgeführt zu werden. Der Kampf um das Drama erreichte am Ende sogar den Vorsitzenden des Obertribunals beim Zentralen Exekutivkomitee und späteren Volkskommissar für Justiz der Sowjetunion, Nikolaj Krylenko.[9]

Zermürbende Erfahrungen innerhalb des sowjetischen Kulturbetriebes hatte Zamjatin seit langem sammeln können, doch erst der vergebliche Kampf um "Atilla" bewog den Künstler, der einst von sich gesagt hatte, außerhalb Rußlands nicht schreiben zu können, endgültig zum Gesuch um Ausreise aus der Sowjetunion. In seinem berühmten Brief an Stalin resümiert Zamjatin im Juni 1931: "Das Scheitern meiner Tragödie 'Atilla' war in Wahrheit meine Tragödie: nun wurde mir die Zwecklosigkeit aller Versuche, meine Lage zu ändern, vollkommen bewußt".[10] Allein der Fürsprache Gor'kijs ist es zu verdanken, daß Zamjatin Ende 1931 als letzter Emigrant von Stalins Gnaden die "belagerte Festung" UdSSR verlassen und sich in Paris niederlassen durfte – bis zu seinem Lebensende als sowjetischer Staatsbürger. Das Schicksal des im eigenen Lande Verfemten war dem 1884 in Lebed'jan (Gouvernement Tambov) geborenen Schiffsbauingenieur von Jugend an vertraut gewesen: bis 1906 Mitglied der bolschewistischen Fraktion innerhalb der SDAPR, verbüßte er sowohl im zaristischen als auch im kommunistischen Rußland politisch motivierte Haftstrafen.

Später als die meisten fand Zamjatin wenigstens über seine Schriften in die Heimat zurück – sein Sündenfall war der schwerste gewesen: die 1919/20 entstandene und nur im Ausland veröffentlichte Anti-Utopie "Wir" (*My*) hatte 1929 als Vorwand zu einem bis dahin ungekannten Kesseltreiben gegen ihren Autor gedient und den Präzedenzfall für ungezählte Vernichtungskreuzzüge gegen unbotmäßige Autoren geschaffen. Zamjatins Todesjahr 1937 im Pariser Exil haftet von daher die verstörende Symbolik einer jeden Koinzidenz an, verschwanden doch zur selben Zeit unzählige seiner in der Heimat verbliebenen Weggefährten im Labyrinth des GULag. Dabei erschöpft sich die Bedeutung des Romans nicht nur in seiner Funktion als Menetekel des totalitären Kommunismus. Zamjatin fühlte sich den Idealen der Aufklärung zu sehr verpflichtet, um die

gemacht wie durch die rasche Rezeption der europäischen Avantgarde, insbesondere des deutschen Expressionismus: Georg Kaiser und Ernst Toller erlebten am BDT ihre russischen Erstaufführungen, die später zum Vorwand einer Kampagne gegen die "formalistischen Tendenzen" des BDT dienen sollten. Hier war die Crème der Leningrader Schauspielkunst engagiert: Jur'ev, Monachov (mit der Hauptrolle in Zamjatins größtem Bühnenerfolg, "Der Floh" [*Blocha*, 1924]), Maksimov, Lavrent'ev und andere begründeten den Ruf des Theaters als einer der ersten Bühnen des Landes.

[9] Die Absetzungsgeschichte und den sich anschließenden Zivilprozeß Zamjatins gegen das BDT untersucht Verf. anhand der erhaltenen Archivmaterialien in Goldt (1995) 244-257.

[10] Brief Samjatins an Stalin. Samjatin IV (1991) 150.

Urgründe dieser Entwicklung nicht selbst zu erahnen. Der Verlauf der französischen Revolution als des Urknalls der politischen Aufklärung, in den Essays verschiedener Jahre immer wieder en passant thematisiert, wies in Zamjatins Augen auch Rußland den Weg: ein auf jegliche metaphysische Legitimation verzichtender Staat kann sich allein durch ein Wuchern der Zentralgewalt der Loyalität seiner Bürger versichern. Der Rousseau-Schüler Robespierre ist die personifizierte Illustration dieser aufklärerischen Dialektik, der Terror ihre Konsequenz.

Was die physische Trennung bewirkte, ist zugleich schicksalhaftes geistiges Bindeglied geblieben: "Wir" war stets ein Schlüsselwerk für das Verständnis Zamjatins ebenso wie des Sowjetregimes. Noch 1987 bezeichnete der amerikanische Literaturwissenschaftler Garry Kern die (damals immer noch ausstehende) Publikation von "Wir" in Zamjatins Heimat als "Lackmus-Test" des Systemwandels: "(This book) would hardly cause a mass revolution, but it might start a little revolution in the mind of each reader."[11] Ein Jahr darauf erschien der Roman zum ersten Male in der UdSSR – das intellektuelle Eingeständnis des bevorstehenden staatlichen und ideologischen Zusammenbruchs. Nicht von ungefähr also verbleibt Zamjatin sowohl im Bewußtsein der literarischen Öffentlichkeit als auch der Literaturwissenschaft im Bannkreis seines einzigen vollendeten Romans.

Dies war zu Lebzeiten Zamjatins anders. Mit "Der Floh" (*Blocha*) hatte er noch Ende der zwanziger Jahre russische Theatergeschichte geschrieben, auf das Theater, insbesondere Max Reinhardt, richteten sich alle Hoffnungen des Emigranten. Und in der Tat wurde Zamjatin 1931/32 auf den ersten Stationen seiner Odyssee durch Europa, in Riga, Berlin, Prag und schließlich Paris, auch und vor allem als Bühnenautor empfangen und beurteilt.

Das Interesse an historischen Stoffen begleitet Zamjatin seit seiner Wendung zum Drama und findet 1921 in dem Inquisitionsstück "Die Feuer des heiligen Dominik" seinen ersten, offen antitotalitären Niederschlag – die Reaktion der Kritik ist entsprechend scharf. Die Lektüre Spenglers eröffnet Zamjatin einen neuen Begriff historischer Gleichzeitigkeit. Hatten ihn bis dahin seine beiden einschneidenden politischen Erfahrungen – des entwickelten Kapitalismus in England, wo er sich von 1916-1917 zum Bau von Eisbrechern für die russische Flotte aufhielt, und des Terrors nach der kommunistischen Machtergreifung in Rußland – in seiner Auffassung bestärkt, Zeuge eines umfassenden, nur äußerlich mit verschiedenen ideologischen Vorzeichen geführten zivilisatorischen Nivellierungsprozesses zu sein, so weckte nun die Theorie der sog. "Großen Parallele" zwischen dem Niedergang Roms und des zeitgenössischen Europa vor

[11] Kern (1988) 20.

dem Hintergrund der von einem 'jungen', barbarischen Volk getragenen Weltrevolution sein Interesse.

Den äußeren Gestaltungsrahmen schufen kulturpolitische Veränderungen. Nachdem am 19. Januar 1918 ein Theaterrat im Volkskommissariat für Aufklärung eingerichtet worden war, wurden noch während des Bürgerkriegs Pläne zu einer umfassenden organisatorischen und ästhetischen Neuorganisation des Bühnenwesens ausgearbeitet. Gor'kijs Idee, es sei im Sinne der Volksbildung wichtig und wertvoll, entscheidende Wendepunkte der Menschheitsgeschichte auf die Bühne zu bringen, fand den lebhaften Beifall des Volkskommissars für Aufklärung, Anatolij Lunačarskijs.

Zur künstlerischen Verwirklichung seines Programms rief Gor'kij im August 1919 in Petrograd die "Sektion für historische Stücke" ins Leben, der neben Gor'kij selbst u.a. Zamjatin und Aleksandr Blok angehörten. Gerade der Einfluß des letzteren scheint eine nicht unbedeutende Rolle für Zamjatins "Atilla" gespielt zu haben, denn gleichfalls im August nimmt Blok einen unvollendet gebliebenen Essay über Geschichtsdramen in Angriff, dessen Konzeption Zamjatin vertraut gewesen sein dürfte. Programmatische Berührungspunkte sind in der Tat unübersehbar. So hebt Blok Carlyles Theorie der geschichtsbildenden Einzelpersönlichkeit hervor, die Zamjatin in seinem Konzept des 'Häretikers' als der primär geschichtsbildenden Kraft nur bestätigen konnte.

Der Grundkonflikt, den das gesamte Projekt einer dramatisierten Weltgeschichte als prinzipiell wirksames historisches Moment herauszuarbeiten habe, greift jedoch über das Individuelle hinaus. Es handelt sich hierbei für Blok um den zu allen Zeiten existenten Widerstreit von Natur und Zivilisation, wie er auch für Zamjatins Werk modellbildend ist:

> (...) die gesamte Serie soll den Kampf zweier Grundprinzipien illustrieren – von Kultur und elementarem Dasein in all ihren möglichen Erscheinungsformen. Elementares Dasein ist sowohl im Sinne der Natur als auch im Sinne entfesselten menschlichen Wesens zu verstehen.[12]

---

[12] Blok VI (1962) 425. Nicht ohne Bedeutung für Zamjatin dürfte auch Bloks 1919 erschienene Schrift "Catilina. Eine Seite aus der Geschichte der Weltrevolution" (*Katilina. Stranica iz istorii mirovoj revoljucii*) gewesen sein, in der Catilina als "römischer Bolschewik" rehabilitiert wird.

III

Diese und ähnliche Überlegungen brachten Zamjatin Ende 1924 auf die Idee, sich dem Attila-Stoff zuzuwenden, der ihn mit mehreren Unterbrechungen bis zu seinem Tode nicht mehr loslassen sollte.[13]

Angesichts des Fehlens einer deutschen Übersetzung sollen im folgenden vor dem Hintergrund der historischen Ereignisse kurz der Inhalt des Stückes und die Entwicklung der wesentlichen Charakterlinien Hildegondas skizziert werden. Zamjatins vieraktige Tragödie behandelt die zentralen Episoden des Hunnenfeldzuges vom gescheiterten Attentat auf Attila im Jahre 448 (1. Akt) über die Belagerung und Einnahme von Orléans (2. Akt) hin zur Nacht nach der Schlacht auf den Katalaunischen Feldern, also dem 20. Juni 451, im dritten Akt schließlich Attilas Hochzeit mit Ildiko oder Hildegonda (russ. Il'degonda), wie Zamjatin sie germanisierend nennt, und seinem Tod im Schlußakt, der somit in das Jahr 453 fällt.

Das Drama setzt mit der Ankunft der byzantinischen Gesandtschaft im Lager Attilas ein, wie sie von dem byzantinischen Chronisten Priskos überliefert ist.[14] Attila hat soeben seinen Bruder Bleda – im Russischen Vleda – als Verräter hinrichten lassen und führt einen gespenstischen Dialog mit dessen abgeschlagenem Haupt – grausam, wie er sagt, allein gegen Verrat und Unwahrheit. Bei der anschließenden Ratsversammlung mit den byzantinischen Gesandten, die Attila im Auftrage des Kaisers Theodosius mit Goldgeschenken befrieden wollen, bemerkt Attila zum ersten Male die Geisel Hildegonda, die ihm mutig widerspricht und einen faszinierenden Eindruck auf ihn ausübt: "Ich sehe, man kann dich fürchten. Bis heute war mir dieses Wort unvertraut – Furcht, doch schön bist du auf eine Weise, die fürchten läßt ..." (399).

Die Gesandtschaft dagegen wird von Attila höhnisch und herablassend behandelt. Hatte deren Hauptunterhändler Maximin zuvor bereits Priskos illusionslos die wirkliche Lage geschildert ("Siehst du, wie meine Hände zittern, die Augen tränen, zahnlos der Mund? Solche Augen und Hände, solch einen Mund besitzt Rom. Rom ist wie ich zum Greis geworden.",

---

[13] Im Druck erschien die Tragödie zum ersten Male postum 1950 in der New Yorker Emigrantenzeitschrift *Novyj žurnal*, aus dem Nachlaß herausgegeben von Zamjatins in Paris lebender Witwe. Dieser Fassung folgt auch die Werkausgabe Zamjatin II (1979) 389-448, die zugleich die Textgrundlage für vorliegende Darstellung bildet; die Belege erfolgen unmittelbar im Text in Klammern nach dem jeweiligen Zitat. Erstausgabe in Rußland: *Atilla. Tragedija v četyrech dejstvijach.* Publikacija G. Matveevoj i A. Striževa. In: Sovremennaja dramaturgija 1990 (1), 205-227. Eine Übersetzung ins Deutsche existiert nicht. Der unvollendet gebliebene Roman *Bič Božij* (Die Geißel Gottes, postum 1939) behandelt nur Kindheit und Jugend (dt. *Die Geißel Gottes.* Übersetzt von Xaver Schaffgotsch. Hamburg/München 1965 (Kleine russische Bibliothek); Neuauflage unter dem Titel: *Attila, die Geißel Gottes. Eine Geschichte.* Mit einem Nachwort von Helen von Ssachno. [Zürich] 1979.

[14] Vgl. hierzu die deutsche Übersetzung in Homeyer (1951) 88-130.

392), so durchschaut nun auch Attila die ganze Machtlosigkeit seiner Gegner. Ohne das Wissen des ehrwürdigen Maximin hat unterdessen Vigila, der Bräutigam Hildegondas, einen Attentatsplan gegen Attila vorbereitet, der sich auf den Verrat Edekons, eines engen Vertrauten des Hunnenführers stützt. Ernst nimmt er Abschied von seiner Geliebten. In der Ahnung bevorstehenden Unheils hebt sie daraufhin zu ihrem ersten wichtigen Monolog an: brüsk weist sie die überlieferten Epitheta musischer Weiblichkeit zurück, um eine Aufgabe als Kämpferin zu beanspruchen – mit härteren Händen noch als ihr Bräutigam:

> **Hildegonda.** Vigila, du bist blaß? Deine Hand
> erzittert in der meinen. Was ersannest du?
> Vielleicht bin ich es, die dir wird helfen können?
> Meine Hände sind nicht so zärtlich wie die deinen,
> die Laute vermag ich nicht zu spielen –
> doch mit Lanze und Messer verstehe ich zu spielen (...) (393)

Vigila schweigt irritiert, doch seine Befürchtungen bewahrheiten sich: Edekon ist nur zum Schein auf seine Pläne eingegangen und deckt die Verschwörung auf. Mit Schande beladen muß Maximin in der sicheren Erkenntnis des nun unausweichlich gewordenen Krieges umkehren, Vigila soll, schmachvoller noch als der Tod, mit der Peitsche gezüchtigt werden.

Der zweite Akt sieht das belagerte Orléans in den letzten dramatischen Stunden vor der Einnahme durch die Hunnen. Während die Sklaven insgeheim die Übergabe der Stadt vorbereiten, weil sie sich durch Attila ihre Befreiung erhoffen, versucht Bischof Annian verzweifelt, den Widerstandswillen aufrechtzuerhalten. Als die Situation hoffnungslos wird, erfleht Hildegonda den Tod durch die Hand ihres Verlobten, Vigilas, doch bringt dieser die Kraft zur Bluttat nicht auf. Rasend vor Wut greift Hildegonda selbst zur Waffe und erschlägt einen der verräterischen Sklaven. Die Stadt wird eingenommen, und Attila verspricht dem Vater des getöteten Sklaven, ihm den Mörder seines Sohnes auszuhändigen. Als er erfährt, um wen es sich handelt, wird er wortbrüchig, da er Hildegonda als Beute für sich begehrt. Dieser Wortbruch soll ihm schließlich zum politischen und menschlichen Verhängnis werden.

Die Ermordung König Gunnikars, Hildegondas Vater, von Attilas Hand, in den Ursprungsvarianten noch Bestandteil der Handlung, wird auf Druck der Zensur in der Fassung letzter Hand durch Botenbericht mitgeteilt, um die revolutionäre Aura des Hunnenkönigs nicht vollends zu zerstören.[15] Dennoch bleibt der Mord Handlungselement, denn erst diese Untat läßt Hildegonda ihre Bestimmung als Rächerin finden: "Du

[15] Zur Darstellung der Textgenese unter Berücksichtigung der verschiedenen Zensureingriffe auf der Basis der erhaltenen Autographen sowie der Korrespondenz vgl. Gol'dt (1996).

erschlugst den Vater ... Hüte dich!" (418) schleudert sie dem Triumphator entgegen, der ihren Haß als erotische Verheißung genießt: "Stehst du so vor mir, die Zähne zusammengebissen,/ die Augen wie Lanzen auf mich gerichtet,/ so bist du schöner noch, hörst du?" (418).

Diese Konstellation entspricht exakt der von Carola Hilmes beschriebenen Funktionalisierung des Eros bei Rache-, Opfer- und Tötungsmotiven: auch Hildegondas Handlungsspielraum bleibt auf die Macht der Sinnlichkeit beschränkt, die abhängig bleibt "von einer entsprechenden Disposition ihres Gegenübers, sie konstituiert sich unter dessen (patriarchalischem) Blick."[16] Dieser Begrenzung ist sie sich sehr wohl bewußt. Als sie im dritten Akt die Rettung durch Aetius ausschlägt, beruft sie sich auf die schon Puškins Marina Mnišek auszeichnende Urwaffe satanischer Weiblichkeit – die schlangengleiche Verführung. Im Gegensatz zum Geschichtsmythos ist es eine primär private Rachephantasie; die Staatsräson (Rom) steht bezeichnenderweise an letzter Stelle:

> **Hildegonda.** Ich werde nicht eher gehen,
> als ich Attila alle Schulden beglichen haben werde:
> für mich, den Vater, Vigila und Rom.
> **Aetius.** Er wird zurückkehren, dich auf das Brautlager werfen.
> Du bist doch waffenlos. Er ist stärker ...
> **Hildegonda**. Ist denn die Schlange waffenlos? Ich werde eine Schlange sein:
> meine Zunge wird sich spalten, schlangengleich
> werde ich ein Lächeln wie Gift aus mir herauspressen...
> Ich werde ihn betrügen können... (428)

Der dritte Akt unternimmt einen Sprung in die Nacht nach der Schlacht auf den Katalaunischen Feldern. Im Lager Attilas ist man sich des Ernstes der Lage bewußt, doch der Heerführer ist in erster Linie damit beschäftigt, Hildegondas erotischen Widerstand zu brechen. Um sie von Vigila zu lösen, läßt er diesen vorführen und zwingt ihn, die Narben der einstmals erhaltenen Züchtigung vorzuweisen: er hatte sie nach seinem Attentatsversuch akzeptiert, um nicht zu sterben. Mehr noch als das Entsetzen über die Charakterlosigkeit ihres Bräutigams erschüttert Hildegonda die Einsicht, daß es auf seiten der Römer niemanden mehr gibt, der sich mit Attila messen könnte, da zudem auch noch Gerüchte über den Tod des Aetius die Runde machen. In diesem Augenblick faßt sie ihren Entschluß: sie will eine Annäherung suchen, um den Hunnenkönig eigenhändig zu ermorden. Um sich das Vertrauen Attilas zu erschleichen, opfert sie bereitwillig den Geliebten. Vor die Wahl gestellt, um sein Leben zu bitten oder ihn dem Tode zu überantworten, verfügt sie: "Ich will, daß er keine Minute länger leben wird! Wie konnte ich ihn jemals lieben?" (429) Als sich kurze Zeit

---

16 Hilmes (1990) 225.

später Aetius nach einer geheimen Unterredung mit Attila zu Hildegonda schleicht und ihr mit seinem freies Geleit versprechenden Siegelring Attilas die Flucht ermöglichen will, lehnt diese ab: der Mordplan ist unumstößlich, auch um den Preis des eigenen Untergangs. Doch damit errettet sie unwillentlich auch Vigila, den Aetius ausfindig macht und dem er nun den Ring zusteckt, mit dem er entfliehen kann.

Der vierte Akt zeichnet in rascher Handlungsfolge den Weg in die Katastrophe nach. Trotz aller Warnungen und Vorzeichen, derer Attila während seiner gesamten Laufbahn stets achtete, vermag Hildegonda sein Vertrauen zu gewinnen. Ein geheimnisvoller Skalde erscheint im Lager: es ist der verkleidete Vigila, der in seiner Laute einen Dolch verborgen hält. Sie verabreden, Hildegonda solle in der Hochzeitsnacht nach seiner Laute verlangen, um ihrem Bräutigam aufzuspielen. Der Plan gelingt, Attila stirbt unter ihren Händen, Vigila und Hildegonda aber werden von seinen Getreuen ergriffen.

IV

Ein Vergleich mit den Erkenntnissen der Geschichtswissenschaft ergibt, daß Fakten und Fiktion gleichermaßen im Dienst des Modellcharakters des dargestellten Konflikts stehen. So findet zwar Attilas Mord an seinem Bruder Bleda Erwähnung, doch verlegt Zamjatin die wohl aus rein dynastischen Gründen begangene Bluttat als angebliche Strafe für beabsichtigten Verrat in die unmittelbare Gegenwart. Das Ziel der spektakulären Szene ist durchsichtig: Attila wird als Staatsmann gezeigt, der gewohnt ist, private Emotionen der Staatsräson bedingungslos unterzuordnen – bis Hildegonda in seinem Leben erscheint.

Kaum weniger frei interpretiert Zamjatin die Belagerung von Orléans. Zwar wurde die Stadt in der Tat von den Hunnen belagert, doch nicht eingenommen: laut Überlieferung trafen die Entsatztruppen des Aetius just an dem Tage ein, als Orléans zur offenen Stadt erklärt worden war und die Plünderungen bereits einsetzten; der Burgunderkönig Gundahari war bekanntlich bereits 435/36 bei der Zerstörung von Worms gefallen. Die historisch inkorrekte Darstellung Zamjatins, Orléans sei durch einen Aufstand des städtischen Proletariats, das Attila die Tore öffnete, an die Hunnen gefallen, war nicht mehr als ein durchsichtiger Versuch, Attila der sowjetischen Zensur als eine Art spätantiken Spartakus zu verkaufen.

Die bis heute historisch nicht eindeutig beantwortete Frage, wieso Aetius die nach der Schlacht auf den Katalaunischen Feldern schwer angeschlagenen Truppen Attilas entweichen ließ, löst Zamjatin auf seine Weise, indem er ein geheimes nächtliches Treffen der beiden Heerführer arrangiert, in dessen Verlauf er die gegensätzlichen Weltbilder der beiden durch eine Art Haßliebe miteinander verbundenen Protagonisten darstellen kann. Obwohl sich für ein solches Treffen keine historischen Belege finden lassen, entspricht es dem Geist der Ereignisse: Aetius war seinerzeit als Geisel bei den Hunnen aufgewachsen und hatte an ihrer Seite 427 gegen die Wisigoten und 428 am Feldzug gegen die Franken teilgenommen. Nachdem er 432 in Rom zeitweilig in Ungnade gefallen war, fand er wiederum Asyl bei den Hunnen.

Der zentrale Konflikt schließlich zwischen Attila und Hildegonda fußt vollends auf Spekulationen. Bewiesen ist lediglich, daß das von Zamjatin zwecks Dramatisierung der Ereignisse eingeführte Verlöbnis zwischen der Burgunderprinzessin und dem römischen Diplomaten Vigila niemals bestanden hat. Die historische Rolle Ildikos zerfließt im Nebel der Mythen und Spekulationen – die Chroniken wissen über sie nicht mehr als ihre Herkunft und ihre Anwesenheit in der Nacht von Attilas Tod zu berichten. Der verlorene, als zuverlässig geltende Bericht des Priskos über den Untergang Attilas wird von Jordanes zitiert, der unterstreicht, Attila sei eines natürlichen Todes gestorben ("non vulnere hostium; non fraude suorum")[17]. Doch bereits zwanzig Jahre vor Jordanes und ungefähr 70 Jahre nach Attilas Tod erwähnt Marcellinus Comes in seiner Chronik angeblich glaubwürdige Gerüchte, wonach Attila von seiner germanischen Braut ermordet worden sei. Diese Version verbreitete sich interessanterweise nur im byzantinischen Schrifttum, während im Weströmischen Reich lange Zeit überhaupt nichts über das weitere Schicksal Attilas nach seinem Abzug nach Osten bekannt war. Erst sehr viel später entsteht dann die Deutung, die auch Zamjatin seinem Drama zugrundelegt, Ildiko habe sich an Attila für die Ermordung ihres Vaters rächen wollen.[18]

V

Der Aufbau folgt dem offenen Typus des historischen Dramas, wie es Aleksandr Puškin, seinerseits auf der Shakespeare-Lektüre fußend, mit seinem "Boris Godunov" in die russische Literatur einführte. Der Heterogenität seines Personals, das vom Herrscher bis zum Sklaven alle sozialen Schichten umfaßt, versucht Zamjatin auch stilistisch bis zu den wohlgesetzten Blankversen der römischen Senatoren und Hildegondas Rechnung zu tragen. Nur Attila genießt eine Sonderstellung, vermag er sich doch als

[17] Zit nach de Boor (1963) 19.

[18] Einen historischen Überblick über die Versionen zum Tode Attilas bietet, versehen mit ausführlichen Zitaten aus lateinischen und griechischen Chroniken, De Boor (1963), auf den ich mich hier neben den bekannten Arbeiten von Thierry (^{2}1859), Altheim (1951) und Homeyer (1951) im wesentlichen beziehe.

einziger seinen jeweiligen Gesprächspartnern anzupassen, verfügt folglich über die ausgeprägteste kommunikative Kompetenz.

Bereits der erste erhaltene Entwurf Zamjatins bezeugt, daß der Konflikt zweier außergewöhnlicher Charaktere, obwohl im Laufe der Arbeit vielfältigen Variationen unterworfen, von vornherein als Urzelle des Dramas angelegt war. Das undatierte und offensichtlich flüchtig notierte Fragment erwähnt überhaupt nur drei Charaktere des zukünftigen Stückes: Attila, dessen Ehefrau Kerka und Hildegonda. Über Hildegonda heißt es dort:

> Zur einen Hälfte besteht sie aus demselben Metall wie auch Attila, zur anderen Hälfte ist sie Frau. Sie liebt Vigila, doch zeitweise wirkt Attilas Stärke auf sie; sie gerät in Verwirrung. Deshalb wird sie sich selbst verhaßt – und noch verhaßter wird ihr Attila. Stolz und unzähmbar. Sie weiß, daß sie die Sklavin Attilas werden kann und ihn deshalb lieber umbringen wird, als sich ihm auszuliefern. (A1)[19]

Kerka dagegen, die gesetzliche Gattin Attilas, wird in ganz anderen Farben gezeichnet: "Sie ist ganz Frau, Ehefrau und Mutter mehr als Geliebte." (A1) In einem anderen Entwurf heißt es, sie sei "demütig" und "der konsequente Typus einer liebenden Frau, die um des Glückes ihres Geliebten willen sogar bereit ist, auf ihr Recht zu lieben zu verzichten." (A2)

Eine eigentümliche Strukturparallele zu Zamjatins Zukunftsroman "Wir" tut sich auf. Hier steht der Chefkonstrukteur D-503 zwischen seiner staatlich vorgeschriebenen, d.h. legalen Geliebten O-90, die zudem ein Kind von ihm erwartet, und der herrisch-verführerischen I-330, die sich als Agentin einer geheimnisvollen, feindlichen und verbotenen Welt entpuppt. Allein die politisierten Deutungen des Romans machten es über Jahrzehnte hin möglich, zu übersehen, daß die Wandlung des staatstreuen Ingenieurs D-503 zum vorübergehenden Revolutionär weder auf politischer noch auf ethischer Einsicht, sondern wie das Scheitern Attilas letztlich auf einem sexuellen Hörigkeitsverhältnis basiert: der Sieg des Irrationalen über das Gesetzliche der Geschichte.

Dabei erscheint Hildegonda in ihrer ätherischen Körperlosigkeit auf den ersten Blick eher als betende Heilige denn als betörende Hetäre. Weder der Nebentext noch die Dialoge gewähren Aufschluß über ihr Äußeres, ihren Habitus, über Gestik, Kleidung, Requisiten und Proxemik – Hildegonda ist zunächst einmal ganz Sprache, und dies bedeutet in ihrem Fall Distanz, Autorität und intellektuelle Schärfe. Unwirklich wie ihr Charakter ist auch ihr Redestil – sie äußert sich entweder in Blankversen oder aber vierhebigen Jamben im Kreuzreim, die jeder russische Leser als stille Reverenz an Puškin erkennt.

---

[19] Zu den bibliographischen Angaben der zitierten Autographen s. Literaturverzeichnis.

Es sind dies vornehmlich in den Dialogen mit Attila Verse von orakelhafter Dunkelheit oder aber unverhohlener Bedrohlichkeit. Hildegondas Metaphern entstammen ausschließlich der Welt des Organischen und Antizivilisatorisch-Kreatürlichen. In ihrer Nähe verkehrt sich damit sogar das gesamte Wertesystem des Dramas, tritt doch Attila, ansonsten Protagonist des Barbarentums, ihr gegenüber als Bezähmender und damit Vertreter der Zivilisation auf. Man sehe den folgenden anspielungsreichen Dialog:

> **Attila** (zu Hildegonda gewandt): Im Walde ein Wölflein wollt'
> sich mir entreißen. Gezähmt nun folgt es mir ergeben.
> **Hildegonda**: Im Walde ein Wolf mich wollte reißen,
> unter meinen Händen haucht' er aus sein Leben. (400)

Schon an dieser Stelle wird deutlich, daß Hildegonda in ihrer priesterinnenhaften Kälte nicht als sinnliche Dämonin, sondern eher als kaltes, unempfindliches und unheilvolles Götzenbild wirken wird, vor dem die Männer – darunter natürlich auch der ihr weit unterlegene Vigila – wie auf einem Büßerkissen zu Boden sinken. Mit der sprachlichen Distanziertheit korrespondiert eine Art Berührungstabu, das Hildegonda umgibt – Berührung bedeutet unweigerlich den Tod. So erdolcht sie wie erwähnt im 2. Akt einen verräterischen Sklaven ebenso kaltblütig wie am Ende Attila während der Hochzeitsnacht. Sie ist es auch, die Vigilas Hand an ihren Busen führt, um ihn spüren zu lassen, wie es wäre, wenn Attila sie liebkose, und fordert deshalb den Todesstoß. Als es Vigila an Mut und Kraft zur Bluttat gebricht, überantwortet sie ihn als Schwächling bereitwillig dem Tode, benutzt ihn jedoch später bereitwillig als Helfer zur Ermordung des Tyrannen.

Noch das einzige Aufwallen einer Gefühlsregung, eine Erinnerung an frühere Steppenausritte mit Vigila, verweist schon in der ersten Szene auf den synthetisch-stilisierten Charakter dieser Heroin. Natürlich waren Zamjatin die Schwierigkeiten bewußt, unter denen eine Burgunderprinzessin in Steppengebiete gelangen konnte. Viel mehr als um eine realistische Motivierung geht es ihm darum, gleich zu Beginn in Verbindung zu Hildegonda ein spezifisch russisches Kulturem aufzurufen: das Bild der Steppe als des koordinatenlosen, kulturell unstrukturierten Lebensraumes als ihrer Wahlheimat. Damit aktiviert Hildegonda das seit den 10er Jahren in Rußland modisch-subversive Skythentum als Ausdruck eines originären geistigen Suchertums jenseits von Zivilisation und Dogma – man denke nur an Prokof'evs "Skythen-Suite", an Bloks programmatisches Poem "Skythen?" oder die gleichnamige literarische Vereinigung, der Zamjatin u.a. auch als Autor eines ebenso betitelten Essays zeitweilig nahegestanden hatte.

Erinnert man sich noch einmal des bereits zitierten ersten Entwurfs, so klang dort u.a. die Furcht Hildegondas vor der Faszinationskraft Attilas durch und damit als Urbild Helenas Furcht vor der Erkenntnis eigener Verfallenheit an Paris. Dieses in der einzig existierenden Druckfassung getilgte Troja-Motiv sollte ursprünglich im 2. Akt zur Entfaltung gelangen. Mit lustvollem Schaudern blickte Hildegonda hier von den Stadtmauern des belagerten Orléans auf die anrückenden Kämpfer und brüstet sich vor dem Bischof Annian, Attila habe den Feldzug nur ihretwegen unternommen.

VI

Es ist aufgrund der erhaltenen Entwürfe schwierig zu beurteilen, wie wichtig Zamjatin dieses Motiv war und welche Quellen er eventuell benutzte. Möglicherweise, ja sogar wahrscheinlich spielte auch sekundäre Vermittlung durch die Kunst der *Décadence* eine Rolle – man denke nur an die zahlreichen literarischen Kommentare und sogar Gestaltungen, die Gustave Moreaus als Skandalon empfundenes Gemälde "Hélène" im Jahre 1880 hervorrief. "Ein Knäuel von jammervollen Opfern liegt zu ihren Füßen ... Man könnte meinen, sie hätten sich freiwillig auf einen Scheiterhaufen geworfen", schrieb dazu der Zeitgenosse Ary Renan.[20] Annian jedenfalls ermahnt Hildegonda in einem langen Monolog zur Demut und erläutert ihr die historische Bedeutung der Heimsuchung durch Attila als einer Geißel Gottes, ausgesandt, die unbotmäßige und sündige Christenheit zu züchtigen.

Natürlich vermochte eine solche Szene nicht vor der Zensur zu bestehen, und damit wird ein textologisches Problem von prinzipieller Bedeutung berührt. Die klägliche Karikatur eines Klerikers, als die uns Annian im Stück begegnet, entspricht nämlich keinesfalls der Intention Zamjatins, sondern kam ausschließlich auf Druck von außen zustande. Davon zeugen sowohl der Briefwechsel mit seiner Frau als auch die verschiedenen Fassungen und Entwürfe.

Mit der Eliminierung Annians als eines zentralen Ideenträgers fiel zugleich das entscheidende Korrektiv für Hildegondas Hybris fort, die sich nicht zu ihrem weiteren historischen Auftrag fügte – das Ergebnis ist ein Verlust an Mehrdimensionalität nicht nur Annians, sondern auch Hildegondas. Zamjatin löst das Problem, indem er Hildegondas walkürenhafte Züge unterstreicht. War sie im ersten Akt zunächst nur Sprechende, so demonstriert sie ab dem 2. Akt ihre Fähigkeiten als Handelnde. Sie erhebt sich zur Heroin des Widerstandes und, wie gesehen, zur Richterin über Leben und Tod.

---

20 Zit. nach Praz (^{2}1981) 258.

Dennoch bleibt Zamjatin Motiven der *Décadence* auf eine Weise verpflichtet, deren laszive Schwüle selbst hinter die zeitgenössische Moderne und hier vor allem auch Zamjatins eigene Prosa weit zurückfällt. Fast will man der puritanischen Zensur dankbar sein, daß sie einige Passagen ebenso aufgesetzter wie ausgesuchter Perversitäten (etwa bei der obszönen Schilderung einiger von Attila begangener Greueltaten) tilgte. Erhalten geblieben ist jedoch das an masochistische Hörigkeit grenzende Unterwerfungsverhältnis Vigilas unter Hildegonda, das seinen Höhepunkt in einer auf uns Heutige fast peinlich wirkenden Belauschungsszene im letzten Akt findet. Nachdem es Vigila gelungen ist, als Skalde verkleidet den Dolch zu überreichen, verharrt er, anstatt die gemeinsame Flucht vorzubereiten, zusammen mit Kerka, Attilas Hauptfrau, vor dem Vorhang. In quälerischer Ekstase fiebert er dem Schrei seiner Braut in den Armen des verhaßten Tyrannen entgegen – und eben diese Erregung wird ihm zum Verhängnis: Kerka entdeckt seine wahre Identität, die Ereignisse überstürzen sich.

Spätestens hier stellt sich die Frage nach der Stellung der *femme fatale* als Subjekt männlicher Unterwerfungssehnsüchte in Zamjatins Gesamtwerk. Bemerkenswert ist, daß Zamjatin einer solchen *Décadence*-Erotik auch persönlich huldigte. Der unlängst im Druck erschienene Briefwechsel mit seiner Frau Ljudmila Nikolaevna Usova ist in den ersten Jahren ihrer Beziehung reich an solchen literarischen Projektionen: “Denn ich fürchte Sie zuweilen (...) Mein lieber Freund, das ist ein Tableau: Liebe ... und Angst.”[21] Das Wort “tableau” läßt aufhorchen, stellt sich doch unwillkürlich die Frage, inwiefern nicht literarische Erfahrungen Wahrnehmung und Lebensstil filtern. Die Affinitäten Ljudmila Nikolaevnas, wie sie in den Briefen begegnet, zum literarischen Typus der *femme fatale* sind dazu einfach zu offensichtlich. Und schließlich wählt Zamjatin selbst den russischen Terminus (*rokovaja ženščina*), um seiner Geliebten eine Vorstellung von ihrer Rolle zu geben: "Wirklich, chère Usova, Sie sind eine Femme fatale."[22]

Dostoevskijs Nastasja Filippovna als russisches Modell war Zamjatin natürlich bekannt; Flaubert oder D'Annunzio stehen für Lektüreerfahrungen, nach denen zumindest zu fragen wäre. Überhaupt fällt die Neigung Zamjatins ins Auge, literarische Lebensstile des 19. Jahrhunderts nachzuleben und als angeblich persönliche Erfahrungen zu vereinnahmen. Insofern ist Zamjatins intimer Briefwechsel ein möglicherweise doppelzüngiger Zeuge, das Verhältnis, wie es sich in der Korrespondenz darstellt, teilweise eher ästhetische Projektion denn erlebtes Leben.

Ist es nun Selbsttherapie oder schlicht Ausgestaltung brieflicher Stilübungen, wenn die Willenlosigkeit gegenüber der geliebten und zugleich

---

[21] Zamjatin I (1997) 158.
[22] Ibid. 209.

gefürchteten Frau deutliche Spuren im literarischen Werk hinterläßt? Am deutlichsten auszumachen sind die literarischen Spiegelungen im Hörigkeitsverhältnis D-503s gegenüber der Mephi-Agentin I-330. Analysiert man den Roman, wie in Ansätzen bereits gezeigt, durch das Prisma dieser Beziehung, genügt es nicht mehr, von einer allmählichen 'Emanzipation' des Ingenieurs vom totalitären Staat zu sprechen. Ein Abhängigkeitsverhältnis ersetzt vielmehr das andere; die wirkliche Emanzipation bleibt auch hier Utopie. D-503s Persönlichkeitsstruktur ähnelt derjenigen seines Schöpfers: Labilität, Fixierung auf die Ratio und Suche nach ihrer Überwindung im Rausch. Das Bedürfnis nach Selbsterniedrigung und lustvoller Aufgabe der eigenen Persönlichkeit gegenüber einer zugleich geliebten und gefürchteten Person beherrschen den Tagebuchautor D-503 sehr viel mehr als abstrakte politische Reflexionen, wie sein Gespräch mit I-330 belegt:

> (...) Ja, ich war ein Sklave, und das – mußte ebenfalls sein, es war ebenfalls gut. "Ja, gut ...," sagte ich laut zu mir selbst. Und dann zu ihr: "Ich hasse den Nebel. Ich fürchte den Nebel.""Also liebst du ihn. Du fürchtest etwas, weil es stärker ist als du, du haßt es, weil du es fürchtest, du liebst es, weil du es dir nicht unterwerfen kannst. Man kann ja nur das Widerstrebende lieben."[23]

Das Verhältnis zwischen dem erzählenden Ingenieur und I-330 in "Wir" ist nicht einmal die hervorstechendste literarische Umsetzung dieses Motivs. In der frühen Erzählung "Am Ende der Welt" (*Na kuličkach*) verfällt der (wie Zamjatin selbst) aus dem Gebiet Tambov stammende, schüchterne und weltfremde Andrej Ivanyč, der (wie der begeisterte Pianist Zamjatin) Klavier und Konservatorium dem Militärdienst vorgezogen hätte, der Frau des hünenhaften Šmit. Zur rein platonischen erotischen Bindung tritt noch die Stilisierung zur Heiligen hinzu, als Andrej Ivanyč von ihrem grausamen Schicksal erfährt – er stürzt vor ihr auf die Knie.

Schon in der ersten, eigene Hafterfahrungen verarbeitenden Erzählung "Allein" (*Odin*, 1908), stellt die Hörigkeit des politischen Häftlings Belov gegenüber seiner Angebeteten ein entscheidendes Konstruktionselement des tragischen Geschehens dar. Als Belov Hinweise erhält, seine Geliebte Lelja habe sich einem Genossen zugewandt, stürzt er sich im Gefängnis zu Tode, unfähig, den Verlust in seiner Einsamkeit zu verarbeiten. Schuld daran tragen die Stilisierungen der Geliebten zur Überfrau, vom Leser leicht zu durchschauende Chimären einer hypersensiblen Psyche: reale Person und imaginierte Geliebte haben nur wenig miteinander gemein. So entpuppen sich die Tagträume eines angeblich unnachgiebigen politischen Aufrührers als manische Erniedrigungsphantasien gegenüber einer kleinen Kokotte:

---

[23] Samjatin III (1991) 76.

> Und etwas Grelles, Heißes und Tobendes wie dieses Licht ringsumher war in seiner Brust. Ganz unter der Gewalt dieser Empfindung stehend, folgte er ihr, der Göttin, wie ein Blinder, wie ein Sklave und küßt ihre Fußstapfen. Und das ist ihm zu wenig, er will etwas noch Sklavischeres, etwas noch Erniedrigenderes. 'Das ist die Liebe', sagt er bei sich. (...) und auf Knien breitet er flehentlich die Arme aus.[24]

Diese frühen Frauengestalten Zamjatins bleiben zunächst männliche Projektionen der *Belle Dame sans Merci*. Erst der Roman "Wir" eröffnet ihr eine neue Handlungsperspektive. I-330 ist die erste jener Zamjatinschen Figurierungen ambivalenter weiblicher Macht, die sich rücksichtslos der Verfallenheit eines Mannes (hier des Ingenieurs D-503) zu bedienen wissen, um ihr Ziel – Revolution und Tyrannensturz (hier des sog. "Wohltäters", des Alleinherrschers über den monolithischen "Einheitsstaat") – zu erreichen. Hildegonda bildet ihr dramatisches Pendant.[25]

Den Eindruck, den ihre Figur vor allem bei den Leserinnen des Bühnenmanuskripts – eine gedruckte Fassung existierte zu Lebzeiten Zamjatins nicht – hinterließ, war überwältigend und verbannte die Titelgestalt des Hunnenkönigs in den Hintergrund. Die Witwe Aleksandr Bloks, die Schauspielerin Ljubov' Dmitrievna, schrieb Zamjatin am 16.2.1928:

> Sie verstehen, daß "Atilla" das Ereignis des literarischen und theatralischen Lebens ist, auf das ich seit meinem ersten Auftritt im Theater gewartet habe. Das ist eine russische Tragödie, modern und wundervoll, und die Gestalt der Hildegonda, die Gestalt einer wahrhaft königlichen Frau, einer "göttlichen Zarin", ist zu einer bemerkenswerten Rolle kristallisiert (...) Ich muß mich Ihnen als Hildegonda anbieten; eine andere Schauspielerin gibt es nicht. (A3)

Auch Maksim Gor'kij zeigte sich dem Stück zugetan und förderte seine Aufführung nach Kräften; in Moskau lobte der mächtige Vsevolod Mejerchol'd das Manuskript – allesamt prominente Fürsprecher, die der Hauptrepertoirekommission, dem Organ der zentralen Theaterzensur, ein Verbot erschwerten. Zamjatin beeilte sich, in einer Verteidigungsschrift den revolutionären Charakter des Hunnenkönigs hervorzuheben, indem er ihn in die historische Reihe bedeutender Sozialrevolutionäre einreihte. Sein Konzept, ihm mit Hildegonda und Aetius zwei nicht minder herausragende Charaktere entgegenzustellen, begründete er als "aus kompositorischen Gründen absolut unerläßlich", denn, so seine Argumentation, "Attila zu

---

[24] Zamjatin III (1986) 31-32. An anderer Stelle heißt es in der Erzählung: "Es trieb ihn zu ihr, zur Lieben, zur Geliebten, zum Glück – um ihr wie einem Gotte zu huldigen, um für sie zu leben. Sie jedoch wandte sich ab und sah seine Liebe nicht, seine verzückte Verehrung eines Sklaven." (ebd., 42, meine Übersetzung, R.G.).

[25] Ich greife im folgenden auf Forschungsergebnisse in Goldt (1995) 249-251 sowie Gol'dt (1996) 343-346 zurück.

zwingen, nur gegen Maximian und Priskos zu kämpfen, gegen Waschlappen, hätte bedeutet, sofort auch Attila zu schwächen, denn ein Sieg über letztere wäre bedeutungslos." (A2)

Natürlich vermochten solcherlei Sophistereien die Verantwortlichen nicht zu blenden, zu ambivalent blieb Attilas Gestalt als Sklavenbefreier einerseits und barbarischer Instinktmensch andererseits, zu identifikationsstiftend die Rolle seiner "reaktionären" Mörderin Hildegonda.[26] Es ist für die Geschichte der sowjetischen Zensur aufschlußreich, daß die gutachtenden Arbeitervertreter bzw. -korrespondenten "Atilla" trotzdem befürworteten, die Leningrader Zensur dagegen das Drama dessen ungeachtet als "nicht zur Aufführung empfohlen" einstufte, was einem Verbot praktisch gleichkam. Im persönlichen Archiv Maksim Gor'kijs ist eine Nachricht Zamjatins vom 31. Mai 1928 erhalten, die den ganzen Zynismus der Machthaber im Verhältnis zur angeblich durch sie vertretenen Arbeiterschaft bloßlegt:

> "Das Stück besitzt große formale Vorzüge, es ist sehr interessant und kann zum Stück der Saison werden – um so schlimmer", erklärte mir heute einer der Zensoren. "Und die Tatsache, daß es den Arbeiterkorrespondenten sehr gut gefallen hat, ist noch gefährlicher", fügte er hinzu. (A4)

Am Ende ihrer Karriere vergißt die *femme fatale* also ihre dekadente Herkunft und versucht, als Befreierin von Tyrannenherrschaft und als Botin der Aufklärung zu bestricken. Daß sie in dieser Rolle gewaltsam zum Schweigen gebracht wird, wirft ein bezeichnendes Licht auf unser Jahrhundert.

[26] Zamjatin ist vielleicht der erste, doch beileibe nicht der einzige Autor jener Zeit, der sich dem Attila-Stoff zuwendet. Das Krisenbewußtsein der Zwischenkriegszeit mit ihren vielgestaltigen Erscheinungsformen des Totalitarismus entdeckte den Hunnenführer als historische Gestalt von symbolischer Ausstrahlung; man sehe etwa die Romane "Attila" (1934) von Gerhart Ellert oder *Aetius ostatni Rzymianin* ("Aetius, der letzte Römer") des polnischen Schriftstellers Teodor Parnicki.

Literaturverzeichnis

1. Autographen:

Zamjatin, Evgenij: *Charaktery p'esy "Atilla"*. Autograph. Handschriftenabteilung des Gor'kij-Instituts für Weltliteratur und Kunst, Moskau, Fonds 47, Verz. 1, No.131. Im Text: A1.

Zamjatin, Evgenij: *K charakteristike dejstvujuščach lic p'esy "Atilla". Avtorskie pojasnenija*. Autograph. Handschriftenabteilung des Gor'kij-Instituts für Weltliteratur und Kunst, Moskau, Fonds 47, Verz. 1, No. 143. Im Text: A2.

Zamjatin, Evgenij: *Brief an M. Gor'kij vom 31.5.1928*. Handschriftenabteilung des Gor'kij-Archivs, Moskau, KG-P-28-28-1. Im Text: A4.

Brief L.D. Bloks an E.I. Zamjatin vom 16.2.1928. Handschriftenabteilung des Russischen Staatsarchivs für Literatur und Kunst, Moskau, Fonds 1776, Verzeichnis 1, Archiveinheit 7. Im Text: A3.

2. Texte

Blok, Aleksandr: Ob "istoričeskich kartinach", in: Ders.: *Sobranie sočinenij v vos'mi tomach*. T. VI: *Proza*. Moskva/Leningrad 1962, 422-26.

Blok, Aleksandr: "Katilina", in: Ders.: *Sobranie sočinenij v vos'mi tomach*. T. VI: *Proza*. Moskva/Leningrad 1962, 60-91.

Gogol', Nikolaj: Ausgewählte Stellen aus dem Briefwechsel mit Freunden. In: Ders.: *Gesammelte Werke*, Bd. IV. Stuttgart 1981, 123-396.

Puškin, Aleksandr: "Boris Godunov", in: Ders.: *Polnoe sobranie sočinenij*, T. VIII: *Dramatičeskie proizvedenija*. Moskva 1948, 1-98.

Rukopisnoe nasledie Evgenija Ivanoviča Zamjatina. 2 Bde., St. Peterburg 1997. (Rukopisnye pamjatniki. 3,1-2).

Tolstoj, Lev: "D'javol", in: Ders.: *Polnoe sobranie sočinenij*. T. XXVII: *Proizvedenija 1889-1890*. Moskva 1936, 481-515; Varianten: 516-519.

Zamjatin, Evgenij: *Sočinenija*. München 1970-1988.

Samjatin, Jewgeni: *Ausgewählte Werke in vier Bänden*. Herausgegeben und mit einem Nachwort von K. Kasper. Leipzig/Weimar 1991.

3. Sekundärliteratur

Altheim, Franz: *Attila und die Hunnen*. Baden-Baden 1951.

Benjamin, Walter: *Gesammelte Schriften III*. Herausgegeben von Hella Tiedemann-Bartels. Frankfurt/M. 1972.

de Boor, Helmut: *Das Attilabild in Geschichte, Legende und heroischer Dichtung*. Darmstadt 1963.

Goldt, Rainer: *Thermodynamik als Textem. Der Entropiesatz als poetologische Chiffre bei E.I. Zamjatin.* Mainz 1995. (Mainzer Slavistische Veröffentlichungen. Slavica Moguntiaca. 19).

Gol'dt, Rajner [Goldt, Rainer]: *Mnimaja i istinnaja kritika zapadnoj civilizacij v tvorčestve E.I. Zamjatina. Nabljudenija nad cenzurnymi iskaženijami p'esy "Atilla".* In: Russian Studies Vol. II, 2 (1996), 322-350, Bibliographie 411-416.

Hilmes, Carola: *Die Femme fatale. Ein Weiblichkeitstypus in der nachromantischen Literatur.* Stuttgart 1990.

Homeyer, H[elene]: *Attila. Der Hunnenkönig von seinen Zeitgenossen dargestellt. Ein Beitrag zur Wertung geschichtlicher Größe.* Berlin 1951.

Kern, Gary: "Introduction. The Ultimate Anti-Utopia", in: Ders. (Hg.): *Zamyatin's We. A Collection of Critical Essays.* Ann Arbor [1988], 9-21.

Praz, Mario: *Liebe, Tod und Teufel. Die schwarze Romantik.* München ^{2}1981.

Thierry, Amedée: *Attila und seine Nachfolger.* Deutsch von Dr. Ed. Burckhardt. Leipzig ^{2}1859.

Wolffheim, Elsbeth: *Die Frau in der sowjetischen Literatur 1917-1977.* Stuttgart 1979. (Literaturwissenschaft - Gesellschaftswissenschaft. 44).

Die schöne Mörderin

Zum Weiterleben des Judith-Typus in der Filmgeschichte

Thomas Koebner (Mainz)

I

Die Geschichte Judiths, wie sie im Alten Testament[1] berichtet wird, ist lapidar und rätselhaft zugleich: Als Holofernes das Volk der Juden arg bedrängt und mit seinem Heer vor Bethulia lagert, scheint das Verderben unausweichlich.

Eine junge schöne Witwe namens Judith ermannt sich, salbt sich, legt ein Linnengewand an, das Männerblicke berücken kann, und leichte Sandalen. Ihre Schönheit ist so überwältigend, daß alle fassungslos auf sie starren. So geht sie zum feindlichen Lager, stellt sich vor Holofernes, gibt sich als Seherin aus und bleibt drei Tage. Holofernes begehrt sie sehr, aber ihre offenbar unüberwindbare Zurückhaltung läßt ihn allzu viel Wein trinken. Judith, nachdem sie den Betrunkenen ermattet eingeschlafen sieht, betet und schlägt mit dem Schwert des Holofernes zweimal auf dessen Hals ein, bis dessen Kopf abgetrennt ist; ihre Magd wartet indessen draußen. Sie legt das Haupt des Holofernes und ein attraktives Mückennetz in einen Sack, in Bethulia wird das Haupt des Holofernes an der Stadtmauer aufgehängt. Der Effekt ist überwältigend, das feindliche Heer zerstreut sich, Bethulia und die Juden sind gerettet. Judith beteuert, daß Holofernes keine schimpfliche Sünde an ihr begangen habe. Das Volk ist ergriffen, die Älteren loben sie für ihre Glaubenszuversicht, Judith singt ein Lied, in dem sie noch einmal beteuert, daß sie des Holofernes Kraft durch ihre Schönheit gelähmt habe. Viele, heißt es dann, begehrten sie danach zu freien, aber kein Mann berührte sie. Judith verstarb in hohem Alter.

Dieser ungewöhnliche Typus von Frau tritt eine Wanderung durch die Jahrhunderte an. Ich will nicht auf die vielen Beispiele aus der Bildenden Kunst eingehen, die sich zumal in der Renaissancezeit häufen und das Faszinosum und Tremendum gleichzeitig darstellen: das Faszinosum besteht darin, daß eine Frau von berückender Schönheit Holofernes vermuten läßt, daß mit ihr sinnenfreudige Stunden zu verbringen seien. Er ahnt nicht, daß sie sein Engel des Todes sein wird. Das Tremendum wiederum: diese schöne Frau präsentiert sich mit den Listen der Verstellungskunst. Hinter dem schönen Antlitz verbirgt sich ein scharf blitzender Gedanke: die Absicht, den mächtigen Feind, den kraftvollen Mann – bleiben wir dabei,

[1] A.T., Das Buch Judith, Kap. 8-16.

ihn vorläufig Holofernes zu nennen – umzubringen. Judith, darin ist die Berichterstattung des Alten Testaments beinahe übergenau, hat dies alles nicht getan, um verderbte Begierden auszuleben, wie dies später der tanzenden Salome zugeschrieben wird, sondern zur Rettung des Gemeinwesens. Sie ist eine makellose Patriotin, die das Äußerste wagt, um auch die äußerste Not abzuwenden, die listig handeln muß, da nichts anderes gegen die rohe Gewalt helfen würde.

Diese heroische Interpretation verliert in der Neuzeit zusehends an Glaubwürdigkeit. Die Synthese von Verführungskraft und Bedrohlichkeit in einer Frauenfigur hat eher dazu geführt, Judith zu dämonisieren und ihr Bild allmählich mit dem der *belle dame sans merci* zur Deckung zu bringen. Vor allem die schwarze Romantik des 19. Jahrhunderts hat sich eifrig darum bemüht, das Paradoxe und Widersprüchliche des Schönen und Tödlichen, der Liebesverheißung und der Mordabsicht, zu kultivieren. So wird aus Judith in der Ikonographie spätestens der Jahrhundertwende eine weibliche Verderberin, ähnlich wie Dalilah oder Salome, zudem eine Frau mit der Waffe, doch keine eiserne Jungfrau wie Jeanne d'Arc – die eine christliche Variante der aktiven Glaubensheldin zur jüdischen Judith ist.

Einige, vielleicht spekulative Gedanken seien der Frage gewidmet, weshalb das Paradox des Judith-Typus – die schöne Frau, die eine entsetzensvolle Tat verrichtet, die Verführerin, die sich nicht hingibt und daher in erotischem Sinne unschuldig bleibt – eine so dauerhafte Tradition ausgebildet hat. Vor allem in der Renaissancezeit, in der zweiten Hälfte des 19. Jahrhunderts und – wie ich noch zeigen will – im europäischen und amerikanischen Film seit den sechziger Jahren inspiriert der Typus vielfältige Bearbeitungen. Weshalb gerade in diesen Perioden? Schon ein erster Blick reicht aus, um deutlich zu machen, daß die Wiederbelebung Judiths offensichtlich mit der Neubestimmung der gesellschaftlichen Rolle der Frau zu tun hat. In der zweiten Hälfte des 19. Jahrhunderts liegt es nahe, die Judith-Phantasien als Projektionen erwachender Männerängste zu verstehen, da die männliche Vorherrschaft nicht mehr unumstritten gilt und die Frauenemanzipation (für Männer bedrohliche) Schatten voraus wirft. Vielleicht gilt etwas Ähnliches für die dreißig Jahre Filmgeschichte, die ich im Blick habe. Schon ein grober Vergleich mit dem verbürgerlichten Frauenbild im amerikanischen und europäischen Film der fünfziger Jahre zeigt, daß zumal die späten sechziger Jahre dank der umfassenden Kulturreform, die mit einer zweiten großen Jugendbewegung im Westen einhergeht, auch das Verlangen nach Gleichberechtigung der Frauen (da hier Verfassungsrecht und Verfassungswirklichkeit weit auseinanderklafften) mit korrigierten Rollenbildern beantworten.

Vielleicht lohnt es sich, zunächst auf die zwei bedeutsamsten Komponenten der hier behandelten Spielart der *femme fatale* einzeln einzugehen, nämlich auf die Schönheit der Person und das Schreckliche der Tat, um womöglich das kulturelle Muster zu erschließen, in das der Judith-Topos eingebettet ist.

II

Schönheit ist etwas für den Betrachter und eine Gnadengabe der Natur. Sie kann durch Politur nachgebessert werden, den wechselnden Moden entsprechend. Schönheit eignet einer Gestalt, die so wahrgenommen wird. Wie kann man sie sich vorstellen? Schon Zedlers Universallexikon aus dem 18. Jahrhundert[2] betont Symmetrie und Eurhythmie, Ebenmaß und Wohlgereimtheit aller Teile des Körpers und des Gesichts. Das schöne Gesicht zeige keine ausgeprägte Emotion, denn Wut und Zorn würden es ebenso verzerren wie unbändiges Lachen oder der Ausdruck hemmungsloser Freude. Fast unbewegt bleibt das schöne Gesicht und tendiert zu ikonischer Erstarrung. Gram und Melancholie, Trauer und Sorgen können der Schönheit schaden, also muß sich Schönheit, wenn sie sich erhalten will, vom Getriebe der Leidenschaften fernhalten, sich gleichsam der Pose stoischer Fühllosigkeit annähern. Die petrarkistische Dichtung konnte die schöne und unbeteiligte Geliebte als grausam schelten, da ihr Gesicht nicht einmal Mitleid, geschweige denn Zärtlichkeit für den sich verzehrenden Liebhaber offenbaren würde. Schönheit hat mit Jugend zu tun, woraus fromme Gemüter den sicheren Schluß ziehen, daß Schönheit etwas sehr Vergängliches sei und keinen Bestand habe, während innerliche Schönheit, aus Gottesfurcht und Tugend errichtet, gleichsam alterslos verharre. Das schöne Gesicht ist Menschen vorbehalten, denen nicht frühe und schwere Arbeit scharfe Furchen gezogen hat, der schöne Mensch kann nicht als Meisterstück der Natur allein betrachtet werden, er weist auch unverkennbare soziale Kontur auf: Schönheit in düsteren Hütten ist selten zu finden, sie findet sich vornehmlich bei den bevorzugten Schichten, der aristokratischen Elite, der Klasse, die sich am Müßiggang ergötzen kann.

Schönheit ist erotisch verlockend, wobei ihr Anblick anzieht und zugleich rohe Begierde in Schach hält (jedenfalls für eine Weile). Die schöne Frau ahnt die Bewunderung aller, als begehrte Frau aber fällt sie traditionell den Anführern zu – als Trophäe der Macht. Denn Schönheit stellt eine Art natürlicher Auserwähltheit dar, die hohe soziale Ansprüche stellen kann. Das läßt Schönheit kostbar werden, schreibt ihr womöglich einen hohen Handelswert zu und macht sie zum Objekt eines exklusiven Warentausches.

---

2 J.H. Zedler (Hg.), Großes vollständiges Universallexikon aller Wissenschaften und Künste, Halle und Leipzig 1732-1754.

Natürlich gibt es auch die schönen Knaben und jungen Männer – schon die Philosophie der Antike sorgt dafür, daß wir sie nicht vergessen. Im folgenden möchte ich ausschließlich von der schönen Frau sprechen, das Interesse am Judith-Motiv verlangt dies. Die schöne Frau muß in der Bewegung nicht anmutig sein, meistens ist sie es: dann findet sie ein sprachlos staunendes männliches Publikum, schon Helena zieht die Alten Trojas auf die Wälle der Stadt, wenn sie spazieren geht. Für die Mehrheit der Bewunderer ist die schöne Frau unantastbar, nicht für rohe Arbeit bestimmt, zu zart und zu zerbrechlich, fast eine göttliche Erscheinung, die vielleicht sehnsüchtige Begierden erweckt. Die schöne Frau ist von der Menge abgeschieden, erhoben und erhaben über die vielen anderen, vielleicht sogar isoliert, womöglich umgibt die Trauer der Einsamkeit sie mit einem zarten Glanz, denn die Verehrte findet kaum ihresgleichen. Einerseits muß Schönheit sich mit Grazie verschwistern, die der Unbewußtheit des Handelns entspringt und den Stand der Unschuld beschreibt, andererseits sieht sich Schönheit ständiger Kontrolle ausgesetzt, empfängt die Reflexe der Bewunderung. Schönheit als Ausdruck von Vollkommenheit – ist auch ein kollektives Ärgernis, weil sie das Mißlungene der Normalität vor Augen hält. Das Stigma des Außenseiterischen haftet ihr an und kann daher die Revolte der anderen entzünden, die das zerstören wollen, was Gott anscheinend so wohlgefällig ist: Kain erschlägt seinen Bruder Abel, weil dessen Opfer angenommen wird, weil er ihn bevorzugt sieht. So ist Schönheit ein 'Naturprodukt', das zu viel kulturelle Wertschätzung erfährt, um noch als gnädiger Zufall hinzugehen: sie erhält einen solch hohen Rang zugemessen, der nicht durch Leistung erworben wird, daß ihre Beschädigung, gar ihr Verlust einem tiefen Fall gleichkommt.

III

Am biblischen Bericht über Judith verblüfft die Sachlichkeit: sie nimmt noch ein Mückennetz mit, das ihr gefällt – vielleicht als Souvenir, Beutestück oder zur Erinnerung. Der alttestamentarische Erzähler verschweigt jede Form der anders als durch List motivierten Nachgiebigkeit gegenüber dem Tyrannen. Die Frau, die tötet, anstatt zu gebären, scheint aus der Art geschlagen, hebt die natürliche Konditionierung auf. Judith ist eine Frau, die sich nicht damit begnügt, dem biologischen Programm zu folgen, das dann zur sozialen Richtschnur erklärt wird. Dem entspricht auch, daß sie nach ihrer Tat ohne Mann bleibt, bis ins hohe Alter, dabei nicht unzufrieden und grämlich. Oder hält sie doch Holofernes die Treue, weil sie denkt, nach ihm keinen seinesgleichen mehr zu treffen? – Die Moderne als Möglichkeit erwägt diese psychologische Relativierung ihres Handelns. Natürlich konnten die Nacherzähler der Geschichte in der Neuzeit, zumal im 19. und 20. Jahrhundert, es nicht dabei bewenden lassen, daß eine Frau eine so männliche Tat vollbringt, ohne ihr Gefühlsleben dadurch in Mitleidenschaft zu ziehen. (Es wäre zu fragen, ob der Soldat, der eine Kleopatra zu enthaupten hätte, dies auch nur als Pflichterfüllung verstehen würde?) Immerhin begegnet eine reizvolle und junge Witwe einem, so sei unterstellt, kraftvollen Feldherren, die schöne Frau dem starken Mann. Die Version von Jean Giraudoux[3] ist besonders plausibel – unter den Aspekten moderner Legendenbildung: Judith entdeckt in der Tat ihre Liebe zu Holofernes, möchte aber nicht die Banalisierung dieses großen Erlebnisses und bringt den Geliebten kurzerhand um – dann fügt sie sich der Priesterpropaganda, die die selbstherrliche Tat als patriotischen Triumph ausgibt. Welche Motivation auch immer den ungeheuerlichen Akt ausgelöst hat: Vor Augen steht eine schöne Mörderin, deren Anblick eher die Hingabe in weich-geschmeidiger Umarmung und ein von Liebesseufzern begleitetes Ersterben ganz anderer Art verheißt. Das Kaltblütige und Blutige des Kopfabhackens provoziert und läßt die Gedanken nicht zur Ruhe kommen, um so weniger, als es ein zarter Arm gewesen ist, der das tödliche Schwert geschwungen hat. Dabei wissen wir, daß rasende Mänaden zu manchem fähig sind, sogar dazu, den eigenen Sohn und Mann zu zerfleischen. Doch Judith handelt anscheinend besonnen und überlegt. Sie ist nicht unterwürfig, welche Gefühle wir ihr auch immer andichten, am Ende erfüllt sie einen Auftrag – ob haßerfüllt oder mit einer gewissen Nüchternheit, ist nicht mehr ausfindig zu machen. Judith verkörpert (a) also die Männerangst vor der Frau, die den Knechtsstatus verlassen hat, die nicht mehr berechenbar und zuverlässig erscheint, gehemmt von ihren Gefühlen, besänftigt durch das weibliche Erbarmen mit der Kreatur. Judith: die Frau, die sich wie ein Mann verhält. Auch eine andere Projektion wäre denkbar: (b) Zorn und Verachtung für das Begehren, das die Hoheit der Vernunft erschüttert, kann sich auf das Objekt verlagern, das Begehren auslöst. So verwandelt sich die schöne Frau zur Inkarnation der schlimmsten Bedrohung: die Teufelin will dem Begehrenden ans Leben. Als Vision des Verderbens soll sie die Kinder warnen, wenn es denn gelingt, vor der zerstörerischen und selbstzerstörerischen Gewalt der Triebe. Schließlich kann sich im Judith-Komplex (c) noch eine durch gesellschaftliche Erfahrung gewachsene Skepsis niederschlagen: daß nämlich das schlimmste Verbrechen die argloseste Maske wähle, daß Schönheit nur ein Blendwerk sei, hinter dem das kalte Böse seine Machinationen vorbereitet, daß der Körperbau nichts vom Charakter verrate, auf keinen Fall mit ihm identisch sei, daß sich hinter dem Schimmer des Lebens der Tod verberge (um die theologische Spielart anzusprechen). Judith wäre also eine Ausgeburt von Männerfurcht? Vieles spricht dafür. Doch

---

[3] Jean Giraudoux, Judith (1931)

gleichzeitig ist sie ein Typus, der für Frauen attraktiv ist, weil er zur Identifikation einlädt: Machtphantasien und Größenideen, Vergeltungs- und Rachewünsche lassen sich auf Judith in mancherlei Gestalt mühelos übertragen. Wo sie aus dem Archiv in die aktuelle Vorstellungswelt zurückgerufen wird, kündigt sich die gesellschaftliche Konkurrenz der Geschlechterrollen als harter Konflikt an.

In der bildenden Kunst, ich denke vorerst an die zweite Hälfte des 19. Jahrhundert, nimmt die *femme fatale* vornehmlich folgende Pose ein: wir sehen sie frontal und aufrecht, den Betrachtern der Bilder oder Skulpturen gegenüber, mit gesenkten Augenlidern und leicht geöffnetem Mund, zurückgeworfenem Kopf, das lange Haar fließt um den Kopf und womöglich auch um die Gestalt herum. Kein Lächeln ver- oder entzaubert dieses Gesicht der wollüstigen Verlockung, die sich beinahe schamlos offenbart – aber auch herzlos. Sie verkörpert ein Verhängnis, dessen "tödliche Schlingen" (Sainte-Beuve)[4] sich um den legen, der sich diesem Verführungsappell unterwirft. Im Film, in bewegten Bildern, ist dieses hieratische Altarbild der Priesterin der Sünde nicht festzuhalten, allenfalls als unheimliches Tableau für eine kurze Weile. Doch die Filme, die ich für diese kurze Betrachtung ausgewählt habe, zeichnen sich allesamt dadurch aus, daß die Nachfolgerin der Judith-Figur wie diese selbst zunächst als Individuum aus der Menge hervortritt, in der sie vorher versteckt war: die Epiphanie der fertigen Gestalt aus der Anonymität. Judith: eine beliebige, noch junge, schöne Witwe, die vor drei Jahren ihren Mann verloren hat. Die schöne Mörderin im Film: eine zweifellos schöne, junge Frau, die, in eine andere Handlung versetzt, zwar Wohlgefallen, jedoch kein Schaudern erregen würde.

IV

Ein 'klassisches' Beispiel aus der Stummfilmzeit sei vorweg betrachtet:

In der *Büchse der Pandora* (Regie: Georg Wilhelm Pabst, 1928) spielt die junge amerikanische Schauspielerin Louise Brooks die verführerische Lulu, durchaus nicht als Dämon Weib oder schönes Tier, wie Frank Wedekind vielleicht vorgeschrieben haben mag, also frei von jeder extremen Stilisierung oder auratischen Aufladung der Persönlichkeit: Lulu ist eher eine bedenkenlose junge Frau, die gefallen will und sich im Spiegel der hingerissenen Männergesichter sinnlich erfreut, eine Frau, die in den Tag hinein lebt und kindgleich das an sich zieht, was ihr Freude macht, mit dem sie spielen kann, völlig frei von den Schmerzen, die sie vielleicht anderen zufügt, ohne Bewußtsein für bürgerliche Dauerwerte wie Treue, nicht

---

4 Sainte-Beuve, *Volupté* (1834), zit. nach Praz, Bd. 1, 169.

süchtig nach anderen Männern, doch nicht abgeneigt, wenn ihr Verehrung entgegengebracht wird, weder brutal animalisch noch tragisch, weder dumpf noch dräuend-vampartig. Die zeitgenössische Berliner Kritik warf Louise Brooks in dieser Rolle vor, sie könne eigentlich nicht spielen. Dieser Vorwurf ist zweifellos unberechtigt, indes scheint nachvollziehbar zu sein, wodurch er hervorgerufen wurde: Louise Brooks betont das Spontane und Unberechenbare der Figur der Lulu, aber auch das Nichtberechnende, das Unbürgerliche. Sie ist einfach und elementar in ihren Reaktionen, ein Naturkind, eine Kindfrau, allzu gern setzt sie sich Männern auf den Schoß oder strampelt mit den Beinen, als wäre sie ein unschuldiges Temperamentsbündel. Doch reagiert sie auch als Frau und später zudem liebevoll beschützend. Sie ist egozentrisch, aber frei von monströsem Egoismus, der sich zielbewußt ernährt auf Kosten der anderen. Gerade diese Form materieller Selbstsucht fehlt ihr völlig. So schwankt sie zwischen dem Abbild eines heiteren *flapper*, Inbegriff der amerikanischen emanzipierten jungen Frau, die sich ebenso von romantischer Lebensauffassung und einem pathetischen Liebesbegriff gelöst hat wie von den Zwängen der männlich diktierten Eheplanung – und einer Frau, die ihre Lust sucht und sich nicht Versagungen und Entsagungen aufzwingen lassen, nicht sublimieren, vielmehr ihr Begehren erfüllt sehen will.

Im Kreis von Männern, die durch Frustration zum Charakter geworden sind, muß sie in der Tat wie eine junge Wilde erscheinen. Als Doktor Schön, gespielt von dem schweren und düsteren Fritz Kortner, verzweifelt erkennt, in welchem Maße er von Lulu abhängig ist, wie flüchtig sein Glück des Besitzes an dieser Frau sein wird, sieht er keinen anderen Ausweg, als sie dazu zwingen zu wollen, sich mit einem Revolver umzubringen. Er drückt ihr die Waffe in die Hand und mit seinem mächtigen Leib die junge Frau an die Wand, bedrängt sie, bedroht sie, sie möchte selbst ihrem Leben ein Ende setzen. Solcherart unter physischen Druck gesetzt, schießt Lulu – wir sehen nicht, ob absichtsvoll oder eher unwillentlich. Jedenfalls trifft die Kugel Doktor Schön, der Lulu zum Freitod anstiften wollte. Er selbst muß sich auf das Bett setzen, auf dem er sterben wird, nicht ohne die Welt und seinen Sohn vor dieser Frau gewarnt zu haben. Mußte er nicht riskieren, daß der Schuß vorzeitig losgeht und er selbst das Opfer sein würde? Pabst inszeniert die Szene so, daß wir nur den mächtigen Rücken von Kortner sehen, hinter dem die kleinere Gestalt von Louise Brooks verschwindet. Ihr fassungsloses und ratloses Gesicht drückt keinerlei böse Absicht aus. Vermutlich war es ein Reflex, der sie den Finger am Abzug krümmen ließ, vermutlich auch der geheime Wunsch des Doktor Schön, durch seinen Tod ein Verhältnis zu beenden, das ihm seine über Jahre hinweg aufgebaute bürgerliche Autorität bald zerstört haben würde. Diese Lulu ist keine *femme fatale* im herkömmlichen Sinne, sondern eine Gestalt, die der gesellschaftlichen Disziplinierung entronnen zu sein scheint. Nicht sie gebärdet sich 'männermordend', sondern die Männer werden mit dieser erratischen Erscheinung, diesem vagierenden, ihren kulturellen Kategorien entgleitenden Wesen nicht fertig. Der Zwangscharakter der Verehrer bringt es mit sich, daß sie keinen Ausweg als den Tod sehen. An der Begegnung mit Judiths sanfter Schwester Lulu wird der Wahnsinn der patriarchalischen Welt erkennbar.

V

In den sechziger Jahren greift der junge französische Regisseur François Truffaut zwei Bücher des amerikanischen Autors Cornell Woolrich auf, der auch unter dem Namen William Irish veröffentlicht hat, Geschichten von Liebeswahn und mörderischer Rache, die atmosphärisch beide in die vierziger Jahre und filmhistorisch dem Stil des *film noir* zuzuordnen sind. Er überträgt die in Amerika spielende Handlung auf französische Situationen: daraus entstehen zwei bemerkenswerte Filme, in deren Mittelpunkt jeweils eine Frau steht, die den Tod von Männern mit eigener Hand herbeiführt oder herbeiführen will. *Die Braut trug schwarz (La Mariée était en noir,* 1967) nach dem *Roman The Bride Wore Black* und *Das Geheimnis der falschen Braut (La Sirène du Mississippi,* 1969) nach dem Roman *Waltz into Darkness*. Kurz zum ersten Film: eine junge Frau tritt mit ihrem gerade angetrauten Ehemann aus der Kirche, als er von einer Kugel getroffen wird und stirbt. Der Schuß löste sich, wie wir erfahren, durch einen Zufall, als einige Männer mit einem Gewehr spielen – sie wären keineswegs des vorsätzlichen Mordes schuldig zu sprechen, sondern nur des leichtfertigen Totschlags. Die junge Frau (Jeanne Moreau), immer noch Jungfrau (Truffaut legt auf diese Besonderheit Wert), setzt nun alles daran, in verschiedenartiger Verkleidung diese Männer aufzuspüren und sie auf unterschiedliche Weise umzubringen, wobei einmal wenigstens ihr Vorsatz ins Schwanken zu geraten scheint. Doch bleibt sie am Ende konsequent und ist erst zufrieden, nachdem sie ihre Rache vollendet hat. Ist sie zu dieser Beharrlichkeit imstande, weil sie die Liebe, die körperliche Liebe, noch nicht kennengelernt hat? Ist es der Fanatismus einer Frau, die Umarmungen entbehren mußte und das Glück der Sinnlichkeit? Der Dramatiker Friedrich Hebbel hätte einer solchen Deutung zugestimmt, entsprach sie doch seinem Verständnis der Judith-Figur. Dabei wird unterstellt, daß eine Frau, die das Glück der Liebe erlebt habe, zu solch erbarmungsloser Planung und mehrfachem Mord an Männern, die der Zufall zu ihren Widersachern gemacht hat, nicht fähig gewesen wäre. Truffaut verschleiert jede psychologisch auf Anhieb einsichtige Analyse des Falls. Dies gelingt ihm schon dadurch, daß er die Rolle der Rächerin mit einer Schauspielerin besetzt, die eher schön und streng wirkt, indes den Liebreiz der noch nicht ganz ausgeformten Jugend verloren hat. Es ist ein erwachsener Mensch, vielleicht älter, als es Judith in der biblischen Erzählung gewesen ist, der hier ungestraft das Richteramt beansprucht und nach einem weit ausgelegten archaischen Rechtsverständnis, Auge um Auge, den einen Toten mit mehreren anderen bezahlt. Die Zuschauer, die beim Vorgang dabeigewesen sind, wissen genau zu unterscheiden zwischen dem eigentlichen 'Täter' oder denen, die unmittelbar beteiligt gewesen sind, und den anderen, die gewarnt haben – nichtsdestoweniger verfallen alle dem Todesurteil der unnachsichtigen Verfolgerin.

Das Spielerische des Films zeigt sich darin, daß Jeanne Moreau jeweils in anderer Tarnung den Männern begegnet, manchmal arglos, manchmal anziehend und mysteriös. Das Spielerische zeigt sich auch in der Phantasie, in der sie die unterschiedlichen Todesarten plant und ausführt. Noch ist der Tod in Truffauts Film kein *Skandalon*, sondern logischer Abschluß eines trickreichen Spiels. So erhält der Film den Charakter der Etüde, bei der man eine gewissenhaftere Abwägung von Schuld und Sühne, Strafe und Vergeltung nicht vermißt. Die schöne Mörderin bleibt unergründlich, ihre Obsession ist Handlungsvoraussetzung. Nun ist solche Distanz zur Figur einerseits erklärbar durch den Willen des Autors und zumal des Regisseurs, eine Geschichte als bizarre Anekdote zu erzählen, auch als Kunstwerk, ohne die üblichen Mechanismen der Verständigung einzuschalten, andererseits kann es mit der Wahl dieser Figur zu tun haben – als sei auch in dieser Variante die schöne Mörderin in ihr Geheimnis eingeschlossen, eine inkommensurable Fremde. Oder umgekehrt: Das absolut Unzugängliche einer Frauenfigur – wenn man diese Denkvoraussetzung unterstellt – läßt sich am besten in eine (filmische) Erzählung übertragen, wenn sie in der Paradoxie einer schönen Mörderin auftritt, wohingegen alle anderen weiblichen Personnagen vielleicht den üblichen Stereotypen korrespondieren: der Mutter, der Tochter, der 'Heiligen' und der 'Hure' usw.

In der Tat scheint Truffaut auch mit seinem nächsten Film die Legende vom nur zum Teil erschließbaren Mysterium der Frau fortzuspinnen. *Das Geheimnis der falschen Braut* entfaltet einen *amour fou*, die verrückte Liebe eines Mannes (Jean-Paul Belmondo) zu einer schönen und kühlen Frau von verschwimmender Identität: Catherine Deneuve spielt eine Herumtreiberin, die sich unter falschem Namen als Ehefrau in das Vertrauen des Mannes einschleicht, ihn betrügt und hintergeht, von ihm gesucht und erneut geliebt wird, die geldsüchtig scheint und doch bei ihm bleibt, bis sie beide in äußerster Armut in einem Schuppen an der Grenze zur Schweiz überwintern. Dort versucht die junge Frau, den Mann zu vergiften – nach dem Vorbild des Märchens Dornröschen, wo die böse Königin derlei mit ihrer jungen Konkurrentin betreibt –, er entdeckt, schon dahinsiechend, die mörderische Absicht, lehnt sich auf, die junge Frau bereut, etwas abrupt und pathetisch, Hand in Hand gehen beide, offensichtlich versöhnt, in den schneeigen Wald hinein, in die Schweiz (so müssen wir annehmen, vielleicht auch nur in eine weitere Etappe ihres schwierigen Zusammenlebens). Deneuve spielt eine Figur, die äußerst beherrscht ist, die korrekte Frisur und die kontrollierte Mimik geben ihr einen scharfen und deutlichen Umriß, zugleich wird der Anblick einer Maske suggeriert, hinter der etwas vor sich geht, was sowohl der männliche Partner in der Handlung als auch die Zuschauer nicht erraten können. Einige Male kommt das Jugendlich-Lockere, das Heiter-Unbekümmerte einer jungen Frau zum Vorschein, die sich geliebt weiß und diese Neigung undeutlich erwidert, in anderen Momenten sind kleine ordinäre und boshafte Splitter in ihrem Bild zu entdecken, doch überrascht, überrumpelt der Mordversuch am Schluß. Man kann in ihren Zügen nicht lesen, was sich in ihrem Inneren abspielt. Dafür ist diese Person als Projektionsfläche geeignet: Sie scheint oft zu dem Charakter zu changieren, den der sie umwerbende Mann in ihr erkennen will.

Das im 18. Jahrhundert vielzitierte rhetorische Eingeständnis, daß man nicht genau wisse, was den Zauber einer Sache ausmache, das Eigentliche, in die Formel des *Je ne sais quoi* gegossen, kehrt nun als erkenntnisskeptische Stilisierung des anderen Geschlechts wieder, das der männlichen Hauptfigur für immer ein Geheimnis bleiben werde. Ihre Schönheit, die Unschärfe ihres Wesens, ihre am Ende manifest werdende Gefährlichkeit, ihre einmal geschenkte, einmal verweigerte Sexualität, ihr Sich-Entziehen – man kann sich kein bleibendes Bild von ihr machen – läßt sie zum Fluchtpunkt von Begierden werden, die alle bürgerliche Solidität zerstören. Es scheint, als habe der Topos der *belle dame sans merci* in der 'Sirène' dieses Films von Truffaut neuerlich Gestalt gewonnen: eine blonde Venus jenseits aller Alltagserfahrung (und daß Venus als Liebesgöttin blond sei, ist gleichfalls ein fester Vorstellungskomplex in der französischen Tradition).

VI

1982 tritt die junge Schauspielerin Isabelle Adjani (1955 als Tochter eines algerischen Vaters und einer deutschen Mutter geboren) in einem Film von Claude Miller auf, dem langjährigen Produktionsleiter, Assistenten und Freund François Truffauts, der zu den eigentümlichsten und eindringlichsten *films noirs* der jüngeren Vergangenheit rechnet: *Das Auge (Mortelle randonné,* 1982). Das Drehbuch entstand nach dem Roman von Marc Behm, *The Eye of the Beholder*. Die Adjani spielt eine Serienmörderin, die wiederum in vielfältiger Erscheinungsweise und Maskerade sich unterschiedlichen Männern und Frauen nähert, um sie auszurauben und umzubringen. Doch ist es nicht nur schnöde Habsucht, die sie vorantreibt, sondern wiederum ein *je ne sais quoi*. Ihr Gegenspieler ist ein alter desillusionierter Detektiv, der unter dem Trauma leidet, seine unbekannte junge Tochter für immer verloren zu haben. Bei der Verfolgung der jungen mörderischen Frau, einer Art Kreislauf, der in Belgien beginnt und bis nach Rom führt und schließlich wieder im trostlosen Industriegebiet Südbelgiens endet, beginnt er allmählich, die Verfolgte zu adoptieren. Er nennt sie Marie – so lautet auch der Name seiner Tochter. Die schöne Mörderin entspricht gleichsam symmetrisch diesem Versuch einer imaginären Familienkonstruktion. Denn sie leidet unter dem Trauma, ihren Vater verloren zu haben, den sie sich ständig neu erdichtet, im intimen Gespräch mit ihren zeitweiligen Begleitern. So handelt es sich um eine Narrheit zu zweit, um einen klinischen Begriff für diesen Zustand zu gebrauchen, eine Narrheit, die für beide ausweglos scheint. Die Sehnsucht nach der liebevollen Tochter gilt einer konsternierend ungerührten Täterin, die Sehnsucht nach dem liebevollen Vater korrespondiert einem abgewrackten Jäger, der indes bald zum Komplizen wird. Handelt es sich bei dieser Sehnsucht um ein Urbedürfnis, kann es auf Erden nicht gestillt werden, jedenfalls diesen beiden Personen ergeht es so. Beide klammern sich innig an Tote und Phantome, sie selber erscheinen als Halbgestorbene. Daher überschattet schwarze Melancholie den Detektiv und die Mörderin.

Als er in einer ersten Sequenz beobachtet, wie sie mit dem Sohn reicher Eltern in einer Villa an einem schönen See die Nacht verbringt, und im Dunkeln ihr Auto aufbricht, entdeckt er Utensilien und Indizien, die ihn darauf schließen lassen, sie sei unter dem Sternzeichen der Jungfrau geboren, also, folgert er, der erfahrene Kreuzworträtsellöser, sanftmütig. Um so größer ist sein Schock, als er am nächsten Morgen sehen muß, wie die Sanftmütige in einem Ruderboot mitten auf dem See einen menschengroßen Körper, festverpackt, in die Fluten gleiten läßt. Als er hinaufeilt in die Villa, entdeckt er im Badezimmer überall Blut und weiß nun, daß ihn sein erster Eindruck getäuscht hat. Die Adjani verwandelt sich von Mal zu Mal, als handle es sich um eine multiple Persönlichkeit: Aus der Studentin wird eine elegant gestylte Mondäne, dann wieder eine verwöhnte Gesellschaftszicke, die einer lesbischen Freundin mit einem Rasiermesser den Hals durchschneidet, am Ende ist sie eine Bedienung im Schnellrestaurant, die beim Ausgang einen ordinären Plastikregenmantel anzieht. Ist es eine panische Flucht vor dem Erkanntwerden oder ein besinnungsloses 'Vorlaufen zum Tode', das die junge Frau vorantreibt, von Verbrechen zu Verbrechen? Ist sie ein pathologischer Fall? Das Interesse, das die Zuschauer ihr nicht entziehen können, entspringt aber weniger der kriminellen Karriere als vielmehr der traurig-geheimnisvollen Aura, die sie umgibt, um so mehr, als der Detektiv sie als Tochter annimmt und ebenso fürsorglich wie eifersüchtig auf ihre Rettung bedacht ist. Am Ende ist die schöne Mörderin wieder ein kleines Mädchen, das einmal schon beinahe zu weinen begonnen hat, das in ihren letzten Sekunden den Ausdruck leidender Verzweiflung zu erkennen gibt: als sie im höheren Stockwerk eines Parkhauses, getroffen von dem Schrei des sie verfolgenden Detektivs, der sie beim Namen Marie ruft, dem Namen seiner Tochter, aufs Gaspedal drückt und mit ihrem Wagen durch die Glaswand bricht, um dann zu Tode zu stürzen in ein Inferno aus Flammen. Die Verzweiflung ist gleichsam ein erstes nachvollziehbares Gefühl dieser Figur, das allen eigen sein darf, die das Grauen davor spüren, für immer aus dem Leben zu scheiden, und zwar nicht sanft und hingegeben, sondern begleitet vom Lärm der sich selber angetanen Gewalt. So verwandelt sich zum Schluß die psychiatrische Diagnose einer besessenen Täterin zur Manifestation der *condition humaine*: Der Schrecken des Sterbens läßt sie zu einem Menschen unter Menschen werden, macht sie den anderen gleich.

Die Schönheit der Adjani tritt weniger in der Symmetrie der Gesichtszüge als in der Intensität der großen Augen und der Empfindlichkeit des beweglichen Mundes zutage. Ihre dunkel-melancholische, zugleich markant wirkende Physiognomie prädestiniert die Adjani zur Verkörperung einer solchen Rolle. Viel schärfer als es Truffaut noch in den sechziger Jahren gelungen war, hebt Miller das Verschlossene und die frappierenden Metamorphosen seiner Hauptfigur hervor. Eine Frau vermißt ihren Vater: der unerfüllbare Wunschtraum eines verlorenen Kindes. Hängt ihr mörderisches Tun mit vorenthaltener Liebe zusammen, der depressiven Leere, dem Unerwünschtsein, dem Ausgestoßensein? Ist die schöne Mörderin hier ein Modellfall für existenzielle Verwahrlosung oder, prinzipieller und weniger moralisch gedacht, ein Exempel für die 'schwarze' Philosophie, die den Menschen in der Welt voller Angst und ohne Trost sieht? Keine dieser Fragen ist mit einem eindeutigen Ja oder Nein zu beantworten. Die Figur ist so angelegt, daß sie das breite Spektrum zwischen dem klinischen Befund der Schizophrenie und dem philosophischen Räsonnement über eine Unheilsordnung abdeckt, in der kein Godot kommt, solange man auch auf ihn wartet.

Konkreter fiel die Figurenzeichnung aus, die die Adjani kurze Zeit zuvor in einem Film von Jean Becker riskieren mußte. In *Ein mörderischer Sommer* (*L'été meurtrier,* 1982), nach dem Roman von Sébastien Japrisot, der auch das Drehbuch schrieb, spielt sie eine Rächerin: Ihre Mutter ist vor Zeiten von drei Männern vergewaltigt worden, die Frucht dieser Untat ist sie selber. Aufgrund ihrer eigenen Recherchen glaubt sie, die drei Täter ausfindig gemacht zu haben, und richtet mit viel Raffinesse ihren gefügigen Ehemann zum Werkzeug der Vergeltung ab. Sie weiß nicht – das ist ihre tragische Verfehlung –, daß ihr geliebter Ziehvater die Vergewaltiger längst aufgespürt und bestraft hat. Ihre Intrige vernichtet also am Ende die Falschen. Da aber ist sie schon in den für sie heilsamen Wahn abgedriftet, dessen Anzeichen sich im Laufe der Handlung mehren. Ihre Motivation ist zweideutig, weil ihre Selbstzerstörung im Plan inbegriffen ist, als wolle sie mit ihrem leiblichen Vater sich selbst von dieser Erde wischen. Auch in diesem Film führt die Adjani eine Persönlichkeitsspaltung vor, die verletzte, ratlose, weinende Tochter, die ihre Existenz verwünscht, und die biestige Intrigantin, die durch ihre erotische Anziehungskraft, durch ihre Wildheit Männer wie Frauen anlockt und verwirrt. Etwas Unbezähmbares ist ihr eigen, das nicht zum Verhaltensprofil von jungen Frauen dieses Alters in der Provinz gehört. Mit ihren dichten schwarzen, sich sträubenden Haaren, den manchmal irrlichternden Augen, der schmalen, durch hohe Absätze noch in die Länge gezogenen Gestalt, mit ihrer provokanten, poschaukelnden Art, über die Straßen zu stolzieren, sich nackt vor eine Scheune zu stellen, um sich im Angesicht ihrer künftigen Schwiegermutter niederzuhocken und zu pinkeln, präsentiert die Ungebärdige als *enfant terrible*.

Dennoch, wie in Millers Film *Das Auge*, ist das Kindliche an Adjanis Gestaltung der jeweiligen Figuren nicht zu verkennen, das Verstörte und Verletzliche einer verlorenen Seele. Diese Mischung der Eigenschaften verhindert die leicht erregbare Abwehr, die denkbare Verachtung, das schnellfertige Urteil – die Reaktionen des Publikums sind durch starke, zum Zerreißen gespannte Ambivalenzen bestimmt. Eine verbreitete Erklärung dieses Phänomens bietet sich an: Das 'Schreckgebilde' der überlegenen Frau wird dadurch entkräftet, daß man sie ins Naiv-Unreife verschiebt, so daß die altgewohnten paternalistischen Reaktionen dank des Kindchen-Schemas wieder zum Zuge kommen können. Vielleicht mag es sogar so sein. Dann wären die Mörderinnen der Adjani Projektionen eines Kampfs um Vorherrschaft. Die relative Schwerbestimmbarkeit der Geschlechterrollen im Umbruch, den das *Gender-System* erleidet, scheint sich in diesen französischen Filmen Anfang der achtziger Jahre widergespiegelt zu haben.

VII

Der Judith-Typus kann in einfacherer Form, nämlich als Verkörperung kultureller Stereotype auftreten. Petro Almodóvar erzählt in *Matador* (1986) von einem mörderischen Paar. Die schöne Mörderin wird gleich zu Beginn des Films eingeführt. Eine Parallel-Montage drängt die Bedeutung der Szene auf, als sie, wie ein Torero den Stier, einen Mann herbeilockt, ihn zum Koitus verführt und vor ihrem Höhepunkt mit einem im aufgetürmten Haar versteckten langen Stilett ersticht, elegant, wie ein Stier erlegt wird. Die schöne Mörderin übt die Kunst des Matadors an Männern. Almodóvar interessiert sich für diese absonderliche Leidenschaft und verurteilt sie nicht. Daß Liebesekstase und Tod eng zusammenrücken können, ist eine inzwischen populäre Vorstellung säkularisierter Mystik, Phantasie einer Grenzsituation, womöglich sogar durch die Kunde von biologischen Kuriosa legitimiert (tötet nicht angeblich die Gottesanbeterin ihr Männchen nach der Begattung?).

Eine schwarzromantische Spekulation umwittert die Fabelkonstruktion Almodóvars: Daß der Höhepunkt sexueller Raserei in den Tod übergehen müsse, notfalls sei etwas nachzuhelfen, donnert den simplen, wenngleich erfreulichen Akt zu einem metaphysischen Ereignis auf, die schöne Mörderin zur Priesterin eines zweifelhaften Kultes. Ernüchternd dagegen der im selben Jahr entstandene amerikanische Film von Bob Rafelson. *Die schwarze Witwe* (*Black Widow*, 1986), in dem Theresa Russell eine von nackter Gewinnsucht getriebene Frau darstellt, die sich in unterschiedlicher Identität wohlhabenden Männern nähert, um sie zu heiraten und dann rasch zu beerben. *Pursuit of happiness*, ein Drang, der vorbehaltlos auf Reichtum aus ist, gehört zu den akzeptierten Antrieben von Protagonisten amerikanischer Dramaturgie. Was sonst, wenn nicht dieses Motiv, bringt Menschen dazu, das Leben anderer willkürlich zu verkürzen? Die fast perfekte Täuschungsstrategie der Verbrecherin scheint am Schluß zu triumphieren, auch über ihre Verfolgerin (Debra Winger), die sich ihr an Attraktivität merklich unterlegen weiß. Doch ein um Gerechtigkeit bemühtes Ende kann die schöne Mörderin nicht einfach laufen lassen. Bei Almodóvar herrscht eine in ihrer Todesverliebtheit etwas wichtigtuerische Corrida-Metaphorik vor, die den Mord als Konsequenz eines Kampfspiels rechtfertigt und ihn freihält von jeder moralischen Debatte, bei Rafelson eine durchaus materialistische Erklärung der Verbrechensserie: Die Spannweite der Judith-Devianten scheint beträchtlich zu sein, indes da wie dort in ein vorhandenes kulturelles Muster gut hinein zu passen, sei es einmal mehr spanisch-katholisch geprägt, das andere Mal eher puritanisch-kapitalistisch.

Die Bedeutung dieser umfassenden kulturellen Muster ist auch bei zwei weiteren, letzten Beispielen bemerkbar. Luc Besson will in *Nikita* (1991) sein Publikum mit einer jungen Frau vertraut machen, die mit Drogen vollgepumpt einen Polizisten erschießt und seitdem erpressbar ist: Der Geheimdienst zwingt sie, Mordaufträge zu erfüllen, angeblich in nationalem Interesse. Die zunächst unbeteiligte Manier, in der Nikita sich dieser Aufgaben entledigt, verliert sich in dem Maße, in dem die Liebe eines Mannes ihr Herz gewinnt. In einer Wendepunkt-Szene sperrt sie sich im Badezimmer ein, aus dessen Fenster sie jemanden erschießen soll, während draußen vor der verschlossenen Tür der ahnungslose und arglose Geliebte um die Offenbarung ihrer und die Erwiderung seiner Gefühle fleht. Zum ersten Mal sehen wir die Tötungsmaschine Nikita weinen: Ein Menschwerdungsprozeß ereignet sich vor unseren Augen, die Killerin verträgt sich nicht mit der liebenden Frau im selben Körper – die Mörderin muß schließlich den Kürzeren ziehen. Man könnte diese Entwicklung für eine konservative Kehre halten, für die Rückwendung zum vertrauten Schema der von Mitleid regierten Frau. Vielleicht ist damit auch ein Wiedergewinn an Humanität verbunden. Erscheint die Wiedergeburt, die einer Frau widerfährt, plausibler als ein ähnlicher Prozeß bei einem Mann, gelten so tiefgreifende Deformationen bei Männern eher als irreparabel? Nikita unterliegt einer *éducation sentimentale*, die mit pädagogischem Optimismus, französischer Tradition vielfältig eigen, einer Figur hilft, die Opfer der schlechten Verhältnisse war, Autonomie zu entfalten, Widerstand gegen obrigkeitlichen Zwang zu beweisen, der ihr Bestialität abfordert.

In *Basic Instinct* (1991) wählt Paul Verhoeven eine Konstellation, die in der Tat 'Horror' vor der übermächtigen Frau erweckt. Eine junge Schriftstellerin (Sharon Stone) wird von einem Polizisten (Michael Douglas) des Mordes verdächtigt, und zwar soll sie im Liebesakt ihren Partner mit einem Eispickel massakriert haben. Das Barbarische dieser Tat sticht ab von der femininen Körperlichkeit der mutmaßlichen Täterin, obgleich Sharon Stone sich darum bemüht, diese Figur als überlegen und berechnend darzustellen, auch als provozierend für Männerblicke, wenn sie – in der mittlerweile oft zitierten Szene –, nur mit einem Sommerkleidchen angetan, vor der Truppe der untersuchenden Polizisten gelassen ein Bein über das andere legt. Dem Gestus der kalten Frau überlagert sich der der intelligenten Frau: Sie ist die Autorin von Kriminalromanen, sie scheint in das geheime Leben des Detektivs einzudringen, Zusammenhänge zu ahnen, die er anderen nicht verrät, vermutlich auch vor sich selbst verdrängt, und sie prognostiziert Schritt für Schritt seines langsamen Kontrollverlusts. Ihre Verführungstechnik ist ebenso unanfechtbar wie wirksam: Sie dringt gleichsam in die Intimität seines Lebens ein, etwa in einer Szene, in der sie ihm die wahrscheinlich richtigen Vermutungen über den Selbstmord seiner Frau zuflüstert und sich während dieses analytischen Monologs ihm mit der Wärme ihres Körpers bis zur Berührung aufdrängt. Er ist gleichsam wie gelähmt, da in ihm starke Tendenzen in entgegengesetzte Richtungen streben: Einmal will er die Person von sich stoßen, die sein verschüttetes Schuldbewußtsein so erbarmungslos aufrührt, andererseits kann er sich der Anziehungskraft ihrer betäubenden Nähe kaum mehr entziehen. Als sie sich in der erwähnten Szene plötzlich von ihm abwendet und eine andere junge Frau mit unzweideutig zärtlicher Liebkosung umfaßt, als habe sie mit ihr ein lesbisches Verhältnis, ist die Verwirrung der Gefühle beim Detektiv und beim Publikum kaum mehr zu steigern (der Film wird vornehmlich in der Perspektive des Detektivs erzählt, die Kamera ist also meistens bei ihm und registriert, was ihm zustößt).

Da er im Lauf der Handlung noch mit einer anderen Frau zu tun hat, die wiederum mit seiner Verdächtigen in einem rätselhaften Zusammenhang steht, kommen ihm allmählich die Momente des Verdachts abhanden, welchen wahren Charakter diese Frau verberge, die ihm ein solches Wechselbad von leidenschaftlicher Hingabe und schroffer Abwehr bereitet. Das Publikum ist so befangen wie er und durchdringt ebensowenig das Geheimnis einer mysteriösen Frau, die vermutlich eine schöne Mörderin ist. Unterstellt wird, daß sie aus kalter Neugier heraus die schrecklichen Verbrechen begehe, dabei mögen sich Rachewünsche und Souveränitätsideen einmischen, derart, daß derjenige, der ihre Hingabe erlebt habe, ein lästiger Zeuge von Souveränitätsverlust sein könne: wie sie nämlich von 'ordinärer' Triebdynamik regiert worden sei. Bereits in der Eingangssequenz, die einen Mord zeigt, ohne daß wir genau wahrnehmen, wer nun die Mörderin sei, wird eine Stellung auf dem Bett gewählt, bei der die Frau, vor und während der Tat, auf dem Mann sitzt, wobei dessen Arme noch an das Bettgitter gefesselt sind: eine masochistische Versuchsanlage, eine Choreographie, die das Machtgefälle offenbart.

Der Rückschluß von solcher Konfliktinszenierung auf puritanische Körperfeindlichkeit und deren Kompensation wird dadurch nahegelegt, daß die verdächtigte Person über außergewöhnliche intellektuelle Fähigkeiten verfügt und in ihrer auffälligen Selbstkontrolle die Politik eines planenden und überwachenden Kopfes bezeugt. Die Schlußsequenz hat gleichermaßen Versöhnliches und Erschreckendes an sich: Die Frau erfährt (noch) die Ekstase der Liebe, in der sie – als Liebende, die den Verlust der Selbstbeherrschung vorübergehend nicht fürchtet – keine Mordinteressen verfolgt. Daß sie die aber haben könnte, verrät der Eispickel unter dem Bett, den die langsam herabfahrende Kamera in der letzten Einstellung erfaßt. Deutlicher als in den anderen, von mir kurz skizzierten Filmen entfaltet *Basic Instinct* die grausamen Akte der schönen Mörderin als Attacken in einem Machtkampf der Geschlechter, wobei es am Ende auf jeden Fall Sieger und Besiegte geben wird. Diese Perspektive des Films, der die Beweggründe der schönen Mörderin nur dunkel andeutet, doch nicht zu entschleiern vermag, ist zweifellos die Perspektive desjenigen, der den Kampf zu verlieren fürchtet – also des männlichen Helden –, der vorgibt, gar nicht zu wissen, was ihm weshalb geschieht. Der Detektiv ist noch ausgestattet mit gesellschaftlichen Privilegien, aber schon gehemmt wegen seiner Vergangenheit und gelähmt wegen des erotischen Magnetismus der Verführerin: Judith *ante portas*.

VIII

Der 1988 uraufgeführte Film von Peter Greenaway: *Die Verschwörung der Frauen (Drowning by Numbers)*, stellt eine heitere Version der anthropologischen Prophetie dar, daß ab einem bestimmten Punkt in der Evolution des Menschengeschlechts Männer nur noch lästige Überbleibsel einer Vorzeit sind, allenfalls brauchbar als zeugungsfähige Drohnen, danach aber nutzloser Plunder. Mit unerschütterlicher Konsequenz entledigen sich drei Frauen, eine ältere, eine mittelalte, eine junge, ihrer Männer, indem sie sie ersäufen oder ersaufen lassen – im Wasser, dem weiblichen Urelement. Ein Denkmodell, es könnte auch ein Spiel der Geschlechter mit radikalen Regeln sein. Greenaways Film zerfällt in lauter zum Teil absurde Spielanlagen mit verschrobenen Spielanweisungen. Am Ende ist die fiktionale Welt des Films entleert von allen Männern, nur die drei Frauen schwimmen gemächlich dem Strand entgegen, im Bauch der jüngsten wächst ein Kind, so daß die Fortsetzung der Gattung gesichert ist. Was sich wie eine kuriose Utopie von Frauenherrschaft ausnimmt, wird psychologisch verständlich durch die Schilderung der Männer, die loszuwerden sind: Der Älteste ist ein trunkener Bacchant, der von seiner Frau sanft, aber unerbittlich in einer Gartenwanne ertränkt wird, nachdem sie ihn in Gegenwart eines nackten jungen Mädchens erwischt hat, der zweite ist ein kaltschnäuziger Verächter seiner Ehefrau, der dritte ein harmloser und überflüssiger Jüngling, der vierte schließlich, der all diese Todesfälle wider besseres Wissen als unverschuldete Unglücke legalisiert, wird ertrinken, weil er feige und schwachmütig ist. Sein Sohn, der besessene Spieleerfinder, hat sich als Spielleiter selbst gehängt. Das Herrenpersonal ist abstossend oder lebensuntüchtig, degoutant oder dekadent – der Film scheint ironisch die Position eines Charles Darwin einzunehmen, der eine mißratene Art für überflüssig erklärt. Ein zum Teil grimmiges Sittenbild, soweit es die 'Männerdomäne' betrifft, löst sich in einer quasi-mythologischen Farce auf. Bei Greenaway vollziehen die gelassenen Mörderinnen, kaum gerührt, einen Richtspruch und stürzen Männerpopanze vom Sockel. Unter diesem Blickwinkel erscheinen der auftrumpfende Holofernes und seinesgleichen als Relikte aus einem sagenhaften *ancien régime*, das überwunden und abgelöst wird durch die Ära eines Matriarchats ohne Grenzen, häßliche Dinosaurier, die in einer fortgeschrittenen Zivilisation nur noch stören. Greenaway denkt mit unbeirrbarer Spiellaune den Umbruch zur neuen Welt zu Ende.

Ein Ergebnis, unzweifelhaft, läßt sich nach dieser Passage durch verschiedene Filme festhalten: Der Judith-Typus markiert einen Paradigmenwechsel in den Geschlechterbeziehungen. Kunst, auch Filmkunst, sieht sich nicht dazu aufgerufen, ein orthodoxes Schema festzulegen oder eine Alternativenwelt zu proklamieren, sie bewegt sich im Spielraum der Möglichkeiten. Es ist kaum zu bestreiten, daß etliche Filme vordringlich die Dimension des Schreckens bei diesem Paradigmenwechsel visualisieren. Doch gehört auch diese Erlebnisform der schönen Mörderin zu den Indikatoren einer großen gesellschaftlichen 'Erdverschiebung' und ist als Angstprophetie, als Projektion der Bedrängnis lesbar – selbst wenn diese Projektion zur Schreckimagination einer für immer unfaßbaren Judith vergrößert scheint.

Hinweise verdanke ich vor allem folgenden Schriften:

Doane, Mary Ann: Femmes fatales. Feminism, Filmtheory, Psychoanalysis. New York 1991.

Fraueninitiative (Hrsg.): Mörderinnen im Film. Berlin 1992.

Kreuzer, Helmut: Die Jungfrau in Waffen. Hebbels "Judith" und ihre Geschwister von Schiller bis Sartre, in: V. J. Günther u.a. (Hgg.), Untersuchungen zur Literatur als Geschichte. Festschrift für Benno von Wiese, Berlin 1973.

Kreuzer, Helmut (Hrsg.): Don Juan und Femme fatale. München 1994.

Praz, Mario: Liebe, Tod und Teufel. Die schwarze Romantik (it. 1930). München 1970, 2 Bände.

Index